발터 벤야민 선집 8

브레히트와 유물론

발터 벤야민 선집 8

브레히트와 유물론

발터 벤야민 지음 | 윤미애 · 최성만 옮김

도서출판

발터 벤야민 선집 8
브레히트와 유물론

2020년 6월 25일 제1판 제1쇄 발행

2025년 8월 20일 제1판 제2쇄 인쇄
2025년 8월 25일 제1판 제2쇄 발행

지은이 | 발터 벤야민
옮긴이 | 윤미애 · 최성만
펴낸이 | 박우정

기획 | 이승우
편집 | 김춘길
전산 | 최원석

펴낸곳 | 도서출판 길
주소 | 06032 서울 강남구 도산대로25길 16 우리빌딩 201호
전화 | 02)595-3153 팩스 | 02)595-3165

등록 | 1997년 6월 17일 제113호

ISBN 978-89-6445-224-0 93850

벤야민, 브레히트를 만나다
─ 동의와 유보 사이에서

윤미애

1. 벤야민과 브레히트의 관계

만남의 동기

발터 벤야민은 1924년 여름 카프리섬에서 알게 된 라트비아 출신의 볼셰비키 혁명가 아샤 라치스(Asja Lacis)에게 베르톨트 브레히트(Bertolt Brecht)를 소개해달라고 부탁했다. 라치스의 증언에 따르면 그녀의 주선으로 그해 11월 베를린에서 이루어진 첫 만남은 브레히트의 시큰둥한 태도로 별 진전을 이루지 못했다. 1929년에 이르러서야 비로소 두 사람의 관계는 급속도로 친밀해진다. 벤야민 전집 편집자들은 벤야민이 게르숌 숄렘(Gershom Scholem)에게 브레히트와의 친분 사실을 알린 1929년이 두 사람이 처음 만난 해라고 본다.[1] 그러나 라치스의 회고를 딱히 반박할 근거는 없다. 브레히트가 살던 마이어로 토 거리 근처의 포스 여관에서 만남이 있었다거나, 첫 만남 이후 잘 만나지 않았다는 회고가 구체적이기 때문이다. 만남의 해를 1929년보다 몇 해 전으로 보느냐 1929년으로 보느냐는 사소한 차이일 수도 있고 벤야민과 브레히트의 관계를 어떠한 유대로 보느냐의 차이일 수도 있다. 브레히트가 마르크스주의적 입장을 분명히 한 이후인 1929년에 첫 만남이 있었다고 보는 입장은 이후 벤야민의 글에서 "마르크스주의적 악센트가 보다 강하게 나타나기 시작"[2]했다는 점에 주목한다. 숄렘도 벤야민이 브레히트를 매개로 "형이상학적, 아니 신학적 사고들을 마르크스주의적 시각으로 전이"[3]시켰다고 보았다. 사상의 한 축에서 다른 축으로 이행했다는 이러한 평가는 두 사람의 관계에 대한 충분한 이해에 기초하고 있다고 보기 어렵다.

벤야민이 브레히트를 만나고 싶어 하던 1924년에 브레히트는 아직 서사극 작가로 등장하지 않았다. 그때까지 알려진 작품으로는 반(反)부르주아적이고 무정부주의적인 성향을 띤 희곡 『바알』 『한밤의 북소리』 등과 몇 편의 담시를 들 수 있다. 따라서 브레히트에 대한 벤야민의 최초 관심이 서사극 때문은 아니다. 벤야민은 만남의 동기에 대해 직접적으로 언급한 적이 없는데 두 가지 동기를 추론해볼 수 있다.

---

1) 「전집 편집자들의 해설」, 이 책 33쪽 참조.

2) 「전집 편집자들의 해설」, 이 책 34쪽 참조.

3) Gershom Scholem, *Walter Benjamin: Die Geschichte einer Freundschaft*, Frankfurt a. M., 1975, p. 258(게르숌 숄렘, 최성만 옮김, 『한 우정의 역사: 발터 벤야민을 추억하며』, 한길사, 2002, 356쪽).

하나는 학문과 예술에서 두 사람이 공유한 반(反)부르주아적인 관점
이다. 벤야민이 자만에 빠진 부르주아적 학문과 일절 상관하지 않겠
다고 밝힌 것처럼 부르주아적 연극의 오만함과 자기기만을 대하는
브레히트의 태도 역시 반부르주아적이었다. 또 다른 동기는 학계 진
출을 포기하고 비평가로 진로를 바꾸겠다고 생각한 즈음 독일에는
벤야민이 보기에 비평할 만한 대상이 없었다는 점이다. 1927년에 벤
야민은 호프만스탈에게 프랑스에는 루이 아라공(Louis Aragon) 등의
초현실주의자들처럼 자신이 연구할 만한 작가들이 있었으나 독일에
서 자신은 완전히 고립되어 있는 것 같다고 썼다. 브레히트와의 친분
이 긴밀해지기 이전에 토로한 고립감은 벤야민이 비평가로 진로를
정할 시기부터 시작된 것이라고 볼 수 있다. 아직 베를린 연극계에서
이름을 떨치기 이전의 브레히트에 대한 벤야민의 관심은 이런 상황
에서 각별한 의미를 지닌다.[4]

주변의 반응과 수용

벤야민은 예루살렘의 숄렘에게 보낸 1929년 6월의 편지에서 브레
히트와의 친분을 들뜬 마음으로 알렸다. 줄곧 숄렘이 냉담한 반응을
보였음에도 벤야민은 2년 뒤에 브레히트의 작품이야말로 자신이 "비
평가로서 아무런 공식적인 이의 없이 지지하는"[5] 최초의 저술이라고

---

4) 벤야민이 후고 폰 호프만스탈에게 보낸 1927년 6월 5일자 편지, *Gesammelte Briefe*,
    III, Frankfurt a. M., 1997, p. 259 참조.
5) 발터 벤야민이 게르숌 숄렘에게 보낸 1931년 6월 6일자 편지, *Gesammelte Briefe*, IV,

밝혔다. 1929년에서 1938년에 이르는 10여 년의 교류에서 벤야민은 브레히트에 대해 총 11편의 글을 썼고 브레히트의 집필작업의 긴밀한 협력자였다. 벤야민 전집 편집자들은 벤야민의 다른 글들에 대한 브레히트의 관심이 상당히 제한적이었다고 보면서 두 사람의 관계가 비대칭적이었다고 주장한다. 심지어 벤야민이 브레히트에게 종속되어 있다는 인상도 받는데 사실은 그렇지 않다. 오히려 벤야민의 이론적 성찰의 깊이, 문학사에 대한 탄탄한 지식 등이 브레히트로 하여금 벤야민과 긴밀한 교류를 지속하게 한 근본적인 동기였다고 보는 것이 타당하다.

벤야민은 브레히트의 『시도들』(*Versuche*) 제1권을 읽은 뒤 1930년 6월 24일 프랑크푸르트 방송국에서 「베르트 브레히트」라는 라디오 강연을 하고, 이어서 7월 6일에는 『프랑크푸르터 차이퉁』(*Frankfurter Zeitung*)의 문예란에 「브레히트 주해에서」라는 비평을 발표한다. 이 글에서 벤야민은 브레히트를 "사막에서 엔지니어가 석유 시추를 시작하듯이 현재라는 사막에서 정확히 측정한 지점에서 활동을 개시"(이 책 84쪽)하는 작가라고 소개한다. 벤야민은 자신에게 깊은 인상을 준 『시도들』을 읽어보라고 숄렘에게 권했지만 숄렘은 전혀 응하지 않았고, "브레히트라는 인물이 1930년대에 벤야민의 생산적 작업에 끼친 영향은 불운"[6]이었다는 입장을 마지막까지 고수했다. 신화 비판 등 벤야민의 철학적 사유 모티프를 상당 부분 받아들인 테오도르 아도

Frankfurt a. M., 1998, p. 35.

6) Gershom Scholem, *Walter Benjamin und sein Engel. Vierzehn Aufsätze und kleine Beiträge*, hrsg. von Rolf Tiedemann, Frankfurt a. M., 1983, p. 26.

르노(Theodor Adorno)는 1930년대에 점점 더 벤야민과 브레히트의 교류를 못마땅하게 여기면서 벤야민에게 그의 사상의 정수는 브레히트의 그늘을 벗어나야 빛을 볼 수 있다고 충고했다. 벤야민의 철학적인 해석방식이 브레히트의 정치적 · 유물론적 구상의 영향 아래 약화된다고 본 아도르노는 집단 개념, 정치적으로 개입하는 예술, 기술적 실천에 대해 반대하는 입장을 취했다. 예술의 자율성 미학을 고수한 아도르노는 대중의 자발성, 기술의 혁명적 사용 가능성에 대한 벤야민의 '지나친' 신뢰가 브레히트 때문이라고 의심했다.

브레히트와의 관계에 대한 아도르노의 편견은 벤야민의 유산을 정리하는 과정에 영향을 끼쳤다. 1955년에 두 권으로 나온 벤야민 선집에 브레히트의 이름은 딱 한 번 나왔다. 아도르노의 제자 롤프 티데만(Rolf Tiedemann)이 1966년에 펴낸 『브레히트에 대한 시론들』(Versuche über Brecht)은 앞의 1955년판 벤야민 전집에 빠져 있던 브레히트 관련 글 중 「생산자로서의 작가」와 벤야민이 브레히트와 나눈 대화 기록을 세상에 처음으로 알렸다. 편집자 후기에서 티데만은 브레히트와의 만남이 갖는 의미를 상대화하면서 스승과 마찬가지로 벤야민의 철학적이고 형이상학적 사상의 발전이 브레히트 연구 및 정치적 · 교육학적 · 사회이론적 연구에 의해 방해를 받는다는 입장이었다. 나아가 벤야민은 브레히트에 대한 "가장 비판적이지 않은 비평가"[7]일 따름이었다고 깎아내렸다. 브레히트 관련 글과 유물론 관련

---

7) Rolf Tiedemann, Nachwort, in: Walter Benjamin, *Versuche über Brecht*, hrsg. von Rolf Tiedemann, Frankfurt a. M., 1966, p. 148.

글을 푸대접하는 이러한 수용 경향은 1960년대를 지나면서 바뀌게 된다. 1960년대에 정치적이고 유물론적인 벤야민의 면모를 살려내야 한다는 문제의식에서 헬무트 하이센뷔텔(Helmut Heißenbüttel)과 잡지 『알테르나티베』(Alternative) 측은 벤야민 유산 정리를 맡은 이들에게 이의를 제기하면서 그동안 소홀히 다루어진 벤야민 후기 저술의 중요성을 강조했다. 자본주의 문화의 비판적 대안에 대한 논의가 뜨거웠던 68혁명 시대에 들어 사람들은 벤야민의 후기 저술에 주목하게 되고 그중 가장 활발하게 수용된 글이 바로 저 유명한 「기술복제시대의 예술작품」이다. 이후 벤야민 수용사에서는 이념사, 철학사에 치우친 시각에서 정치적·사회사적·매체미학적 시각으로의 이동이 일어났다. 국내에 가장 먼저 알려진 브레히트 관련 글은 브레히트 문학을 모델로 삼아 쓴 「생산자로서의 작가」이다.

당대 좌파 문학 비판

숄렘이나 아도르노처럼 벤야민의 가까운 지인들이 보여준 태도는 벤야민이 왜 브레히트를 지지하고 그와 연대하고자 했는지에 대한 이해가 턱없이 부족했음을 보여준다. 브레히트가 벤야민에게 지니는 의미를 알기 위해서는 무엇보다도 벤야민이 당대 독일 문학과 예술, 특히 좌파 작가들의 작품에 대해 어떠한 입장이었는지 살펴보아야 한다. 1931년에 발표한 에리히 케스트너 시집에 대한 서평 「좌파 멜랑콜리」에서 벤야민은 정치적인 영향력을 의도하는 좌파 작가들을 통렬하게 비판한다.

좌파 지식인들은 지난 15년 동안 행동주의에서 시작해 표현주의를 거쳐 신즉물주의에 이르기까지 줄기차게 모든 정신적 호경기의 중개인 역할을 해왔다. 그러나 그들의 정치적 의미는 부르주아지에게서 나타난 혁명적 반응들을 오락과 유흥의 대상들로 전환해 소비자들에게 제공하는 것으로 소진되었다(이 책 352쪽).

벤야민은 케스트너와 같은 좌파 급진주의 정치시가 "정치적 투쟁을 결단의 강박으로부터 즐김의 대상으로 변환하고 생산수단으로부터 소비품목으로 변환"(이 책 353쪽)한다고 비판한다. 1934년에 파리의 파시즘 연구소에서 한 강연 「생산자로서의 작가」에서도 상당수 작가들이 "신념의 차원에서는 혁명적 발전을 이루었으면서도 정작 자신의 노동, 그 노동이 생산수단에 대해 깊는 관계, 그 노동의 기술에 대해서는 실제로 혁명적인 사고를 철저히 할 수가 없었던 것"(이 책 376쪽)이라며 비판을 이어갔다.

벤야민에 따르면 문학과 예술의 정치화는 정치적인 신념만으로는 이루어질 수 없고 기술적 실천에서의 혁명적 사고에 의해 뒷받침되어야 한다. 그러기 위해서는 먼저 자신의 "문학작품이 그 시대의 생산관계에 대해 어떤 입장에 있는가라고 묻기 전에 그 작품이 그 생산관계 속에서 어떤 위치를 점하고 있는지"(이 책 371쪽)를 묻는 데서 시작해야 한다. 이 물음은 "한 시대에 작가가 처한 생산관계 내부에서 작품이 지니는 기능을 직접적으로 겨냥한다. 달리 말해 그 물음은 작가의 작가적 기술〔기법, Technik〕을 직접 겨냥하고 있다"(이 책 371쪽). 문학과 예술의 혁명적인 기능은 정치적인 경향을 "생산수단의 기능전환"(이 책 381쪽)과 어떻게 결합하는가에 달려 있다. "정치적 경향은, 그것이 아무리 혁명적이라 할지라도 작가가 프롤레타리아트와의 연대를 단지 신념의 측면에서만 경험하고 생산자로서 경험하지 않은 이상 반혁명적으로 기능하게 된다"(이 책 376쪽 이하). 당시 좌파 문학의 상당 부분은 정치적 상황을 소재로 오히려 오락의 새로운 효과를 끄집어내는 것 외에 다른 어떠한 사회적 기능도 하지 않는다고 벤야민은 진단한다. 이러한 진단을 역으로 브레히트에게 적용하면 브레히트의 문학은 "항간의 자의적이면서 아무런 영향도 끼치지 않는 생산활동과는 반대되는, 심층적으로 개입하고 영향을 동반하는 생산활동"(이 책 362쪽)의 본보기이다.

2. 벤야민의 브레히트론

서사극과 제스처

벤야민이 쓴 총 11편의 브레히트 관련 글들 중에서 생전에 발표할 수 있었던 글은 다섯 편에 불과하다. 유감스럽게도 브레히트의 서사극에 대한 최초의 체계적인 이론서에 해당하는 「서사극이란 무엇인가」는 『프랑크푸르터 차이퉁』에 싣기로 했다가 편집진이 일방적으로 게재를 취소하는 바람에 발표되지 못했다. 새로운 연극의 예술적 가치를 인정하는 비평가조차 낯설다는 느낌을 감추지 못했던 비평계의 반응에 비추어 보면 벤야민의 이 논문은 독보적이다.[8] 1931년에 쓴 논문 「서사극이란 무엇인가」는 베를린의 샤우슈필하우스에서 무대에 올린 『남자는 남자다』와 『마하고니 시의 흥망성쇠』에 대한 브레히트의 주해를 토대로 한다. 『남자는 남자다』의 최초 구상은 '갈가이'(Galgay)라는 제목 아래 쓴 1918년의 메모집으로 거슬러 올라갈 정도로 오래되었는데, 브레히트는 이후 이 작품을 여러 차례 개작했다. 누구나 다른 사람이 될 수 있다는 기본 구상 아래 두 번째 개작까지는 시민적인 정체성의 낡은 관념을 포기하는 새로운 유형의 인간상을 긍정적인 의미로 제시하고자 했다. 이러한 인간상에 대한 공감이 1931년의 베를린 공연에서는 바뀐다. 세 번째 개작에 해당하는 1931년 공연에서 브레히트는 짐꾼 갈리 가이에게 일어난 군인으로의 재조립 과정에 명백하게 부정적인 의미를 부여한다. 여기에는 당시 급부상한 파시즘 운동에 의해 집단화, 발개인화가 촉진되면서 이를 위기로 보게 된 관점이 작용한다. 1929년까지만 해도 갈리 가이의 태도는 놀라운 적응 능력을 보여준다고 긍정적으로 해석된 반면, 서사극 모델이 적용된 1931년 공연에서는 칼을 입에 문 모습 등 무대 효과를 통해 군인으로 재조립된 갈리 가이의 부정적인 모습이 강화된다. 이로써 관객은 주인공에게 일어난 재조립 과정을 인식하고 그에 대한 반

---

8) "당시 브레히트의 새로운 시도를 이론적으로 파악할 수 있었던 사람들은 브레히트 주변 사람들 — 예를 들면 연극 연출가 에르빈 피스카토르(Erwin Piscator)나 젊은 시절의 아도르노 — 뿐이었다." 에르트무트 비치슬라, 윤미애 옮김, 『벤야민과 브레히트』, 문학동네, 2015, 261~62쪽. 비치슬라에 따르면 아도르노는 브레히트의 오페라 『마하고니 시의 흥망성쇠』를 우호적으로 평가했다. 오페라가 보여준 서사적인 연기에 대해 아도르노는 완결된 부르주아적 총체성에 맞선 파편들의 나열이라고 지적하며 벤야민과 비슷한 평가에 도달한 바 있다.

대를 분명히 하도록 유도된다.

벤야민은 한편으로 서사극에 대한 브레히트의 이론을 체계화하면서도, 다른 한편으로 위에서 말한 브레히트의 개작 의도를 온전히 따르지는 않는다. 다시 말해 브레히트가 마르크스주의의 시각을 수용하면서 『남자는 남자다』를 반전주의적이고 반파시즘적인 교육극으로 재정립하려고 했다면 벤야민은 개작 이전의 갈리 가이를 고찰의 대상으로 삼는다. 브레히트의 의도와의 편차를 잠시 접어두면, 벤야민의 글은 『시도들』 제2권에 실린 브레히트의 주해를 토대로 서사극을 이론적으로 체계화하고자 한 최초의 시도이다. 브레히트는 서사극이 전통적으로 연극에 부여된 오락의 기능을 교육학적 기능으로 대체하기 위한 혁신적 형식임을 분명히 했다. 아무리 혁명적 성격을 띤 소재를 제공한다고 해도 연극 형식의 혁신 없이는 연극의 기능전환은 일어날 수 없다. 이는 무대와 관객, 감독과 배우, 텍스트와 공연 사이의 기능적 연관관계를 교육적 기능에 부합하게 바꿈으로써 달성된다. 연극의 교육적 기능을 강조하는 서사극은 무대에서 재현되는 것에 몰입해서 따라가는 관객이 아니라 거기에 대해 자신의 입장을 세울 수 있는 관객을 요구한다.

여기에 발맞춰 서사극의 재현방식에도 근본적인 변화가 일어난다. 즉 관객이 줄거리에 몰입하는 것을 방해하기 위해 줄거리의 중단이 일어나고 제스처가 부각된다. 제스처를 매개로 "서사극은 상황을 다시 재현하는 것이 아니라 오히려 그 상황을 발견한다고 할 수 있다"(이 책 392쪽). 종래의 연극은 인물의 성격, 사상, 행동을 묘사하기 위해 말이나 대사를 중시한 반면, 서사극은 말이나 대사의 보조 역할에 머물렀던 제스처를 중시한다. 브레히트는 제스처라는 개념을 1929년부터 사용하고 있으나 그에 대한 이론적 성찰을 펼친 것은 1930년대 중반 이후부터이다. 따라서 벤야민이 전개한 제스처 이론은 작가보다 수년 앞선 것이라고 할 수 있다. 브레히트는 제스처 개념을 발전시켜 '사회학적 게스투스'라는 개념을 도입한다. 사회학적 게스투스는 "한 시대의 구성원들 간의 사회적 관계를 표현하는 몸짓 및 제스처 표현"[9]을 의미하는 개념으로 제스처보다 넓은 의미에서 사용된다. 브레히트는 제스처야말로 "한마디로는 더 이상 재현될 수 없는 것"[10]이 표현되는 매체라고 규정한다. 브레히트의 이러한 이해는 벤야민의 다음 설명에 일정 정도 빚진 것이다.

첫째, 제스처는 어느 정도로만 위조할 수 있을 뿐이다. 제스처가 확연하게 드러나지 않고 습관적일수록 그만큼 그것은 위조될 가능성이 덜하다. 둘째, 제스처는 사람들이 하는 행동이나 벌이는 일들과 달리 확고한 시작과 확고한 끝이 있다. 하나의 태도는 전체적으로 볼 때 생동적인 흐름 속에 있는데, 이 태도의 각 요소가 이처럼 엄격하게 틀을 갖고 완결되어 있다는 점은 제스처의 변증법적인 기본현상들 가운데 하나이다(이 책 118쪽 이하).

---

9) Bertolt Brecht, "Neue Technik der Schauspielkunst", *Gesammelte Werke(GW)*, Bd. 15, Frankfurt a. M., 1967, p. 346.
10) Bertolt Brecht, "Kleines Organon des Theaters"(1948), *GW*, Bd. 16, Frankfurt a. M., 1967, p. 690.

『남자는 남자다』의 공연에서는 제스처 연기가 돋보인다. 이 공연에서 관객은 모순된 내용을 지닌 제스처를 발견한다. "똑같은 제스처가 한 번은 옷을 갈아입게 하려는 목적에서, 또 한 번은 총살하려는 목적에서 갈리 가이에게 담장으로 가라고 지시한다. 똑같은 제스처가 갈리 가이로 하여금 생선을 포기하게끔 만들고 코끼리를 감수하게 만든다. 그러한 것을 발견함으로써 서사극을 보러 온 관객의 관심이 충족되고, 그러한 발견들에서 관객의 관심이 보답을 받을 것이다"(이 책 134쪽). 서사극 초창기에는 브레히트도 개별 제스처를 '작품 속의 작품'으로 고유한 구조를 지닌 자율적인 것으로 설정했으나 점차로 극작법에서 플롯이 갖는 중요성을 강조하게 된다. 갈리 가이의 모순된 태도는 플롯 속에서 볼 때 비로소 자본주의 사회에서 무일푼인 프롤레타리아트가 취할 수밖에 없는 태도, 즉 탈개성화의 태도임이 드러난다. 브레히트에 따르면 모순된 제스처를 통해 발견된 상황은 놀라움을 넘어 비판과 토론의 대상이 된다. 즉 관객은 "놀라는 자의 태도와 반박하는 자의 태도"[11]를 모두 가져야 한다.

반면에 벤야민은 개별 제스처의 독립성으로 인해 생기는 줄거리의 중단과 불연속성을 어떠한 통일적 시각으로 묶을 것인가라는 문제는 다루지 않고, 그 대신 개별 제스처를 매개로 일어나는 놀라움에 초점을 맞춘다.

---

11) Bertolt Brecht, "Neue Technik der Schauspielkunst", *GW*, Bd. 15, Frankfurt a. M., 1967, p. 343.

서사극이 노렸던 변증법은 시간에 따라 장면들이 이어지는 순서에 의존하지 않는다. 그 변증법은 오히려 모든 시간적 흐름의 바탕에 놓인 제스처적인 요소들에서 이미 드러난다.…… 상황 속에서 — 인간의 제스처, 행동, 말들이 찍힌 인장으로서 — 섬광처럼 분명하게 드러나는 것이 바로 내재적인 변증법적 태도이다. 서사극이 발견하는 상태는 정지 상태의 변증법이다. …… 서사극에서도 언술이나 행동방식들의 모순적인 진행과정이 아니라 제스처 자체가 변증법의 어머니이기 때문이다(이 책 133쪽 이하).

이러한 설명은 브레히트보다는 벤야민 자신의 고유한 변증법 경험을 토대로 한 것이다. 여기서 벤야민이 추구한 인식론의 두 가지 특징이 신취된다. 하나는 개별적인 계기 안에 전체의 결정체를 발견한다는 모나드식 관찰방식이고, 다른 하나는 사고의 흐름이 중단되는 순간의 강조이다. "삶의 흐름이 정지되는 순간은 〔삶이〕 역류되는 순간으로 느껴진다. 〔그러한〕 놀라움이 바로 이 역류이다"(이 책 135쪽). 놀라움은 인식 주체의 의도성을 벗어난 지점에 자리 잡는데, 벤야민은 역사 인식의 방법을 이와 유사하게 설명하게 된다. 역사 인식은 "위험의 순간에 섬광처럼 스치는 어떤 기억을 붙잡는 것" "위험의 순간에 역사적 주체에게 예기치 않게 나타나는 과거의 이미지를 붙드는 일"[12]이 된다. 이러한 인식론은 자칫 놓칠 수 있는 것을 포착하는

---

12) 발터 벤야민, 최성만 옮김, 「역사의 개념에 대하여」, 『벤야민 선집』 제5권, 도서출판 길, 2008, 334쪽.

능력, 즉 정신의 현존(Geistesgegenwart, 깨어 있음)을 요구한다. '정지 상태의 변증법'으로 설명되는 관객의 태도는 주체의 관점과 의식적 반성을 중시한 브레히트가 요구하는 태도와는 차이를 보여준다. 갈리 가이의 놀라운 적응과 재조립은 활력의 관점에서 긍정되는 것이 아니라 탈개성화의 사회적인 문제가 되기 때문에 관객은 그러한 과정을 인식하고 그에 대해 비판적인 안목을 가져야 한다. 이때 관객은 스스로 자신의 관점을 의식하고 이 관점의 상대성을 깨닫게 된다. 1931년의 공연 의도를 모르지 않았을 텐데도 벤야민은 애초의 버전에 따라 갈리 가이에게 '현자' 혹은 '생각하는 자'라는 브레히트의 개념을 적용한다.

갈리 가이는 다름 아닌 우리의 사회질서의 모순들이 펼쳐지는 무대이다. 어쩌면 브레히트의 의미에서 그 현자를 그와 같은 변증법의 완벽한 무대로 정의한다고 해도 지나치지 않을 것이다. 어쨌든 갈리 가이는 그러한 현자이다. …… 그는 '아니오라는 말을 하지 못하는' 남자로 소개되는데 이러한 태도도 현명한 것이다. 왜냐하면 이렇게 함으로써 그는 삶의 모순들을, 결국은 그것들을 혼자 힘으로 극복해야 할 곳에서, 즉 인간 속에서 받아들이기 때문이다(이 책 128쪽).

『남자는 남자다』 공연에서 실현된 서사극 모델에 대해 당시 비평계는 벤야민과는 정반대의 부정적 반응을 보였다. 비평가 디볼트는 브레히트의 극작품을 "어수선한 작품"이라고 말하는 정도를 넘어 나치가 좋아할 만한 작품이라고까지 했다. 몇 년 뒤인 1939년에『마스 운트 베르트』(*Maß und Wert*)의 편집자 페르디난트 리온(Ferdinand Lion)은 벤야민과의 대담으로 기획된 기고문에서 브레히트의 서사극을 "원래 기질을 벗어던지고 볼품없고, 무미건조하고, 뻣뻣하고, 기계적이고, 목표 지향적이고, 목표를 확신하는 표현 형식"이라고 혹평했다. 그 역시 "나치들이나 파시스트들이 연극을 만든다면 아마 브레히트의 연극과 똑같이 보일 것이다"[13]라고 하면서 치명타를 날렸다. 이러한 반응은 감정이입을 거부하는 비(非)아리스토텔레스 연극 미학에 대한 극단적인 반감에서 비롯된 것이다. 브레히트의 서사극이 교훈을 위한 교훈만을 목표로 하는 연극이라는 비평은 바로 그 반대가 브레히트의 문학에서 실현되고 있다고 본 벤야민과 대척점에 놓인 것이다. 벤야민은 교훈의 직접적 전달을 추구하는 정치적 주제극을 강력하게 비판하면서 연극의 교육적 기능이 브레히트의 서사극에서 실현되고 있다고 보기 때문이다.

브레히트의 언어를 "혁명적 조작"[14]의 언어로 본 숄렘은 벤야민이 초기의 언어신비주의를 포기하면서 유물론적 언어관에 접근한다고 비판했다. 그러나 벤야민이 브레히트에게서 발견한 언어는 마르크스주의 세계관을 주입하는 도구화된 언어가 아니다. 서사극의 핵심적 의미층을 형성하는 제스처는 의미 전달이 아니라 상황 표현의 매체이다. 서사극 에세이를 쓰던 1930년대 초 벤야민은 자신의 "아주 특수한 언어철학적 입지로부터 변증법적 유물론의 관찰방식에 이르는

---

13) 에르트문트 비치슬라, 앞의 책, 315~16쪽에서 재인용.
14) Gershom Scholem, 앞의 책, p. 259(게르숌 숄렘, 최성만 옮김, 『한 우정의 역사: 발터 벤야민을 추억하며』, 한길사, 2002, 358쪽).

어떤 ― 비록 아직 긴장된 관계이고 문제성이 있는 관계이기는 하지만 ― 매개가 존재한다"[15]는 확신을 가지고 있었다. 이러한 확신을 가지게끔 한 결정적 계기가 서사극의 제스처였다.

브레히트의 시 주해

벤야민은 처음에는 브레히트의 희곡보다 시에 더 큰 관심을 가지고 있었다. 최초의 공식적인 언급도 '시인' 브레히트에 대한 것이다. 1929년에는 발터 메링(Walter Mehring)의 시집에 대한 비평에서 브레히트를 프랑크 베데킨트(Frank Wedekind) 이후 최고의 음유시인이라고 추켜세웠다. 1년 후에 쓴 「좌파 멜랑콜리」에서도 브레히트를 다음과 같이 소환한다. "오늘날의 상황에서 모든 진정한 인간성은 그 두 극〔직업적 삶과 사적인 삶〕 사이의 긴장에서 생겨날 수 있〔다〕. 그 두 극 사이의 긴장에서 각성과 행위가 형성되고, 그 긴장을 만들어내는 것이 바로 정치적 서정시의 과제이며, 이 과제는 오늘날 브레히트의 시들에서 가장 엄격하게 구현되고 있다"(이 책 356쪽). 1927년 봄 브레히트의 『가정기도집』이 출판되자 벤야민은 브레히트 시 연구 계획을 세웠는데 『브레히트 시 주해』를 집필하기 시작한 것은 그로부터 10년도 지난 뒤였다. 흥미로운 것은 브레히트 서정시의 변화를 어떤 관점에서 보는가에 대해 작가와 벤야민 논조의 놀라운 유사성이다. 주해

---

15) Walter Benjamin, *Briefe*, hg. von G. Scholem und Th. W. Adorno, Frankfurt a. M., 1978, p. 523.

서론의 끝부분에서 벤야민은 다음과 같이 적고 있다.

　공산주의에 편협함이라는 낙인이 찍혀 있다고 보는 사람들이 브레히트 시집을 정독하게 되면 놀라움을 금할 수 없을 것이다. 그러나 브레히트의 서정시가 『가정기도집』에서 보여준 초기 형태에서 『스벤보르 시집』에서 보여준 형태로 바뀌면서 보여준 발전을 지나치게 부각한다면 이러한 놀라움은 사라지게 된다. 『가정기도집』의 반사회적인 태도가 『스벤보르 시집』에서는 사회적인 태도로 바뀌지만 이를 딱히 전향이라고 볼 수는 없다. 처음에 경외의 대상이었던 것이 다 타고 없어진 것이 아니다(이 책 156쪽 이하).

　초기 시집에서 감정의 풍요로움을 보느냐 아니면 감정의 혼란과 퇴폐를 확인하느냐에 따라 후기 시집을 바라보는 관점이 달라진다. 전자는 감정이 빈곤해진 후기 시집을 몰락한 것으로 보고, 후자는 초기보다 의식화되어 있다는 점에서 후기 시집을 상승한 것으로 본다. 브레히트는 『작업일지』(*Arbeitsjournal*)에 남긴 메모에서 두 시집의 관계를 몰락 혹은 상승으로 보는 관점을 모두 거부한다. 브레히트는 "그러한 상승의 대가가 무엇인지를…… 인식하는 것이 중요하다고 생각한다." "몰락과 상승은 달력의 날짜처럼 분리되어 있지 않다. 몰락과 상승의 궤적은 인물과 작품을 동시에 꿰뚫어나간다."[16) 벤야민이 "순수하게 시적인 부분 자체의 정치적인 내용을 밝혀내는 일"(이

---

16)　에르트무트 비치슬라, 앞의 책, 299쪽에서 재인용.

책 157쪽)을 주해의 과제로 삼은 것도 브레히트의 이러한 견해와 일맥 상통한다.

벤야민의 주해 중 당시 유일하게 발표된 것은 『스벤보르 시집』에 나오는 「노자가 망명길에 『도덕경』을 쓰게 된 경위에 관한 전설」의 주해이다. 이 시에서 묘사된 노자의 친절함에서 벤야민은 "휴머니즘의 최소 프로그램"(이 책 209쪽)이라는 메시지를 읽어낸다. 친절함은 브레히트의 표상세계에서 중요한 자리를 차지하는 주제로 희곡 「조처」(Die Maßnahme)에서는 시대의 비인간성을 극복하기 위한 혁명의 과정에는 바람직하지 못한 태도로 다루어진다. 친절함에 대한 유혹은 진정한 인간성을 세우는 기초가 되지 못한다는 메시지는 「후손들에게」라는 시에서도 반복된다. 노자에 대한 시와 함께 1939년 4월 23일 『슈바이처 차이퉁 암 존탁』에 실린 벤야민의 주해는 친절함의 새로운 해석을 제시하면서 반(反)나치주의를 위해 동원될 수 있는 의외의 메시지를 시에서 끄집어낸다. 그것은 '단단한 것이 굴복한다'는 메시지뿐만 아니라 그러한 메시지가 세상에 나올 수 있게 한 태도인 노자의 친절함에 있다. 이 시가 던져준 메시지는 브레히트를 항상 회의적으로 보았던 숄렘까지도 감동시켰다고 한다. 난세를 어떻게 극복할 것인가라는 정치적인 주제가 친절함이라는 휴머니즘의 최소 프로그램 속에서 시적으로 형상화되고 있다.

3. 동의와 유보 사이에서

일치와 동의

벤야민과 브레히트의 10여 년에 걸친 긴밀한 지적 교류와 연대는 문학적 실천에 대한 일치된 의견에 토대를 둔다. 벤야민에게 브레히트는 예술적·기술적 수준과 정치적 경향을 결합한 문학을 가장 잘 구현한 작가였다. 이보다 더 근본적으로 두 사람을 묶은 것은 구체적인 인간을 향한 공통된 관심에 있었다. 벤야민과 브레히트는 한때 주거방식에 대해서도 토론한 적이 있다. 습관을 최소화하는 주거방식과 습관을 최대화하는 주거방식을 구분하면서 진행된 토론은 인간의 사회적이고 현실적인 습관과 행동 양식에 대한 관심에서 두 사람이 밀접하게 연결되어 있음을 보여준다. 사람의 특징과 태도를 그 사람이 지닌 확신이나 신념이 아니라 심리적 기원과 사회적 여건에 따라 탐구할 수 있다는 생각은 브레히트 제스처(Gestus) 이론의 기반이기도 하다. 벤야민이 보기에 브레히트의 연극은 사회주의 미래의 청사진을 보여주기보다 이러한 미래로 가기 위해 필요한 보행법을 가르치는 데 역점을 두었다. 벤야민이 브레히트에게 보낸 지지는 역사적 비전을 추구하는 정열가보다 냉철한 실천가를 향한 것이다.

역사의 벼랑 끝까지 몰리는 상황에서 반(反)파시즘의 힘을 모색하던 두 사람은 어떤 식의 정치적인 영향력을 추구하든 철저함의 요구를 희생해서는 안 된다는 생각에서도 일치했다. 당시 리얼리즘 개념을 규범적으로 고수한 게오르크 루카치(Georg Lukács)나 알프레트 쿠렐라(Alfred Kurella)의 마르크스주의 미학을 반대한 것도, 기술로 인해 변화된 새로운 생산조건을 고려하지 않은 예술은 파시즘이라는 시험대를 통과하지 못하기 때문이다. 예술에 대한 철저함의 요구는 "기교와 관련된 것, 연극에 도움이 되는 것에 대한 생각을 너무 많이 합니다"(이 책 235쪽)라는 브레히트의 고백에서도 엿볼 수 있다. 벤야민이 보기에 브레히트는 개입하는 사유의 방법론을 구체적으로 문학 생산에 적용해서 발전시키고자 했다. 변증법적 유물론은 모든 사항에 답을 주는 학설이나 독단적인 신념체계가 아니라 개별 분야에서 계속 발전시켜야 할 사유 방법론으로, "고정된 관념을 해체하고 이러한 실천을 지배적인 이데올로기에 대항해 퍼뜨리도록 허용하는 일련의 지적 방법론"[17]을 말한다. 마르크스 이론서가 연극작업을 대체할 수 없는 이유도 여기에 있다. 브레히트의 연극은 정치경제학의 대상인 거대한 인간집단의 운동법칙보다는 개개인 간의 태도에서 드러나는 모순의 인식을 목표로 한다. 벤야민도 같은 생각에서 마르크스주의 정치경제학에는 빠져 있는 마르크스적이고 변증법적인 인간학과 기술 발전을 고려하는 유물론적 예술이론을 수립하고자 했다.

변증법적 사유는 역사 낙관론, 진보 이데올로기에 대한 비판으로 이어진다. 마지막 텍스트 「역사의 개념에 대하여」에서 벤야민은 "(무한한 완성 가능성에 상응하는) 종료시킬 수 없는 진보", "(자동적으로 직선이나 나선형 궤도로 진행되는) 본질적으로 저지할 수 없는 진보"[18] 개

---

17) Bertolt Brecht, "Notizen zur Philosophie", *GW*, Bd. 20, Frankfurt a. M., 1967, p. 152.

18) 발터 벤야민, 최성만 옮김, 「역사의 개념에 대하여」, 『벤야민 선집』 제5권, 344쪽.

념을 비판한다. 브레히트는 벤야민 사후에 전달받은 이 텍스트에 대해 짧지만 명확한 동의를 다음과 같이 표시했다. "이 소논문은 (형이상학과 유대적인 사유에도 불구하고) 분명하고 간결하다. 그와 같은 글을 최소한 오해라도 하지 않을 사람이 몇 안 된다는 사실을 생각하면 놀라울 따름이다."[19] 브레히트의 이 발언은 유보 없는 동의는 아니지만, 적어도 사회주의자들이 복음처럼 믿은 진보사관에 대한 비판을 벤야민과 공유했음을 알려준다. 덴마크에서의 대화에서 드러나듯이 이 두 사람은 당시 공산주의 진영에 퍼진 승리에 대한 확신을 마르크스주의자들과 함께하지 않았다. 1938년 8월 3일 벤야민은 "역사 없는 시대가 등장할 개연성이 파시즘에 승리할 개연성보다 더 크다"(이 책 264쪽)고 한 브레히트의 발언을 일기에 옮긴다. 이 발언은 예술의 실천이라는 과제를 위해 두 사람이 연대했던 시대가 얼마나 절박했는지를 새삼 느끼게 한다. 비록 사적인 자리에서 토로한 것이긴 하지만 역사의 파국적 진행 앞에서 어쩔 수 없이 생기는 절망이 배어 있는 발언이다.

차이와 유보

공식적으로는 브레히트는 이러한 내면의 절망을 극복하고자 했다. 즉 정통 마르크스주의자들의 진보신앙과 거리를 두면서도 마르크스

---

19) Bertolt Brecht, *Arbeitsjournal*, 1941. 08. 09, *Große kommentierte Berliner und Frankfurter Ausgabe*, Bd. 27, Frankfurt a. M., 2003, p. 12.

주의 연구를 토대로 파시즘에 압도당하지 않고자 했다. 사회의 모순 안에 발전의 씨앗이 들어 있다고 보는 유물 변증법이 그에게 갖는 의미는, 파시즘의 극복에 대한 믿음을 가능하게 한다는 점에 있다. 브레히트는 역사의 모순적 발전 가능성에 대한 믿음을 개입하는 사유의 실천과 결합하고자 했다. 벤야민이 브레히트의 연극작업을 지지한 것도 개입하는 사유의 문학적 모델에 동의했기 때문이다. 그러나 "사회에서 실현할 수 있는 사유가 아닌 다른 사유는 모두 배격해야 한다"[20]는 브레히트의 실용주의적 사유방식을 전적으로 받아들이기는 어려웠다. 물론 그가 유물론을 받아들인 것은 세상을 인간에 의해 만들어진 것으로 보고 사회적인 차원에서 세상에 개입할 수 있다고 보는 실행 가능한 세계상이 하이데거와 그 학파가 시도한 "이념의 왕국에 대한 심오한 우회적 서술보다"[21] 더 진리에 가깝다고 생각했기 때문이다. 그러나 개입하는 사유에 기대어 사회 현실에 정면으로 맞서는 것만으로는 해결하지 못하는, 역사에 대한 근본적인 질문을 억누르기는 어려웠다. 브레히트에 대한 지지와 동의에도 어쩔 수 없이 남는 유보는 벤야민 고유의 신학적이고 형이상학적인 성찰에 기인한다.

『파사주』프로젝트와 같은 후기 연구서에서 드러나듯 현대의 기술매체, 자본주의, 대도시 문화 등에 대한 벤야민의 미시적이면서도 광범위한 관심은, "오늘날 역사를 신학적 개념으로 서술하는 것은 허용

---

20) 에르트무트 비치슬라, 앞의 책, 206쪽에서 재인용.
21) 발터 벤야민이 막스 리히너(Max Rychner)에게 보낸 1931년 3월 7일자 편지, *Gesammelte Briefe*, IV, p. 19.

되지 않는다" [22]는 세속화의 시각과 일맥상통한다. 브레히트 관련 글
이나 유물론 관련 글에서 신학적 개념들을 찾기 어려운 것은 이러한
시각 때문이다.

내 사유가 신학에 대해 갖는 관계는 압지가 잉크에 대해 갖는 관계와
같다. 이 압지는 잉크를 흠뻑 빨아들인 상태이다. 하지만 그 사유가 압지
와 같을 경우, 글로 쓰인 것은 아무것도 남아 있지 못할 것이다. [23]

그러나 벤야민은 오늘날 "역사를 직접적으로 신학적인 개념들을
가지고 기록하려고 해서는 안 된"다고만 말한 것이 아니라 기억 속에
서 우리는 "역사를 근본적으로 비(非)신학적으로 파악하는 것을 금하
는 어떤 경험을 하게 된다"[24]라고 주장한다. 이 주장에서 브레히트와
는 다른 자신의 정신적 토대를 끝까지 고수하고 있는 벤야민을 찾아
볼 수 있다. 브레히트는 자신을 누구보다 정확히 이해하고 지지한 비
평가라는 점에서 벤야민을 확고하게 자기 편으로 삼았으나 자신이
소화하기 힘든 벤야민의 입장을 모르지 않았다. 카프카를 둘러싼
논쟁은 상이한 해석에는 사유방식의 차이가 있다는 점을 분명히 보
여준다.
브레히트는 카프카의 세계가 거대한 조직 사회에 직면한 소시민의

---

22) Walter Benjamin, *Das Passagenwerk*, *Gesammelte Schriften*, V, Frankfurt a. M.,
1982, p. 589.
23) 같은 책, p. 588; 『벤야민 선집』 제5권, 361쪽.
24) 같은 책, p. 589; 『벤야민 선집』 제5권, 361쪽.

불안과 소외에서 비롯된 것으로 보고 거기에 현대 사회의 부정성을 인식하게 해주는 유용한 이미지들도 들어 있음을 인정한다. 그러나 주관적 환상이 빚은 쓸모없는 잡동사니도 적지 않게 들어 있다고 비판한다. 브레히트는 카프카를 데카당스 문학이라는 관점에서 보는 루카치와는 달리 카프카를 위대한 산문작가의 대열에 포함시키지만 소외라는 경험으로부터 환각적인 악몽을 만들어내는 서술기법에는 분명하게 반대한다. 이러한 해석은 브레히트의 실용주의적인 사고방식을 전형적으로 보여준다. 반면에 벤야민에게 카프카의 의미는 브레히트식의 사회학적 관점으로 환원되지 않는다. 카프카 문학을 여는 열쇠는 무엇보다도 최후의 심판이 어떤 형태로 인간의 역사에 진입하게 될 것인가 하는 질문에 있기 때문이다. 브레히트는 우화의 교육적 효과에 비추어 카프카를 실패한 우화작가로 본 반면, 벤야민은 카프카 산문에서 신비주의자와 우화작가, 제스처의 모호한 언어와 지시적 언어, 공상가와 현자의 이중성을 발견한다. 다만 신학적인 질문만 가지고 카프카에게 접근하는 해석은 거부한다. 카프카의 산문은 가장 역사적인 것과 가장 비역사적인 것을 동시에 함축하고 있고, 후자는 전자에 대한 인식을 매개로 해서만이 드러날 수 있기 때문이다.

브레히트는 벤야민의 카프카 에세이에 대해 "깊이로는 앞으로 나아가지 못합니다. 깊이는 그 자체가 하나의 차원이지만, 깊이에서는 어떠한 것도 모습을 드러내지 못합니다"(이 책 241쪽)라는 말로 벤야민 사유방식의 문제점을 지적한다. 벤야민은 깊이를 추구하는 것은 정반대의 입장에 도달하기 위한 것이라는 말로 자신의 역설적 사유

방식을 정당화했지만, 브레히트의 이해를 구하기는 어려웠을 것이다. 브레히트가 소화하기 힘든 신학적 사유의 모티프가 대화에서 직접 논의된 적은 없다. 하지만 다음의 일기 기록은 은연중에 벤야민이 늘 굳게 딛고 서 있던 정신적 토대를 드러낸다.

「동요」를 『망명 시집』에 수록할 다른 근거가 떠오른 브레히트가 내 앞의 풀밭에 서서 평소에 보기 힘든 격렬한 어조로 다음과 같이 말했다. "그들에 대한 투쟁에서는 어떤 것도 빠뜨려서는 안 됩니다. …… 그들은 모든 것에 타격을 가합니다. 그들의 타격을 받고 모든 세포가 놀라서 움찔합니다. 따라서 어떤 세포도 우리는 잊어서는 안 됩니다. 그들은 엄마 뱃속에 있는 아이까지 기형으로 만들어버립니다. 우리는 아이들을 어떤 경우도 놓쳐서는 안 됩니다." 그가 이 말을 하는 동안 나는 파시즘의 힘에 필적하는 어떤 힘이 내 안에 작용하는 것을 느꼈다. 파시즘의 힘 못지않게 역사의 깊은 심층에서 비롯된 힘 말이다(이 책 265쪽).

이 기록은 신학적 사유가 두드러진 시기 벤야민의 초기 논문 「폭력 비판을 위하여」를 상기시킨다. 이 논문에서 벤야민은 역사에 대한 유물론적 관찰과는 다른 방식으로 폭력 지배의 연속성을 신화적 폭력의 연속성으로 설명하고 있다. 근대 법치국가에서 합법적으로 행사되는 폭력이 과연 윤리적으로 정당화될 수 있는가라는 질문에서 벤야민은 신화적 폭력이라는 개념을 도입한다. 파시즘의 지배는 법적 폭력에 작용하는 신화적 폭력의 노골화 현상이나 다름없다. "파시즘의 힘에 필적하는 어떤 힘"이라는 표현은 신화적 폭력에 대한 대안으로 언급한 "순수한 수단"[25]을 연상시킨다. 프롤레타리아트 총파업으로 대표되는 순수한 수단은 수단-목적 관계를 벗어나 그 자체 윤리성의 표현이자 완수를 뜻하는 수단으로, 신적 폭력의 세속화된 형태를 나타낸다. 신화적 폭력의 연속성에서 비롯된 힘이나 신화적 폭력 지배를 끝내는 힘은 모두 "역사의 깊은 심층에서 비롯된 힘"으로 이에 대한 성찰은 역사적 유물론의 관찰방식을 벗어난다. 개입하는 사유에 대한 공감으로도 브레히트와의 유대로도 해소되지 않는 보다 근원적인 물음이 제기될수록 후기 저술에 은폐된 벤야민의 신학이 은연중에 모습을 드러내는 것 같다.

숄렘이나 아도르노가 생각했던 것처럼 벤야민은 브레히트와의 관계 속에서 한 극단에서 다른 극단으로 이행한 것도 아니고 양극단을 이론적으로 매개하고자 한 것도 아니다. 그가 의도한 것은 오히려 양극단 사이에서 마치 문지방 위에 서 있듯 긴장을 견뎌내는 데 있다. 숄렘은 벤야민 사상의 양가성을 "종교와 정치의 뒤죽박죽"[26]이라고 폄하했지만, 벤야민은 자신의 양가적인 사유가 객관적으로 존재하는 상황의 아포리아에 기인하는 것이며, 이 아포리아는 수미일관하게 사색하는 철학자의 체계적인 사유를 통해 해결되는 것이 아니라고 반박한다. 개입하는 사유의 실현 가능성에 더 무게중심이 갈 때 벤야민은 관념적인 인간이 아니라 구체적인 인간이 처한 현실의 인식을

---

25) 발터 벤야민, 최성만 옮김, 「폭력비판을 위하여」, 『벤야민 선집』 제5권, 도서출판 길, 2008, 87쪽.

26) Walter Benjamin, *Briefe*, hg. von G. Scholem und Th. W. Adorno, Frankfurt a. M., 1978, p. 529(숄렘이 벤야민에게 보낸 1931년 3월 30일자 편지).

목표로 내세운다. 관념적인 부르주아 아동심리학에 맞서 "마르크스주의적이고 변증법적인 인간학"(이 책 287쪽)을 기획한 것도, "오늘날 사회의 근본적인 위기 상황에 대한 분명한 의식에 근거를 두고" "계급투쟁의 지반 위에서"(이 책 362쪽) 지적 생산의 협업 모델을 만들고자 한 것도 이러한 목표의 일환이다. 다른 한편 역사의 파국에 대한 불안이 커질수록 파시즘의 중단에 대한 물음은 신학적 경향을 띠게 된다. 역사의 중단, 탈신화화, 신화 파괴 등에 대한 성찰도 그렇다. 1934년에 그레텔 카르플루스(Gretel Karplus, 훗날 아도르노의 부인)에게 보낸 편지에서 보듯이 브레히트에게 보낸 유보 속 동의는 그것을 벤야민 사유가 움직이는 진폭 안에 자리매김할 때 비로소 그 의미를 이해할 수 있을 것이다.

당신이야말로 제 삶과 사유가 극단적 입장들 안에서 움직이고 있음을 잘 알고 계실 것입니다. 제 삶이 움직이는 이런 식의 진폭, 합치 불가능해 보이는 사물과 생각들을 나란히 움직이게끔 하는 자유는 위험이 닥칠 때 비로소 그 모습을 드러냅니다.[27]

극단적 입장들 중 한 극단에 신적 질서, 구원의 이념 등에 대한 신학적 사유가 놓여 있다면, 다른 한 극단에 인간 고유의 실천에 대한 유물론적 사유가 놓여 있다. 여기서 벤야민은 양극단 사이를 오가는

---

27) Walter Benjamin, *Gesammelte Briefe*, IV, 440(벤야민이 파리에서 그레텔에게 보낸 1934년 6월 초의 편지).

진폭, 합치 불가능해 보이는 것들을 동시에 작동시키는 자유를 언급하면서 이를 위험의 순간과 연관시킨다. 학문적 사유체계의 차원에서는 양극단으로 보이고 합치 불가능해 보이는 것들이지만, 위험의 순간에 그것들은 정신의 현존을 위해 동등하게 요구되는 지침들이다. 따라서 중요한 것은 양극단에 위치한 사상체계로 환원되는 인식이 아니라 양극단 사이의 자장 속에서 그때그때 형성되는 각성과 경험이다. 브레히트와의 관계가 벤야민에게 갖는 의미가 있다면, 그것은 후자를 위한 중요한 계기가 된다는 점이다.

벤야민과 브레히트[1]

벤야민은 브레히트를 1929년 5월 베를린에서 처음 만난다. 이 만
남을 주선해준 것은 아샤 라치스이다. 벤야민은 "자기를 브레히트에
게 소개해달라고 여러 차례 내게 부탁했다. 한 번은 브레히트와 식당
에 갔는데, …… 거기서 나는 벤야민이 그를 만나고 싶어 한다고 말했
다. 브레히트는 이번에 만나는 데 동의했다. 만남은 내가 당시 살고
있던 (슈피헤른 거리 건너편) 포스(Voß) 여관에서 이루어졌다. 브레히
트는 매우 소극적이었다. 그들은 나중에 가끔 만났다."[2] 라치스는 이

---

1) 이 글은 벤야민 『전집』의 편집자들(롤프 티데만Rolf Tiedemann과 헤르만 슈베펜호
  이저Hermann Schweppenhäuser)이 〈브레히트의 작품에 대한 주해〉에 대해 쓴 주석
  (Anmerkungen, GS, II/2, 1363~70)을 발췌·번역한 것이다.

2) Asja Lacis, *Revolutionär im Beruf. Berichte über proletarisches Theater, über Meyerhold,
  Brecht, Benjamin und Piscator,* hg. von Hildegard Brenner, München, 1971, p. 49.

벤야민과 브레히트의 최초의 만남을 1924/25년 겨울로 기억하고 있
는데, 그것은 착오이다. 이 만남은 벤야민의 생애에서 획기적인 사건
이었고 그의 사유와 작품에서는 그보다 더한 사건이었다. 청년기에
구스타프 비네켄(Gustav Wyneken)과의 만남, 그 뒤 게르솜 숄렘과의
만남에 비견할 만하다. 그는 숄렘에게 쓴 1929년 6월 6일자 편지에서
이 만남을 지나가는 말로 언급한다. "중요한 사람 몇 명을 알게 됐네.
첫째는 브레히트이고 (이에 대해서 앞으로 해줄 말이 많다네) 둘째는 폴
가(Alfred Polgar)라네."[3] 그리고 3주 후에는 벤야민이 이렇게 편지에
썼다고 숄렘은 보고한다.

"최근 베르톨트 브레히트와 나 사이에 아주 친근한 관계가 형성되었다
는 사실이 자네의 흥미를 끌 것이네. 그와의 관계가 이루어진 바탕은 그
가 만든 작품들이 아니라네. 내가 아는 것이라고는 고작 『서푼짜리 오페
라』와 담시들뿐이니까. 오히려 그의 현재 계획에 대해 갖지 않을 수 없는
타당한 관심이 우리 관계의 바탕이었다네." 브레히트를 개인적으로 만나
기 전 그는 브레히트가 쓴 시들을 발터 메링(Walter Mehring)의 샹송들에
강력하게 대립시키고 메링을 신랄하게 공격했다. 1929년부터 마르크스주
의적 악센트가 보다 더 강하게 나타나기 시작한 것이 아샤 라치스와 브레
히트로부터 받은 영향과 관련이 있음은 분명하다. 그 뒤 아도르노와 호르
크하이머가 쾨니히슈타인에서 이 노선에 또 다른 자극을 주었다. 브레히

---

3) Walter Benjamin, *Briefe*, 2 Bde. hg. von G. Scholem und Th. W. Adorno,
    Frankfurt a. M., 1978(초판: 1966), p. 494(이하 이 편지 선집에서 인용할 때에는 본
    문이나 각주에 '*Briefe*'라고 쓰고 쪽수를 명기함).

트와의 대화에 뒤이어 브레히트의 마르크스주의 후견인들인 프리츠 슈테른베르크(Fritz Sternberg)와 카를 코르쉬(Karl Korsch)〔……〕와의 담화도 있었다. 브레히트와의 대화에서 중점적인 주제는 그가 발표한 글들보다는 볼셰비키 정치와 미학에 관한 이론이었다. 벤야민은 브레히트의 작품들 가운데 1930년 6월에 가서야 『남자는 남자다』(1926)를 읽었고, 그 전에 브레히트의 『시도들』을 읽고 매료되었다. 1929년 9월에만 해도 그는 내게 쓰기를 "브레히트의 새 연극(『해피 엔드』, 1929)도 그다지 영예를 부여할 만하지 못하다"고 했다.[4]

브레히트와 벤야민이 세운 공동작업의 계획은 실현되지 못했다. 1930년 벤야민은 숄렘에게 보낸 편지에 다음과 같이 쓴다. "여기 브레히트와 내가 주도하는 매우 긴밀한 비판적 독서 모임에서 여름에 하이데거〔아마도 Sein und Zeit(『존재와 시간』), Halle, 1927〕를 분쇄할 계획을 세웠다네. 그러나 유감스럽게도 브레히트는 건강이 꽤 나빠진 탓에 곧 여행을 떠날 것 같고 나는 혼자서 그 일을 할 생각이 없다네"(Briefe, 514).

1930년 10월 초 벤야민은 브레히트, 베르나르트 폰 브렌타노(Bernard von Brentano), 헤르베르트 이예링(Herbert Ihering)과 함께 잡지를 출간할 계획을 하고 있다고 숄렘에게 보고한다. "자네는 수년 전에 내가 기획한 『새로운 천사』에 깊은 관심을 보였네. 그래서 외부

---

4) 게르숌 숄렘, 최성만 옮김, 『한 우정의 역사: 발터 벤야민을 추억하며』, 한길사, 2002, 281쪽; Briefe, 502.

인 중에서는 자네에게만 말해주려고 하는데, 다른 사람에게 알리지 말게. 다름이 아니라 새로운 잡지인데 지금 기획단계에 있네. 내가 다시는 이런 형태로 해낼 수 없을 거라는 확신에서 추진하고 있다네. 이 계획을 로볼트 출판사와 협의하고 있는데 이 잡지 관련 조직상의 문제와 실제적인 문제들을 브레히트와 오랫동안 대화하면서 점검했고, 그 문제들을 해결하는 담당자로 내가 나서기로 했네. 이 잡지는 형식을 두고 볼 때 그 성격이 저널리즘적이기보다는 학문적이고 학술적이 될 것이고, 잡지 이름은 『위기와 비판』이 될 것이네. 로볼트 출판사가 펴내기로 약조했네. 지금은 뭔가를 기고해줄 사람들을 조직된, 무엇보다 컨트롤된 작업으로 통합하는 것이 가능할까라는 커다란 물음이 제기될 것이네. 그 밖에도 브레히트와의 협동작업에서 생겨날 내재적 어려움이 있는데, 그것을 해결할 적임자는 나밖에 없을 거라고 생각하네. 이렇게 윤곽만 그려주면서 그에 몇 가지 양념을 친다는 의미에서 아직 간행되지 않은 브레히트의 책을 동봉하네. 자네와 에샤〔Escha, 숄렘의 첫째 부인 엘자 부르하르트(Elsa Burchardt)의 애칭〕만 읽어보라고 전하는데, 빠른 시일 내에 돌려주기 바라네(Briefe, 517f.). 다음번 우편으로 새 잡지 『위기와 비판』의 프로그램과 정관을 받아볼 것이네. 로볼트 출판사에서 격월로 출판될 것이고 공동편집인으로 나 외에 브레히트와 두세 사람 이름이 표지에 표시될 것이네"(Briefe, 519). 벤야민은 이 잡지의 공동편집인이 될 아도르노에게 보낸 1930년 11월 10일자 편지에서도 이와 관련하여 언급한다.

그렇지만 그 해 12월 벤야민은 공동편집인 명단에서 자기 이름을 뺄 의도를 품는다. 1931년 2월 말 그는 실제로 이 의도를 실행에 옮긴다. 1931년 5월 벤야민과 브레히트는 프랑스 리비에라 해안의 주 앙레팡(Juan-Ies-Pins)에서 망명 뒤 처음으로 만나고 그 뒤 파리에서 만난다. 그 뒤 1938년까지 벤야민은 덴마크로 이주한 브레히트를 방문하든지 브레히트가 파리로 오든지 해서 정기적으로 만난다. 1934년 벤야민은 브레히트가 살고 있던 스벤보르의 스코브보스트란트에 가서 6월 말에서 10월 초까지 그곳에 머문다. 1935년 여름 브레히트는 '문화 보호를 위한 국제 작가회의'에 참석하기 위해 파리에 온다. 벤야민은 알프레트 콘(Alfred Cohn)에게 보낸 편지에서 이 회의 소식을 전하면서 브레히트와 만난 것이 가장 기쁜 일이었다고 쓴다. 그러면서 브레히트가 지식인들을 풍자하는 소설〔『투이』(*Tui*)〕을 쓸 계획을 하고 있다고 암시한다(*Briefe*, 669f.). 1936년 8월과 9월에 그는 파리에서 브레히트를 만나고 1938년 마지막으로 만난다. 벤야민은 6월 말에서 10월까지 덴마크에서 보내면서 「보들레르의 작품에 나타난 제2제정기의 파리」를 쓴다. 브레히트는 1941년 7월 미국에 도착해서야 친구의 사망소식을 전해 듣게 된다. 그는 벤야민에게 몇 편의 시를 헌정한다.

히틀러를 피해 달아나다가 목숨을 끊은 발터 벤야민에게

지치게 만드는 전술은 자네가 좋아하던 전술이었지.
배나무 그늘 아래 앉아 체스를 둘 때 말일세.
자네의 책들을 보고 자네를 추격한 적들은
우리 같은 사람들로 인해 지치지 않는군.

망명객 W. B.의 자살에 부쳐

소식을 들었네, 자네가 도살자들보다 한 발 앞서
스스로 목숨을 거두었다고.
자네는 추방되어 지낸 8년 동안 적들이 승승장구하는 모습을 지켜보며,
마지막에는 넘을 수 없는 경계까지 몰리다가
넘을 수 있는 경계를 넘어갔다고 하더군.
제국들은 무너지고 있네.
패거리를 이끄는 무리들이
정치지도자들처럼 다가오고 있네.
그 무리들이 두른 장비 아래 민중들은 더는 보이지 않는군.
그렇게 미래는 어둠 속에 묻혀 있고,
선한 힘들은 취약하네.
자네는 고통스러운 몸을 스스로 파괴할 때
이 모든 것을 보았지.

희생된 사람들 명단

〔……〕
또 나를 떠난 이는
박식하고, 새로운 것을 찾아다니던 반골
발터 벤야민. 넘을 수 없는 경계에서
추적을 피해오다 지친 몸을 그는 스스로 내려놓았다.

그는 그 잠에서 더는 깨어나지 못했다.

[……][5]

벤야민은 브레히트의 작업이 자신의 작업에 지대한 의미를 갖는다는 점을 힘주어 강조한다. 특히 1930년대에 브레히트가 벤야민의 작업에 끼치는 영향을 해롭다고 생각하고 심지어 많은 부분에서 재앙이라고 여긴 숄렘에게 보낸 편지에서 그 점을 언급한다.[6] 숄렘은 벤야민이 변증법적·유물론적 작업을 하면서 "보기 드물게 집약적 방식으로 자기기만"을 자행하고 있다고 질책한다(Briefe, 525). 그러자 1931년 4월에 보낸 한 편지에서 벤야민은 다음과 같이 응답한다. "그밖에 자네가 브레히트의 『시도들』 전체의 앙상블을 들여다본다면 본래 좁디좁은 내 토대를 넓힐 수 있을 것이네. 『시도들』을 펴낸 키펜호이어가 근일 중에 나를 보러 오는데, 자네에게 보낼 이 책 시리즈를 얻어 보겠네. 그 밖에도 몇 주 전에 『시도들』에 실린, 오페라에 대한 매우 뛰어난 논문을 자네에게 보냈는데, 자네는 그에 대해 아무 말도 없군. 내가 이 사안을 언급하는 이유는 자네의 편지가 논증할 생각 없이 인신공격에 가깝게 내 입장을 공격하기 때문이네. 작지만 매우 중요한 아방가르드가 여기서 지금 점유하고 있는 진지의 요충지에 포탄을 쏟아 붇기 위해서 말이네. 나를 브레히트의 작업과 점점 더

---

5) 이상 다음의 브레히트 전집에서 재인용함. Bertolt Brecht, *Gesammelte Werke*, Frankfurt a. M., 1967, Bd. 10, p. 828f.

6) G. Scholem, Walter Benjamin, in: *Über Walter Benjamin*. Mit Beiträgen von Theodor W. Adorno u. a., Frankfurt a. M., 1968, p. 152.

연대하도록 만든 것의 많은 부분이 바로 자네 편지에서 거론되었네. 그러니까 자네도 잘 모르는 그 작업의 많은 부분이 말이네"(Briefe, 529f.).

1931년 7월 벤야민은 숄렘에게 다시금 브레히트의 『시도들』에 관해 언급한다. "오늘 브레히트의 『시도들』이 자네에게 우송됐다는 것을 확인했네. 자네는 『시도들』이 우리 편지교환의 대상들과 대체 무슨 관계가 있는지 물었는데, 그에 대한 내 답변은 이렇다네. 편지로 테제를 제시하며 벌이는 토론으로는 기대할 게 아무것도 없다는 점, 진솔하고 실제적으로 전할 수 있는 많은 말들이 브레히트의 『시도들』 안에 등장하고, 또 이 책이 매우 특별한 의미를 지닌다는 점이네. 그것은 내가 비평가로서 아무런 (공적公的인) 유보 없이 지지하는 최초의 — 시적이거나 문학적인 — 글들이기 때문이고, 최근 몇 년 간 내가 발전해온 경로의 일부가 이 글들과의 토론을 통해 이루어졌기 때문이며, 그 글들이야말로 이 땅에서 나와 같은 사람들의 작업이 이루어지는 정신적 상황을 다른 어떤 글보다 날카롭게 꿰뚫어보고 있기 때문이네"(Briefe, 534f.). 그러나 벤야민이 키티 마르크스-슈타인슈나이더에게 보낸 1933년 10월 20일자 편지에서 드러나듯이 숄렘은 브레히트의 『시도들』을 두고 편지로 토론하는 데 응하지 않았다. "물론 저는 — 이런 말씀을 드릴 필요가 있다면 — 브레히트가 하는 작업과 저의 의견 일치가 제 전체 입장에서 가장 중요하고 가장 잘 입증된 지점들 중 하나를 나타낸다는 점을 숨기지 않겠습니다. 저는 그 지점을 포괄적으로까지는 아니더라도 종종 그에 근접하게 문학적으로 표현할 수 있었습니다. 더 나아가 저는 이러한 완전하지 못한 제 해설들이 팔레스타인에서는 그 해설들이 다루는 『시도들』이라는 엄청난 작품보다 더 사람들의 눈길을 끌 것이라고 생각합니다. 제가 쓴 것들을 당신께 보내드릴 겁니다. 유감스럽게도 저는 그 글들이 게르하르트 [숄렘]에게서보다 당신에게서 더 많은 성과를 내리라고 생각하지는 않습니다. 그 글들은 게르하르트에게서 무척 의미심장한 침묵만 불러일으켰을 뿐이고 제가 알기로 『시도들』을 구입해볼 마음조차 일으킬 수 없었답니다. 『시도들』을 두고 벌일 우리의 토론은 후일로 미루어지기만 했고 저도 후일로 미루더라도 반드시 이루어져야 한다고 생각합니다"(*Briefe*, 594f.).

벤야민의 논문 「오늘날 프랑스 작가들의 사회적 위치에 대하여」에 대해 숄렘이 던진 질문, 즉 "이것은 일종의 공산주의적 신념인가?"라는 질문에 답하면서 벤야민은 1934년 5월에 쓴 답장에서 브레히트와 자신의 관계를 요약한다. "내가 알기로 자네가 암시하긴 했어도 한 번도 자네 의견을 말한 적은 없는 브레히트의 작품이 내게 지니는 의미에서 특징적인 것은 이것이네. 즉 그의 작품은 내 관심을 끌지 않는 그 어떤 대안도 제시하지 않는다는 점이네. 그리고 카프카의 작품이 내게 지니는 확고한 의미는 브레히트의 작품보다 더 작다고 할 수 없는데, 그것은 무엇보다 공산주의가 당연히 극복하려고 하는 입장들 중 그 어느 입장도 카프카가 취하지 않기 때문이라네"(*Briefe*, 605).

그렇지만 벤야민과 브레히트의 관계는 문제가 없지는 않았다. 그 관계는 실제적인 사안들의 경우에는 적어도 일방적인 연대의 관계에 가까웠다. 브레히트가 아무런 유보 없이 받아들인 것은 에두아르트

푹스에 관한 논문인 듯하다. 「역사의 개념에 대하여」에 제시된 테제들은 그의 관심을 끌었고, 제한적이나마 동감을 불러일으켰다. 그에 비해 브레히트의 판단에 따르면 「기술복제시대의 예술작품」은 '유물론적 역사관을 상당히 끔찍하게 개조한 것이다. 그리고 "카프카 에세이는 유대 파시즘을 부추긴다"고 했다(GS, VI, 528; 이 책 242쪽). 벤야민의 「보들레르의 작품에 나타난 제2제정기의 파리」에 관해서 브레히트는 "괜찮은 게 있다. …… 읽을 만하다"라고 말하면서도 이어서 "특이하게도 벤야민의 우울증이 그런 것을 쓰게끔 한다"고 말한다. 심지어 브레히트는 벤야민의 보들레르 해석에 극명하게 반대되는 해석을 내놓기도 했다.[7]

그러나 벤야민과 브레히트의 개인적 관계에서도 한계가 드러났고 그 점을 벤야민은 1933년 그레텔 아도르노에게 쓴 편지에서 이렇게 암시한다. "덴마크에 가서 한 사람(즉, 브레히트)에게 의지해서 겨울을 보낼 생각을 하니 끔찍하네요. 또 다른 형태의 고독이 될 소지가 매우 크니까요"(Briefe, 596). 1934년 1월 숄렘에게 보낸 편지에서 이와 비슷한 분위기가 읽힌다. "덴마크로 가는 것을 미루는 것은 계절 때문만은 아니네. 내가 브레히트와 친밀한 사이이기는 하지만, 그곳에 가서 그에게 전적으로 의존하는 상황이 나를 주저하게 만든 면이 있네"(Briefe, 599). 이렇게 주저하는 이유를 벤야민은 보들레르 에세이 제1판(「보들레르의 작품에 나타난 제2제정기의 파리」) ― 이것을 그는 덴

---

7) Bertolt Brecht, "Die Schönheit in den Gedichten des Baudelaire", in: *Gesammelte Werke*, Bd. 19, pp. 408~10 참조.

마크에 체재할 때 쓰게 된다 — 에 대해 보고할 때 좀더 자세히 댄다. "내가 브레히트와 아무리 친밀한 사이라고 해도 나는 이 작업을 완전히 홀로 파묻힌 상태에서 해내야만 하네. 이 작업은 브레히트로서는 소화할 수 없는 특정한 요인들을 포함하고 있다네." 그렇지만 그는 이어서 이렇게 쓴다. "그(브레히트)도 나와 오래 교류하면서 그 정도는 충분히 알고 있다네. 그래서 잘 진행되고 있네"(*Briefe*, 768).

벤야민이 자신과 브레히트의 관계에 대해 이보다 더 자세하게 그레텔 아도르노에게 언급한 적이 단 한 번 있다. "가장 중요한 물음을 언급할까 해요. 당신이 그(브레히트)가 제게 끼치는 영향을 말씀하시니까 제 삶에서 거듭 등장하는 중요한 상황이 기억에서 떠오르네요. 제 친구들은 하인레(Christoph Friedrich Heinle)가 제게 그와 같은 영향을 끼쳤다고 보았고, 훗날의 제 아내는 시몬 구트만(Simon Guttmann)이 그렇다고 했어요. 당시 아내는 저를 그 영향에서 벗어나게 하려고 진력했지요. 후자의 영향을 두고 벌인 토론은 약 20년이 지났는데도 잊을 수 없네요. 신랄한 말들이 오갔고 마지막에는 제가 그(구트만)의 암시를 받고 있다는 말이 나왔어요. — 어쩌면 제가 이 사안을 이렇게 장황하게 풀어내는 것이 의아스럽게 여겨질 거예요. 그러나 이런 말을 하는 것은 왜 제가 — 당신의 주장을 반박하지 않고서 — 그 주장을 듣고도 침착함을 유지할 수 있는지 당신이 이해해주기를 바라기 때문이에요. 제 삶의 경제학에서 실제로 몇몇 손으로 꼽을 수 있는 관계들이 제 원래의 존재라는 극의 반대편에 있는 극을 지킬 수 있게 해주는 역할을 하고 있어요. 이 관계들은 저와 가까이 있는 사람들에게서 다소 격렬한 항의를 늘 불러일으켰는데, 브레히트와의 관계가 현재 — 이건 살짝 알려드립니다만 — 게르하르트 숄렘의 항의를 불러일으키고 있지요. 이럴 때면 저는 그 위험성이 뻔히 보이는 이 결속들이 생산적인 면을 드러내 보일 것이라는 점을 믿어달라고 친구들에게 간청하는 것 말고 더 할 수 있는 게 없어요. 당신이야말로 제 삶과 사유가 극단적 입장들 안에서 움직이고 있음을 잘 알고 계실 것입니다. 제 삶이 움직이는 이런 식의 진폭, 합치 불가능해 보이는 사물과 생각들을 나란히 움직이게끔 하는 자유는 위험이 닥칠 때 비로소 그 모습을 드러냅니다. 제 친구들에게는 저 '위험한' 관계들의 형태로 나타나는 위험만 눈에 띄지요. 이에 관해서는 이쯤 해두기로 하지요. 당신에게 이러한 답변을 해야 한다고 생각했어요. 손쉬운 답변 한 두 가지를 둘러대는 대신 말이에요. 어쨌거나 이 사안을 두고 저희가 가까운 미래에 함께 논의할 수 있게 되기를 바랄게요."(1934년 6월께 그레텔 아도르노에게 보낸 편지).

벤야민이 브레히트의 이론들에 의존하고 있다는 비판에서는 숄렘과 유사하지만 전혀 다른 논거, 즉 마르크스주의적인 논거를 댄 아도르노를 향해서 벤야민은 브레히트와의 만남이 자신에게 갖는 '획기적'인 성격을 강조한다. 벤야민 스스로 이해한 바에 따르면 브레히트가 『파사주』 프로젝트에 "영향을 끼친다면" 그것은 "더할 나위 없는 불행"이라고 하면서 아도르노가 지적한 사태야말로 그의 "작업에 대해 모든 논리적 난관들 가운데 정점"을 이룬다(*Briefe*, 662). "최근의 시기에 일어난 이 일이 그 작업에 어떤 의미를 갖게 된다면 그 의미는 작지 않을 텐데, 하지만 그 의미는 그 한계가 제게서 의심의 여지가 없이 뚜렷이 드러나기 전에는 아무런 형태도 띠지 못했습니다. 그에

따라 이 측면으로부터 올 '지침'도 전혀 고려할 대상이 되지 못했습니
다"(*Briefe*, 663).

■ 옮긴이의 말

　이 선집에는 벤야민의 브레히트에 관한 글들과 유물론 관련 글들을 모았다. 유물론 관련 글들은 모두 망라하지 않았고 망라할 수도 없지만 그래도 중요한 대표적 글들을 모아봤다. (물론 『선집』 제2권에 실린 기술복제 에세이나 『선집』 제5권에 실린 역사철학 관련 글들도 전형적인 유물론 관련 글들이다. 여기서는 다른 선집에 실리지 않은 글들을 모았다.) 그 가운데서도 특히 「생산자로서의 작가」 「독일 파시즘의 이론들」 「파리 편지 I」이 섬세하면서도 강력한 필치로 쓴 묵직한 글들로 돋보인다.

　이렇게 두 묶음으로 분류된 글들은 대부분 글이 생성된 시기를 기준으로 연대순으로 배열했다. 「서사극이란 무엇인가」는 이 순서를 따르지 않고 제1판과 제2판을 연이어 실었다. 각 글의 탄생 배경과 주제 및 특징을 여기에 간략하게 소개한다.[1]

제1부
브레히트 관련 글들

• 베르톨트 브레히트(1930)

벤야민이 1930년 6월 24일 프랑크푸르트 방송(Frankfurter Rundfunk)에서 행한 라디오 강연이다. 이 강연문은 구동독에서 출간된 벤야민 글 모음집 Walter Benjamin, *Lesezeichen: Schriften zur deutschsprachigen Literatur*, Hg. von Gerhard Seidel, Leipzig, 1970, pp. 261~69에 처음 발표되었고 그 뒤 『전집』(Walter Benjamin, *Gesammelte Schriften*, Bd. II, Frankfurt a. M., 1977)에 실렸다.

〈브레히트의 작품에 대한 주해〉

벤야민 『전집』의 편집자들은 브레히트 작품에 대한 벤야민의 주해들을 모아 제목을 위와 같이 붙였다. 그러나 위의 라디오 강연 「베르톨트 브레히트」, 서평, 일기 등 글의 성격상 이 묶음에 포함되지 않은 것들은 전집의 분류 방침에 따라 각 권에 흩어져 실렸다. 우선 이 주해에 포함된 텍스트들은 다음과 같다.

• 브레히트 주해에서(1930)

벤야민은 브레히트 텍스트에 대한 주해를 1930년에서 1939년에 걸쳐 집필했다. 첫 번째 주해에 해당하는 '브레히트 주해에서'는 그

---

1) 각 텍스트에 대한 설명은 대부분 벤야민 『전집』 편집자들의 해설을 따랐다.

제목에서 벤야민이 포괄적인 주해를 계획했음을 시사한다. 따라서 브레히트에 관해 쓴 벤야민의 글들은 객관적으로 긴밀한 연관관계에 놓여 있으며, 마지막으로 쓴 「브레히트의 시 주해」(1938)의 서두에서 말한 주해의 형식에 관한 규정을 따른 것이라고 할 수 있다. 그 규정이란, 주해는 자신이 다루는 텍스트의 '고전성'에서 출발한다는 것, "고풍스러운 요소를 전혀 지니지 않고 오늘날 권위가 부여된 것에 대해서까지 맞서는 어떤 문학작품을 위하여" 고풍스러운 형식이자 권위 있는 형식인 주해를 요청한다는 것이다.

첫 번째 주해는 브레히트가 1927년에서 1930년까지 작업한 미완의 희곡 『이기주의자 파처의 몰락』에 나오는 한 합창을 다룬 것이다. "이 희곡은 전쟁이 끝나기 1년 전 전쟁을 청산하기 위해 서부전선에서 탈영하는 네 명의 병사들을 다루는데, 이들은 자신들 중 한 명의 고향으로 가서 그곳에 고립된 채 머물다가 결국 좌절하고 만다. 이 희곡은 파처의 기록(이 작품)과 파처에 대한 주해, 그리고 합창과 대응합창으로 이루어져 있다"(브레히트 전집 편집자의 주석: Bertolt Brecht, *Gesammelte Werke*, 앞의 책, Bd. 7, p. 2*f.). 이 주해는 1930년 7월 6일자 『프랑크푸르터 차이퉁』의 문학 분야 별지(Jg. 63, Nr. 27)에 발표되었다.

- **서사극에 나오는 가족드라마(1932): 브레히트의 「어머니」 초연에 대하여**

1932년 1월에 초연된 브레히트의 「어머니」를 소개하고 비평한 글로서 1932년 2월 5일자 『프랑크푸르터 차이퉁』의 문학 분야 별지(Jg. 63, Nr. 27)에 발표되었다.

- **프롤레타리아트의 호칭을 불러서는 안 되는 나라(1938): 브레히트의 단막극 여덟 편의 초연에 대하여**

1938년 파리의 '이에나 극장'(Salle Iéna)에서 "99%"라는 제목으로 단막극 여덟 편이 처음 공연된 『제3제국의 공포와 참상』에 대한 비평으로서, 「브레히트의 단막극들」(Brechts Einakter)이라는 제목으로 『디 노이에 벨트뷔네』(Die Neue Weltbühne) 34(1938, pp. 825~28)에 발표되었고, 타자기로 친 원고에는 위의 원래 제목이 쓰여 있다. (참고로 브레히트가 원래 '몽타주'로 이해한 『제3제국의 공포와 참상』의 최종본은 작가가 27개의 장면에서 4개를 삭제하고 한 개를 덧붙인 형태로 1945년 뉴욕에서 최초로 출간된다.)

- **서사극이란 무엇인가(제1판, 1931): 브레히트에 관한 연구**

숄렘에게 보낸 한 편지에서 추정하건대 이 논문은 1931년 초에 쓰였다. 이후 벤야민은 1934년 4~5월에 아도르노와 브레히트에게 보낸 편지에서 이 논문이 「생산자로서의 작가」와 짝을 이룬다는 것을 여러 차례 언급한다. 원래 『프랑크푸르터 차이퉁』에 기고될 예정이던 이 논문은 당시 출간되지 못했고, 결국 타자기로 친 원고의 복사본으로만 전해졌으며 1966년 롤프 티데만이 편찬한 『브레히트에 대한 시론들』(Versuche über Brecht)에 처음 출판된다.

• 서사극이란 무엇인가(제2판, 1939)

이 두 번째 버전은 1939년 4월~6월 초에 쓰였고, 토마스 만 (Thomas Mann)과 콘라트 팔케(Konrad Falke)가 스위스 취리히의 오 프레히트(Oprecht) 출판사에서 격월로 출판하던 잡지 『마스 운트 베르트』(*Maß und Wert*)에 발표되었다(Jg. 2, Heft 6, Juli/August 1939, pp. 831~37). 이 논문은 제1판과는 상이한 새로운 논문으로 제1판 에서는 몇 구절만 새로운 맥락으로 가져왔을 뿐이다.

• 브레히트의 시 주해(1938)

벤야민은 브레히트 서정시 연구를 처음 구상하고 10여 년이 지 난 뒤에야 「브레히트의 시 주해」 집필을 시작한다. 대략 1938년 가 을에서 1939년 3월까지 벤야민은 『말』(*Das Wort*)에 연재할 목적으 로 주해를 집필하지만, 잡지가 폐간되는 바람에 이 주해는 출간되 지 못한다. 그 뒤 벤야민은 1939년 6월 마가레테 슈테핀(Margarete Steffin)에게 보낸 편지에서 브레히트가 주선하여 월간지 『인테르나 치오날레 리터라투어』(*Internationale Literatur*)의 독일어판에 이 주해 가 실릴 수 있게 해달라고 부탁하지만, 이것 역시 이루어지지 못하 고, 주해는 생전에 출간되지 못한 글로 남는다. 유일하게 「노자가 망명길에 『도덕경』을 쓰게 된 경위에 대한 전설」에 대한 주해만이 시 전문과 함께 벤야민의 친구 프리츠 리프(Fritz Lieb)와 에두아르 트 베렌스(Eduard Behrens)가 편집을 맡고 있던 『슈바이처 차이퉁 암 존탁』(스위스 일요신문)에 실려 발표된다.

유고에는 이 주해들의 순서가 정해져 있지 않은 상태였다. 그에 따라 벤야민 『전집』의 편집자들은 브레히트의 시집들이 출간된 시기에 맞춰 연대순으로, 그리고 시집에 실린 시의 순서대로 주해들을 배열했다.

• 브레히트의 서푼짜리 소설(1935)

이 소설에 대한 서평은 클라우스 만(Klaus Mann)이 편찬하던 문학 월간지 『디 자믈룽』(*Die Sammlung*) 1935년 4월호에 실릴 예정이었다. 벤야민은 이 소설을 읽으면서 많은 구절들에서 거듭 흥미를 느꼈고 오래 지속될 책이라고 여겼으며, 자신의 이 인상을 브레히트에게도 밝힌다. 그러나 그는 이 서평이 조판되는 과정에서 출판사가 책정한 서평 원고료가 너무 적다고 항의한다. 그러자 클라우스 만은 원고를 되돌려 보냈고 만과의 인연도 그로써 끝나고 마는 불운을 겪는다. 벤야민은 이 안타까운 사건을 브레히트에게 상세하게 보고하기도 한다. 이 서평은 그 뒤 벤야민이 다른 곳에서 출판하려고 노력하지만 결국 생전에 출판되지 못한 채 원고로 남게 되고 1966년 동독에서 발행되는 잡지 『바이마르 기고』(*Weimarer Beiträge*) 제12호(Heft 2, pp. 436~45)에 처음 출판된다.

• 스벤보르의 여름 일기 1934

이 일기는 덴마크 스벤보르에 망명을 와 있던 브레히트의 집에 1934년 7월 4일에서 10월 4일까지 머물 때 쓴 것으로 벤야민의 유고 가운데 *Mittleres Pergamentheft*(중형 양피지 공책 — 이 명칭은 벤야민 자신이 붙인 것이다), pp. 46~54에 수록되어 있다.

- **1938년 일기**

이 일기는 벤야민의 유고 가운데 *Manuskript 675*, pp. 20~27에 수록되어 있으며. 첫 일기(3월 6일자)를 제외하고 나머지는(6~8월) 역시 스벤보르의 브레히트 집에 머물면서 쓴 것이다.

제2부
유물론 관련 글들

- **프롤레타리아 아동극의 프로그램(1929)**

아이들과의 연극작업을 구상하고 있던 아샤 라치스를 위해 1928년 말~1929년 초 베를린에서 써준 프로그램으로 벤야민 생전에 출판되지 못했다. 라치스는 연극에서 배우와 연출가로 활동하던 라트비아 리가 출신의 여성으로 벤야민은 그녀를 1924년 카프리 섬에서 알게 된다. 라치스는 1918~19년 오렐(Orel, 오늘날 우크라이나의 한 도시)의 국립극장에서 연출을 맡게 된다. 하지만 그곳의 열악한 환경에서 살아가는 아이들을 보고 충격을 받는다. 라치스는 그 아이들을 아동극을 통해 교육하기로 작정하고서 아동극 작업에 뛰어들었고 성공을 거둔다. 라치스는 이 경험을 자신의 책에서 보고한다(Asja Lacis, *Revolutionär im Beruf. Berichte über proletarisches Theater, über Meyerhold, Brecht, Benjamin und Piscator*, hg. von Hildegard Brenner, München, 1971, pp. 21~25).

벤야민은 이듬해 그녀를 만나러 리가로 찾아가고 1926/27년에는 모스크바로 찾아간다(선집 제14권 『모스크바 일기』 참조). 1928년 두 사람은 베를린에서 재회한다. 라치스는 소련무역대표부의 영화 부문에서 문화영화와 학교영화 담당자로 채용되었다. 그녀는 한 동안 뒤셀도르프 가(Düsseldorfer Straße) 42번지에서 벤야민과 동거한다. 그 당시 라치스는 요하네스 베허(Johannes R. Becher)와 게르하르트 아이슬러(Gerhart Eisler)에게 자신이 아이들과 했던 연극작업에 관한 이야기를 들려준다. 아이들을 위한 그러한 미적 교육의 모델은 그들의 마음에 들었다. "그래서 그들은 그와 같은 아동극장을 리프크네히트하우스(Liebknechthaus)에 세우자고 제안한다. 나는 프로그램을 만들어보기로 했다. 벤야민은 카프리에 있을 때 내 아동극에 관해 들었고 비상한 관심을 보였다. 그는 '내가 프로그램을 써볼게요'라고 말했다. '당신이 실제로 했던 작업을 이론적으로 서술하고 근거를 제시해볼게요.' 그는 실제로 그것을 썼다. 그러나 제1판에서 내 테제들이 엄청나게 복잡하게 서술되었다. 리프크네히트하우스에서 그것을 읽자 사람들이 웃었다. 그거 벤야민이 당신을 위해 써준 거군요! 나는 그 프로그램을 벤야민에게 돌려주면서 좀더 이해하기 쉽게 써보라고 했다. 그리하여 이 '프로그램' 제2판이 쓰였다"(이상 출전: Asja Lacis, 앞의 책, p. 25f.). 이 프로그램은 타자기로 쓴 원고 한 부로 벤야민의 유고에 들어 있다.

● **공산주의적 교육학의 사례(1929)**

에드빈 회른레의 책〔Edwin Hoernle, *Grundfragen der proletariscen Erziehung*(『프롤레타리아 교육의 근본물음들』), Berlin, 1929〕에 대한 서평

으로 다음의 잡지에 발표되었다. *Die neue Bücherschau 7*, Heft 12, Dezember 1929.

● **거리산보자의 귀환(1929)**

프란츠 헤셀의 책[Franz Hessel, *Spazieren in Berlin*(『베를린에서의 산보』), Leipzig und Wien, 1929]에 대한 서평으로『문학세계』(*Die literarische Welt*) 1929년 10월 4일자(Jg. 5, Nr. 40, p. 5f.)에 발표되었다. 이 서평은 유물론적인 성격이 두드러지게 드러난 글은 아니지만 벤야민의『파사주』프로젝트에서 중요한 역할을 하는 '거리산보자'(flâneur)와 직접 연관되기 때문에 이 선집에 포함시켰다.

● **한 아웃사이더가 주목을 끌다(1930): 지그프리트 크라카우어의『사무원들』에 대하여**

지그프리트 크라카우어의 책[Siegfried Kracauer, *Die Angestellten. Aus dem Neuesten Deutschland*. Frankfurt a. M., 1930]에 대한 서평으로 *Die Gesellschaft* 7 (1930), Bd. I, pp. 471~77에 발표되었다. 편집부에서는 '지식인의 정치화'(Politisierung der Intelligenz)라는 제목을 달았지만 벤야민은 자기가 보관한 판본에 이것을 원래의 제목으로 다시 수정했다.

● **〔서평〕지그프리트 크라카우어,『사무원들. 최근의 독일로부터』(1930)**

크라카우어의 같은 책에 대한 또 다른 서평으로『문학세계』1930년

5월 16일자(Jg. 6, Nr. 20, p. 5)에 발표되었다.

• 독일 파시즘의 이론들(1930): 에른스트 윙거(편)의 모음집 『전쟁
과 전사들』에 대해

에른스트 윙거가 편찬한 책(Ernst Jünger (hg.), *Krieg und Krieger*,
Berlin, 1930)에 대한 서평으로 *Die Gesellschaft 7* (1930), Bd. 2, pp.
32~41에 처음 발표되었다.

• 좌파 멜랑콜리(1930): 에리히 케스트너의 새 시집에 대하여

에리히 케스트너의 새 시집(Erich Kästner, *Ein Mann gibt Auskunft*,
Stuttgart, Berlin, 1930)에 대한 서평으로 *Die Gesellschaft 8* (1931), Bd. 1,
pp. 181~84에 처음 발표되었다.

• 위기와 비판(1930): 잡지 『위기와 비판』에 관한 메모

해제에서 상세하게 서술했듯이 1930년 10월 초 벤야민은 브레히
트, 베르나르트 폰 브렌타노, 헤르베르트 이예링과 함께 이 잡지를
로볼트 출판사에서 출간할 계획을 세운다. 그렇지만 이 잡지 기획은
실현되지 못한다.

• 생산자로서의 작가(1934): 1934년 4월 27일 파리의 파시즘 연구
소에서 행한 강연

부제가 '1934년 4월 27일 파리의 파시즘 연구소에서 행한 강연'으
로 되어 있지만 이것은 오류이다. 왜냐하면 이튿날 아도르노에게 보

낸 편지에 따르면 그 강연은 아직 이루어지지 않았기 때문이다. "귀하가 여기에 있다면 제가 앞서 언급한 강연이 많은 토론거리를 줄 것입니다. 이 강연 제목은 '생산자로서의 작가'이고, 이곳 '파시즘 연구소'에서 소수의 청중, 전문가라고 할 수 없는 청중 앞에서 하게 될 것입니다. 이 강연은 연극무대를 위해 '서사극'에 대한 연구에서 수행한 분석에 상응하는 것을 문학계를 위해 제시하려는 시도입니다(아도르노에게 보낸 1934년 4월 28일자 편지). '생산자로서의 작가' 강연이 논문 「서사극이란 무엇인가」(제1판)와 짝을 이룬다는 점은 벤야민에게 중요했다. 벤야민은 브레히트에게 보낸 편지에서도 이와 똑같은 언급을 한다. 그는 숄렘에게 보낸 1934년 5월 6일자 편지에서는 이렇게 쓴다. "다른 한편 여기서 생계를 확보하기 위해 시도한 많은 — 부분적으로 분명 가치가 떨어지는 — 것들을 일일이 열거하지 않을 생각이네. 그렇지만 그런 와중에도 문학정책의 현재적 물음들에 대해 입장을 취하는 꽤 긴 에세이 — '생산자로서의 작가' — 를 썼다네. 인쇄되어 출판될지는 아직은 알 수 없네(*Briefe*, 606). 벤야민은 이 강연문을 클라우스 만이 출판하는 잡지 『디 자믈룽』에 실으려고 했다. 그러나 앞서 '서푼짜리 소설' 서평으로 그와의 관계가 어그러져서 이 계획은 성사되지 못하고 벤야민이 사망하고 26년이 지난 1966년 롤프 티데만이 편찬한 『브레히트에 대한 시론들』에 처음 출판된다.

숄렘은 이 강연문을 벤야민의 '야누스의 얼굴'로 특징짓는다. "그는 내가 원고 청탁을 주선했고 우리가 편지로 활발히 토론했던 카프카에 대한 긴 에세이를 쓰는 동안 「생산자로서의 작가」를 썼다. 이 글을 가지고 그는 1934년 4월 27일 공산주의 노선의 전초기구인 '파시즘 연구소'(Institut pour l'Étude du Fascisme, INFA)에서 강연을 했다. 이 강연은 실제로 그 두드러진 기예를 두고 볼 때 그의 유물론적 사고의 정점을 이룬다. 나는 그가 편지에서도 썼고 이야기로 들려주기도 한 그 강연의 텍스트를 읽어볼 기회를 갖지 못했다. 1938년 파리에서 그 강연에 대해 캐물었을 때 그는 '자네에게 그걸 읽어보라고 주지 않는 편이 나을 것 같네'라고 말했다. 그 논문을 나중에 읽게 되었을 때 나는 그의 말을 이해할 수 있었다. 그 밖에 이 시기에 그는 파시즘 연구소의 명예 경리직을 맡고 있었고 나중에, 즉 1938년에 그와 함께 거의 망명자들만 살던 집에서 기거하게 된 아서 케스틀러(Arthur Koestler)를 알게 되었다."[2]

케스틀러는 이 '파시즘 연구소'에 관해 다음과 같이 보고한다. "나는 1년간 파리의 '파시즘 연구소'에서 무급 총무로 일했다. 이 연구소는 공산당원들이 운영하고 코민테른에 의해 관리되면서 재정 지원은 받지 않는 아카이브이자 연구소였다. 이 기관의 목적은 [빌리] 뮌첸베르크 기업의 대중선동적 방법과는 무관하게 파시즘 정권에 대해 진지하게 연구하는 연구소를 세우는 것이었다. 우리는 프랑스 노조의 기부금과 프랑스 지식인 및 학자 단체로부터 지원을 받았다. 우리는 모두 아무 보수도 받지 않고 하루에 10~12시간씩 일했다. 다행히 뷔퐁 가(Rue Buffon)에 소재한 우리의 공간에 연구소 직원들을 위해 진한 완두콩 수프를 끓여주는 식당이 있었다."[3] 그 밖에도 케스틀러

---

2) 게르솜 숄렘, 최성만 옮김, 『한 우정의 역사: 발터 벤야민을 추억하며』, 한길사, 2002, 347쪽.

3) *Ein Gott, der keiner war.* Arthur Koestler [u. a.] schildern ihren Weg zum

옮긴이의 말 · 57 ·

는 나중에 회상록에서 이 연구소의 역사에 관해 상세하게 보고하지
만,[4] 이 회상록이나 앞에 인용한 글에서도 연구소와 연관하여 벤야
민이라는 이름이나 강연회에 관해 아무런 언급이 없다. 벤야민이 쓴
부제는 일종의 신비화이거나 아니면 실행되지 않은 계획을 지칭한
것이라는 점을 배제할 수 없다.

그 밖에 이 강연문을 두고 브레히트와 나눈 대화는 이 선집 '스벤
보르의 여름 일기 1934'에 나와 있다.

• 파리 편지 I(1936): 앙드레 지드와 그의 새로운 적

벤야민이 쓴 '파리 편지' 두 편은 모스크바에서 간행되는 월간지
『말』에서 위탁을 받은 글들이다. 그는 이 위탁을 빌리 브레델(Willi
Bredel), 리온 포이히트방거(Lion Feuchtwanger)와 함께 이 잡지를 편찬
하던 브레히트를 통해 얻어냈다. 그러나 이 잡지와의 작업에서 그는
별로 소득을 얻지 못했다. 그는 물론 거듭해서 기고했지만 이 「파리
편지 I」이 이 잡지에서 인쇄된 유일한 글로 남았다. 그가 '파시즘의
예술론에 대한 에세이'(Briefe, 730)라고 칭한 이 글은 1936년 『말』(Heft
5, November 1936, pp. 86~95)에 발표된다. 참고로 이 잡지에 출판되
지 못한 두 번째 에세이 「파리 편지 II : 회화와 사진」(1936)은 『벤야민
선집』 제2권에 실려 있다.

Kommunismus und ihre Abkehr, Köln, 1952 〔Rote Weißbücher. 6〕, p. 63.

4) Arthur Koestler, *Die Geheimschrift. Bericht eines Lebens 1932 bis 1940*, übertr. von
Franziska Becker, Wien/München/Basel, 1955, pp. 253~72.

이상으로 이 선집에 실린 글들을 개략적으로 소개했다. 참고로 「해제」, 〈브레히트의 작품에 대한 주해〉에서 「서사극이란 무엇인가」(제1, 2판)를 제외한 나머지 글들, 「스벤보르의 여름 일기 1934」 「1938년 일기」 「거리산보자의 귀환」은 윤미애 교수가 작성하거나 번역했고, 「전집 편집자들의 해설」과 이 「옮긴이의 말」을 비롯해 나머지 글들은 모두 최성만의 것이다. 그러나 서로의 번역을 검토하면서 전체적으로 통합하고 조율해가는 지난한 작업을 거쳤다는 점을 강조하고 싶다.

2020년 봄
두 옮긴이를 대표하여
최성만

●차례 ●

제1부
브레히트 관련 글들

제2부
유물론 관련 글들

제1부

브레히트
관련 글들

베르톨트 브레히트
(1930)

Walter Benjamin, *Gesammelte Schriften*, Frankfurt a. M., 1972~89, Bd. II/2, pp. 660~67. (Bertolt Brecht, Radiosendung: 26. 6. 1930)

사람들이 살아 있는 작가들에 관해 논하면서 공평하고 명철하고 객관적으로 말했다고 하는 주장은 늘 부정직하다. 그것도 개인적인 부정직함만이 아니다. 아니 어쩌면 개인적인 부정직함의 측면은 덜할 것이다. 비록 그 어느 누구도 한 동시대인을 둘러싼 기운이 의식적으로 컨트롤할 수 없는 수천 가지 형식으로 자신에게 와닿는 것을 막을 수 없을지라도 말이다. 그 부정직함은 무엇보다 학문적인 부정직함이다. 그러나 그렇다고 해서 살아 있는 작가를 서술할 때 자신을 완전히 내려놓고서 일련의 연상·일화·유비를 모호하게 늘어놓으며 나아가야 한다는 것은 아니다.[1] 그와는 정반대로, 그러한 서술의

---

1) 비평가가 살아 있는 동시대 작가를 다룰 때에는 비평가 스스로 의식적으로 통제할 수 없는 수많은 영향을 받기 때문에 개인적인 부정직함을 피할 수 없다는 뜻이다. 그렇지만 이러한 개인적 부정직함은 어느 정도 통제 가능하다. 더 중요한 것은 살아 있

문학사적 형식이 실패한다면 그 서술에 적합한 형식은 비평 형식이다. 그리고 그 형식은 적당히 고상한 태도를 취하는 것을 스스로 멀리하면 할수록, 한 작품의 가장 현재적인 양상을 파고들면 파고들수록 그만큼 더 엄격한 형식이 된다. 예를 들어 베르톨트 브레히트(Bertolt Brecht, 1898~1956)의 경우 비평이 그의 창작활동의 내재적 위험, 그가 취하는 정치적 태도의 문제, 또는 심지어 표절시비의 문제까지 암묵적으로 덮으며 서술하려 한다면 어리석은 일이 될 것이다. 그런 식으로 나가면 그의 창작세계에 접근하는 통로를 잃어버리게 될 것이다. 오히려 그런 사안들을 펼쳐 보이는 것, 이를 위해 그의 이론적 신념, 그가 대화하는 방식, 심지어 그의 외모까지 명확하게 언급하는 것이 그의 저작의 내용·형식·영향을 시대순으로 암송하듯 풀어내는 것보다 더 중요하다. 그래서 우리는 여기서 아무런 양심의 거리낌 없이 최근에 출간된 그의 책에서 시작하고자 한다. 문학사가로서는 틀림없이 중대한 실수일 테지만,[2] 비평가에게는 이 최근작 —『시도들』이라는 제목의 이 책은 베를린의 키펜호이어 출판사에서 출간되었다[3] — 이 브레히트의 가장 까다로운 저작에 속하고, 또 우리로 하여금 전체 모습을 불시에 확연하게 정면으로 마주하게끔 하기 때문에 그만큼 더 적합하다.

는 작가의 경우 학문적으로 정직하게 다룰 수 없는 한계가 있다. 바로 살아 있기 때문에 작품세계를 — 문학사적으로, 연대기적으로 — 총체적·객관적으로 조망하기 어렵고, 그 영향도 유동적이라서 가늠하기 어렵기 때문이다.

2) 통상 문학사가가 하듯이 작품을 처음부터 순차적·연대기적으로 다루지 않기 때문에 '실수'라고 표현했다.

3) Bertolt Brecht, *Versuche 1~3* [Heft 1], Berlin: Kiepenheuer Verlag, 1930.

우리가 『시도들』의 저자를, 저자 자신이 자신의 주인공들에게 요구하듯이 냉정하게 스스로 고백하게 한다면 그에게서 다음과 같은 말을 들을 것이다. "저는 제 재능을 '자유자재로' 활용하는 것을 거부합니다. 저는 제 재능을 교육자 · 정치가 · 조직자로서 활용할 겁니다. 표절자 · 훼방꾼 · 태업꾼 등 제가 문학작가로 등장할 때 가해진 모든 비난을 저는 제 비문학적이고 익명적이면서도 계획적인 활동에 붙여주는 영예로운 칭호로 요구할 겁니다." 우리가 이를 어떻게 판단하든 독일의 모든 문필가 중에서 브레히트는 자신의 재능을 어디에 투입해야 할지를 스스로 묻고, 그 재능을 투입할 필요성을 확신하는 곳에만 재능을 투입하며, 이 기준에 맞지 않으면 무기력해지는 소수의 사람들 가운데 하나라는 점은 분명하다. 『시도들』은 브레히트의 재능이 이렇게 투입된 지점들을 나타낸다. 여기서 새로운 사실은 이 지점들의 중요성이 전적으로 부각되면서 작가가 그러한 중요성 때문에 자신의 '작품들'과 작별하고, 마치 사막에서 엔지니어가 석유 시추를 시작하듯이 현재라는 사막에서 정확히 측정한 지점에서 활동을 개시한다는 점이다. 연극 · 일화 · 라디오가 바로 그 지점들을 나타낸다. 다른 지점들은 나중에 착수할 것으로 보인다. 저자는 이런 말로 시작한다. "『시도들』의 출간은 어떤 작업들이 더는 개인적 체험이 되어서는 (즉 작품적 성격을 띠어서는) 안 되고, 오히려 특정한 기구와 제도를 사용하는 (개조하는) 것을 지향하는 시점에 이루어졌다."[4] 새것으로 교체하기로 선언하는 것이 아니라 혁신을 기획한 것이다. 시문학은 여

---

4) 앞의 책, p. 1.

기서 작가의 감정 가운데 이 세계를 바꾸려는 의지를 갖고 냉철함과 연대하지 않는 감정으로부터는 더는 아무것도 기대하지 않는다. 이제 자신에게 남은 유일한 기회는 세계를 변화시키는 매우 복잡하게 얽힌 과정에서 부산물이 되는 데 있음을 시문학은 알고 있다. 여기서 시문학이 그런 부산물이 되었다. 그것도 대단히 소중한 산물이 되었다. 그러나 주산물은 새로운 태도이다. 〔게오르크〕 리히텐베르크[5]는 "중요한 것은 한 사람이 어떤 견해들을 갖고 있는가가 아니라 그 견해들이 그 사람을 무엇으로 만드는가이다"라고 말한 바 있다. 여기서 이 무엇이 브레히트의 경우 태도를 뜻한다. 그것은 새로운 태도이고, 그 태도에서 가장 새로운 것은 그것이 학습 가능하다는 점이다. "두 번째 시도인 「코이너 씨의 이야기」[6]는 제스처를 인용 가능하게 만들려는 시도이다"라고 저자는 말한다. 그런데 인용 가능한 것은 코이너 씨의 태도뿐만 아니라 「린드버그들의 비행」[7]에서 학생들의 태도도

---

5) Georg Christoph Lichtenberg, 1742~99 : 독일의 물리학자·사상가·풍자가·실험심리학자. 동시대인에게 두려운 풍자가로 알려졌던 리히텐베르크는 오늘날 가장 위대한 아포리즘 작가로 기억되고 있다. 1,500쪽에 달하는 기록물이 사후에 출간되었는데 여기에는 농담과 언어적 역설, 언어게임, 은유, 다른 작가들의 글에서 채록한 문구 등을 포함해 수천 편의 아포리즘이 수록되어 있다.

6) 「코이너 씨의 이야기」(Geschichten vom Herrn Keuner)는 브레히트의 파라벨(우화)로서, 그가 헬레네 바이겔과 결혼한 1926년부터 1956년 세상을 떠날 때까지 30년간 썼다. 이 이야기의 주인공인 코이너 씨는 동료들의 질문에 대해 브레히트 자신의 생각이라고 할 수 있는 지혜를 담은 답변을 내놓는다. 따라서 이 이야기는 브레히트가 자신의 생각이나 견해를 제시하는 수단의 성격을 지닌다. 첫 이야기는 「파처」를 쓰던 중에 쓰였다. 이후 늘 그의 드라마 작품과 관련하여 쓰였으며 다른 실험적 텍스트들과 함께 「시도들」(Versuche)에 실렸다. 그 후에도 브레히트는 다른 작품을 쓰면서 코이너 씨의 이야기를 이어갔는데, 총 121개가 전해지고 있다. 1948년 출간된 브레히트의 「달력이야기」에는 코이너 씨의 이야기 39편이 실렸다.

연습을 통해 인용 가능하게 되고, 이기주의자 파처[8]의 태도도 마찬가지이다. 그리고 이들에게서 인용 가능한 것은 태도뿐만 아니다. 그 태도를 수반하는 말들도 인용 가능하다. 이 말들도 연습될 필요가 있다. 다시 말해 우선 알아채고 나중에 이해할 필요가 있다. 그 말들은 맨 먼저 교육학적 영향을 발현하고 그런 뒤 정치적 영향을 발현하며, 시적인 영향은 제일 나중에 발현한다.

지금까지 소개한 것만으로도 우리는 아마 너무 촘촘하다 할 정도로 브레히트의 작업에서 중요한 모티프들을 순서대로 모두 모아놓은 셈이다. 이렇게 첫 삽을 뜬 뒤 우리는 잠시 휴식을 취할 권리가 있을 것이다. 휴식을 취한다는 것은 여기서는 그가 그린 수많은 인물들을 둘러보고, 작가의 의도가 가장 잘 드러난 이런저런 인물을 골라본다는 것을 뜻한다. 나는 우선 첫째로 코이너 씨를 거명하고 싶은데, 그는 브레히트의 최근 작품에 와서야 부상했다. 그 이름이 어디서 유래하는지는 차치해두기로 한다. 한때 브레히트와 함께 작업했던 리온 포이히트방거(Lion Feuchtwanger)의 말을 빌리면 코이너라는 이름 뒤에는 그리스어 어원인 코이노스(χοινός)가 숨겨져 있다고 한다. 그것은 보편적인 것, 모두에게 해당하는 것, 모두에게 속하는 것이라는 뜻이다. 실제로 코이너 씨는 모두에게 해당하고 모두에게 속하는 사

---

7) 1927년 5월 20일 뉴욕에서 파리까지 논스톱 대서양 횡단에 성공한 찰스 린드버그(Charles Lindbergh, 1902~74)의 비행은 당시 매체에서 센세이션으로 다뤄졌다. 브레히트는 학습극 「린드버그들의 비행」에서 이 비행을 여러 시각에서 냉철하고 세부적으로 다룬다.

8) 「이기주의자 요한 파처의 몰락」(Der Untergang des Egoisten Johann Fatzer) : 1926~30년에 집필되었으며, 초연은 1976년 독일 서베를린에서 열렸다.

람, 즉 지도자이다. 다만 사람들이 지도자라는 말에서 통상적으로 떠올리는 것과는 사뭇 다른 지도자이다. 결코 웅변가는 아니고 선동가도 아니며 인기를 추구하는 사람도 아니고 힘센 장사도 아니다. 그가 주로 하는 일은 사람들이 오늘날 지도자에게서 상상하는 것에서 한참 동떨어져 있다. 즉 코이너 씨는 사유하는 사람이다. 나는 브레히트가 어느 날 코이너 씨가 무대에 오를 경우 어떤 모습으로 나타날지를 그려본 것이 기억난다. 그를 어떤 들것에 뉘어 데리고 나온다는 것이다. 왜냐하면 사유하는 자는 번잡하게 수고하지 않기 때문이다. 그런 뒤에 그는 무대 위에서 벌어지는 사건들을 아무 말 없이 따라가거나 아니면 따라가지 않을 수도 있다. 왜냐하면 오늘날 많은 상황들에서 특징적인 점은 사유하는 자가 그런 상황들을 전혀 따라갈 수 없다는 점이기 때문이다. 이 사유하는 자의 거동 전체를 두고 볼 때 우리는 그를 결코 그리스인들의 현자나 엄격한 스토아주의자 또는 에피쿠로스학파 출신의 처세술에 능한 자와 혼동할 수 없을 것이고, 오히려 폴 발레리가 그린 아무런 격정(激情) 없이 순수하게 사유만 하는 인간인 테스트 씨(Mousieur Teste)와 유사하다고 느낄 것이다. 두 사람 모두 중국적인 특성을 지녔다. 둘 다 매우 노회하고, 매우 과묵하며, 매우 예의바르고, 매우 늙었으며, 매우 적응력이 뛰어나다. 그러나 코이너 씨는 한순간도 시야에서 놓치지 않는 어떤 목표를 지니고 있다는 점에서 그의 프랑스인 동료[테스트 씨]와 전적으로 구별된다. 그 목표는 새로운 국가이다. 그것은 사람들이 공자의 국가로부터 알고 있는 것과 같은 철학적으로나 문학적으로 깊은 토대를 갖춘 국가이다. 그러나 이런 중국적인 것과 변별하기 위해 우리는 코이너 씨에게서 예수회교도적인 특징들을 발견할 수 있다고 말하고자 한다. 그런 특징들은 코이너 씨가 결코 우연히 지니게 된 것이 아니다. 즉 우리가 브레히트가 만들어낸 유형들을 엄밀하게 분해하면 분해할수록 — 우리는 이러한 분해작업을 코이너 씨 다음에 두 사람을 대상으로 더 이어갈 것이다 — 그만큼 더 그 유형들은 제아무리 힘차고 생생하게 움직이더라도[9] 어떤 정치적 모델들을 나타내고, 의학적으로 말하자면 허깨비를 나타낸다. 그들 모두 이성적 정치 행동들을 유발한다는 점에서 공통된다. 그 행동들은 인간애, 이웃사랑, 이상주의, 고결한 마음 따위에서 나오는 것이 아니라 오로지 그때그때의 태도에서 생겨난다. 이 태도는 본래 모호하고 호감이 가지 않으며 이기적일 수 있다. 다만 그 태도가 나타나는 사람이 아무것도 꾸며 보이지 않고 오로지 현실에 가까이 다가가려고 한다면 그 태도 자체로부터 교정이 생겨난다. 그것은 윤리적인 교정이 아니다. 그 사람은 더 나아지지 않기 때문이다. 그것은 사회적 교정이라고 할 수 있다. 즉 그의 태도는 그를 활용할 수 있는 대상으로 만든다. 또는 브레히트가 다른 데서 한 말을 인용하자면

> 그는 말했다. 모든 악덕은 뭔가에 좋다고.
> 다만 그 악덕을 행하는 사람은 아니고.[10]

---

9) 사람들은 통상 힘차고 생생하게 살아 움직이는 유형들에게서는 특정한 모델을 보기 어려운데, 브레히트가 만들어낸 형상과 유형들의 경우에는 그럼에도 모델이, 특히 '정치적' 모델이 숨어 있다는 뜻이다.

10) *Bertolt Brechts Hauspostille mit Anleitungen, Gesangsnoten und eienem Anhange*, Berlin,

코이너 씨의 악덕은 차갑고 청렴결백하게 사유한다는 점이다. 그게 무엇에 좋을까? 그것은 사람들이 이른바 지도자들, 사유하는 자들, 또는 정치가들, 그들의 책, 또는 연설에 다가갈 때 어떤 전제조건을 갖고서 다가가는지를 스스로 분명히 깨닫게 하는 데 좋다. 그것은 그 사람들의 전제조건을 가능한 한 철저하게 의문시하기 위해서이다. 그것은 본래 한 묶음의 전제조건들로서, 그 묶음은 그것을 묶고 있는 끈을 우리가 일단 느슨하게 하면 전체가 와해된다. 그것은 확고한 견해라는 끈이다. 즉 어디선가 사유가 수행되고 있음이 분명하고, 그 점을 우리는 믿을 수 있다는 것이다. 이에 따르면 상응하는 직책을 갖고 있고 그 직책에 대한 보수를 받는 인물들은 다른 이들을 위해 사유하고 있고, 관련된 처리방식을 잘 알고 있으며, 남아 있는 의심과 불분명한 것들을 제거하느라 끊임없이 분주하다. 우리가 이것을 부정하고자 하면, 심지어 사정이 그렇지 않다는 것을 증명할 수 있게 되면 일종의 불안이 관객을 사로잡게 될 것이다. 관객은 스스로 사유해야만 한다는 데서 오는 당혹감에 휩싸일 것이다. 이제 코이너 씨의 관심은 문제·이론·명제·세계관들의 풍부함은 허구라는 것을 보여주는 데 집중한다. 그것들이 서로를 지양〔상쇄〕한다는 것은 우연도 아니고, 사유 자체에 근거를 둔 것도 아니며, 오히려 사유하

1927, p. 117 : "모든 악덕은 뭔가에 좋다 / 그리고 그 악덕을 행한 사람도 마찬가지라고 바알이 말한다"(「바알이라는 사람에 관한 합창」). 이 텍스트는 『브레히트 전집』에도 위와 똑같다. Bertolt Brecht, *Gesammelte Werke* 〔werkausgabe edition suhrkamp〕, Frankfurt a. M., 1967, Bd. 1, p. 4. 『바알』의 초판본은 편집자들이 입수하지 못했다. — 전집 편집자

는 이들을 해당 직책에 앉힌 사람들의 이해관계에 근거를 둔다. 그렇다면 사유하기는 특정한 이해관계를 따르는 거냐고 관객은 이제 묻는다. 사유란 공평무사한 게 아니라는 말인가? 일종의 불안이 관객을 사로잡을 것이다. 사유가 일정한 이해관계의 의미에서 이루어진다면 누가 그것이 자신의 이해관계라는 것을 그에게 보증해줄까? 여기서 끈의 매듭이 풀리고, 그 관객의 전제조건들의 묶음이 와해되면서 순전히 모호한 것들로 변한다. 스스로 사유한다는 것은 할 만한 일일까? 그것은 유용할까? 그것은 실제로 무엇에 유용할까? 누구에게 유용할까? 물론 순전히 거친 질문들이다. 그러나 우리는 그 거친 질문들을 전혀 꺼릴 필요가 없고, 이 거친 질문들에 대한 우리의 가장 섬세한 답변들을 마련해두고 있다고 코이너 씨는 말한다. 왜냐하면 우리와 저들의 관계가 그리하기 때문이다. 즉 저들은 섬세하고 면밀하게 물을 줄 알지만, 자신들이 던진 질문들의 통로를 저들은 답변들의 오물더미, 극소수에게만 생산적이고 거의 모두에게 해로운 여과되지 않은 풍부함으로 뒤덮어버린다. 그에 반해 우리는 분명하게 묻는다. 그러나 답변은 세 번 걸러낸 것만 통과된다. 즉 실상뿐만 아니라 말하는 이의 태도도 투명해지는 정밀하고 명확한 답변만 받아들인다. 코이너 씨는 그런 인물이다.

이 코이너 씨는 앞서 말했듯이 브레히트의 인물들 가운데 가장 최근의 인물이다. 이제 우리가 그의 가장 오래된 인물들 가운데 하나에 관해 이야기한다면 그것은 급작스러운 건 아니다. 아마도 여러분은 내가 브레히트의 창작이 내포하는 위험들에 대해 말한 것을 기억할 것이다. 그 위험들은 코이너 씨에게 있다. 그가 이미 이 작가를 매일

방문하는 손님이라면 그는 우리가 바라듯이 자기와는 사뭇 다르고 또 자기가 그 작가에게 야기하는 위험들을 물리쳐줄 다른 방문객들도 틀림없이 만날 것이다. 실제로 그는 바알(Baal), 매키 매써, 파처를 비롯해 브레히트의 극작품을 가득 메우는 무뢰한과 범죄자들의 무리 전체와 맞닥뜨린다. 그 무뢰한과 범죄자들은 특히 저 놀라운 『가정기도서』(베를린의 프로필렌 출판사)에 모아 출판한 노래들의 진정한 가수들이다. 이 무뢰한과 노래들 전체는 브레히트의 초기인 아우크스부르크 시절로 거슬러 올라가는데, 그 시절 그는 친구이자 동업자인 카스파 네어[11]를 비롯해 다른 사람들과 어울리면서 특이한 선율과 거칠고 심금을 울리는 후렴구들에서 훗날의 극작품들을 위한 모티프들을 찾아냈다. 술에 취한 살인자이자 시인 바알, 마지막으로 이기주의자 파처까지도 바로 이 세계 출신이다. 그러나 이 인물들이 사람들을 겁주는 유형들이기 때문에 저자의 관심을 끌었다고 우리가 가정한다면 그것은 매우 잘못된 가정이다. 브레히트가 바알과 파처에 관심을 갖게 된 배경은 더 깊은 데 있다. 물론 그들은 그에게 이기적이고 반사회적인 인물들이다. 그러나 이 반사회적인 인물과 무뢰한들을 잠재적인 혁명가로 그려내는 것이 브레히트가 지속적으로 추구했던 바다. 여기에는 브레히트가 그러한 유형에 대해 품고 있는 개인적인 동감뿐만 아니라 이론적 요인도 함께 작용한다. 어떤 에토스〔윤리〕도 요구하지 않는 가운데 어떻게 하면 혁명을 그것과는 전혀 다른 자본

---

11) Caspar Neher, 1897~1962 : 독일-오스트리아의 무대장식가(Bühnenbildner). 브레히트와 평생 동안 협업하면서 그의 연극을 위한 무대장치를 담당했다.

주의에서 이끌어낼 것인가라는 문제를 마르크스가 제기했다고 한다면 브레히트는 이 문제를 인간의 영역으로 옮겨놓는다. 그는 혁명가가 열악하고 자기중심적인 유형으로부터, 아무 에토스 없이, 저절로 생겨나게끔 하고자 한다. 바그너가 호문쿨루스를 마법적인 혼합물이 들어 있는 시험관에서 만들어내듯이[12] 브레히트도 혁명가를 천박함과 야비함으로 이루어진 시험관에서 만들어내고자 한다.

세 번째 예로 나는 갈리 가이(Galy Gay)를 들고자 한다. 그는 「남자는 남자다」라는 희극의 주인공이다.[13] 방금 그는 자기 부인의 심부름으로 생선 한 마리를 사러 가기 위해 집 문을 나섰다. 그때 그는 인도에 주둔한 영국군들과 마주친다. 이들은 한 불당(佛堂)을 털려고 들어 갔다가 자기네 소대에 속했던 네 번째 남자를 잃어버렸다. 나머지 세 명은 재빠르게 그를 대리할 사람을 찾고 있었다. 갈리 가이는 아니오라는 말을 할 줄 모르는 남자이다. 그는 그들의 꿍꿍이를 알아채지 못한 채 그들을 따라간다. 그는 전쟁에서 남자가 가져야 하는 자질, 생각, 태도, 습관을 하나씩 습득해간다. 그는 완전히 해체되고, 그를 찾아낸 자기 아내마저 알아보지 못하게 되며, 종국에는 가공할 전사이자 산지 요새 '서 엘 드쇼브르'의 정복자가 된다. 그에게 어떤 사정이 생겼는지 여러분은 다음의 말에서 알게 된다.

---

12) 라틴어로 '소인'(小人)이라는 뜻의 '호문쿨루스'는 연금술사들이 인공적으로 만들 수 있다고 여긴 인조인간을 가리킨다. 괴테는 『파우스트』 제2부 제2막에서 파우스트의 조수 바그너가 제작한 이 호문쿨루스를 등장시킨다.

13) Bertolt Brecht, "Mann ist Mann", Die Verwandlung des Packers Galy Gay in den Militärbaraken von Kilkoa im Jahre neunzehnhundertfünfundzwanzig. Lustspiel, Berlin, 1926. ─ 전집 편집자

베르톨트 브레히트 씨는 남자는 남자라고 주장합니다.

그리고 그건 누구나 주장할 수 있는 것이지요.

그러나 베르톨트 브레히트 씨는 한 사람을 가지고 아주 많은 것을 할 수 있다는 것 또한 증명해 보입니다.

오늘 저녁 이곳에서 한 인간이 마치 자동차처럼 재조립됩니다.

이때 아무것도 잃어버리지 않은 채 말입니다.

그 남자에게 사람들이 인간적으로 접근합니다.

사람들은 그에게 세상의 흐름에 적응하라고,

그리고 그 자신의 물고기를 헤엄치게 하라고

강력하게, 짜증 내지 않고, 간청합니다.

베르톨트 브레히트 씨는 여러분이 딛고 서 있는 바닥이

마치 눈이 녹듯 사라지는 것을 스스로 보기를 바랍니다.

그리고 하역부 갈리 가이의 예를 통해

지상에서의 삶이 위험하다는 것을 눈치 채기를 바랍니다.[14]

여기서 말하는 재조립이 문학 형식임을 브레히트 자신이 어떻게 선언하는지를 우리는 이미 들어서 알고 있다. 글로 쓰인 것은 그에게 작품이 아니라 장비이고 도구이다. 그것이 고급이면 고급일수록 그만큼 더 재조립, 해체, 변형을 할 여지가 많다. 위대한 문학 정전, 특히 중국의 문학 정전을 관찰하면서 그는 글로 쓰인 것에 제기되는 최고의 요구는 그것의 인용 가능성이라는 점을 알게 됐다. 여기서 바보

---

14) Bertolt Brecht, 앞의 책, p. 62. — 전집 편집자

들에게는 숨이 턱턱 막힐 표절의 이론이 생겨난다는 점을 지적해두고자 한다.

브레히트에게서 결정적인 것을 세 마디로 말해야 한다면 "그의 대상은 가난이다"라는 문장으로 요약하면 제일 좋다. 어떻게 해서 사유하는 자는 이미 존재하는 몇 가지 적절한 생각들로, 글을 쓰는 자는 이미 우리가 아는 논거가 분명한 몇 가지 표현으로, 그리고 고위 정치가는 인간이 지닌 몇 가지 지능과 추진력으로 꾸려 나가야 하는가가 바로 그의 모든 작업의 주제이다. "그들이 해놓은 것만으로 내게는 충분하지 않을 수 없다"[15]라고 린드버그들이 자신들의 장비에 대해 말한다. 빠듯한 현실에 빠듯하게 다가가기. 이것이 표어이다. 가난이야말로 그 어떤 부자보다 현실에 더 가까이 다가갈 수 있도록 해주는 흉내 내기라고 코이너 씨는 생각한다. 그것은 물론 모리스 마테를링크[16]적인 가난의 신비주의도 아니고 릴케가 "가난은 내부에서 비쳐 나오는 위대한 광채이기에"[17]라고 쓸 때 뜻하는 프란체스코적인 신비주의도 아니다. 이 브레히트적 가난은 오히려 유니폼 같은 것으로서, 그 유니폼을 의식적(意識的)으로 입고 다니는 이에게 높은 지위를 주기에 아주 적합하다. 요컨대 그 가난은 기계의 시대에 인간이 처한 생리학적이고 경제적인 가난이다. "국가는 부유해지고 인간은

---

15) Bertolt Brecht, *Versuche 1~3* (Heft 1), 앞의 책, p. 62. — 전집 편집자

16) Maurice Maeterlinck, 1862~1949 : 벨기에의 시인·극작가·에세이스트.

17) Rainer Maria Rilke, *Sämtliche Werke*, hg. vom Rilke-Archiv in Verbindung mit Ruth Sieber-Rilke, besorgt durch Ernst Zinn, Bd. 1, Wiesbaden, 1955, p. 316('Das Stunden-Buch', 3. Buch). — 전집 편집자

가난해질 것이다. 국가는 많은 것을 할 의무를 지고 인간은 자신이 할 수 있는 적은 것을 하는 게 허용될 것이다."[18] 가난에 대한 보편적 인권으로서, 브레히트에게서 표현되고 있고 그의 저작에서 그 생산성이 연구되고 있으며 그 초라하고 해진 모습이 과시되고 있는 것이 바로 이 인권이다.

우리는 여기서 마치는 게 아니라 중단하고자 한다. 신사 숙녀 여러분은 이러한 관찰을 모든 훌륭한 서점(다양한 책들)의 도움을 받아 지속할 수 있을 것이다. 그러나 그러한 관찰을 더 철저하게 하려면 서점의 도움을 받지 않는 것이 좋다.

---

18) Bertolt Brecht, *Versuche 1~3* (Heft 1), 앞의 책, p. 20. — 전집 편집자

브레히트 주해에서
(1930)

Walter Benjamin, *Gesammelte Schriften*, Frankfurt a. M., 1972~89, Bd. II/2, pp. 506~10. (Aus dem Brecht-Kommentar)

브레히트는 어려운 존재이다. 그는 자신의 훌륭한 작가적 재능을 '자유자재로' 활용하는 것을 거부한다. 브레히트는 표절자·훼방꾼·태업꾼 등 문학작가로 등장할 때 그에게 가해진 모든 비난을, 교육자·사유하는 사람·조직자·정치가·감독으로서 행하는 비문학적이고 익명적이면서도 확연하게 눈에 띄는 자신의 활동에 붙여주는 영예로운 칭호로 요구하고자 한다. 어쨌든 독일의 모든 문필가 중에서 브레히트는 자신의 재능을 어디에 투입해야 할지를 스스로 묻고 그럴 필요성을 확신하는 곳에만 재능을 투입하며, 이 기준에 맞지 않으면 무기력해지는 유일한 사람이라는 점은 반박의 여지가 없다. 『시도 1~3』[1]은 브레히트의 재능이 이렇게 투입된 지점들을 나타낸다. 여기서 새로운 사실은 이 지점들의 중요성이 전적으로 부각되면서 작가가 그러한 중요성 때문에 자신의 '작품들'과 작별하고, 마치 사막에서 엔지니어가 석유 시추를 시작하듯이 현재라는 사막에서 정확히 측정한 지점에서 활동을 개시한다는 것이다. 연극·일화·라디오가 바로 그 지점들을 나타낸다. 다른 지점들은 나중에 착수할 것으로 보인다. 저자는 이런 말로 시작한다. "『시도들』의 출간은 어떤 작업들이 더는 개인적 체험이 되어서는 (즉 작품적 성격을 띠어서는) 안 되고, 오히려 특정한 기구와 제도를 사용하는 (개조하는) 것을 지향하는 시점에 이루어졌다." 새것으로 교체하기로 선언하는 것이 아니라 혁신을 기획한 것이다. 시문학은 여기서 작가의 감정 가운데 이 세계를 바꾸려는 의지를 갖고 냉철함과 연대하지 않는 감정으로부터는 더는 아무것도 기대하지 않는다. 이제 자신에게 남은 유일한 기회는 세계를 변화시키는 매우 복잡하게 얽힌 과정에서 부산물이 되는 데 있음을 시문학은 알고 있다. 여기서 시문학이 그런 부산물이 되었다. 그것도 대단히 소중한 산물이 되었다. 그러나 주산물은 새로운 태도이다. 〔게오르크〕 리히텐베르크는 "중요한 것은 한 사람이 어떤 견해들을 갖고 있는가가 아니라 그 견해들이 그 사람을 무엇으로 만드는가이다"라고 말한 바 있다. 여기서 이 무엇이 브레히트의 경우 태도를 뜻한다. 그것은 새로운 태도이고, 그 태도에서 가장 새로운 것은 그것이 학습 가능하다는 점이다. "두 번째 시도인 「코이너 씨의 이야기」는 제스처를 인용 가능하게 만들려는 시도이다"라고 저자는 말한다. 이 이야기들을 읽다 보면 여기서 인용되는 제스처가 가난, 무지, 무력함의 제스처임을 알게 된다. 여기에 소소한 혁신을 덧붙였는데, 그

---

1) Bertolt Brecht, *Versuche 1~3* 〔Heft 1〕, Berlin, 1930.

러한 혁신은 이를테면 특허품이 된다. 프롤레타리아에 속하는 코이너 씨는 인도주의자들의 프롤레타리아 이상과는 전적으로 반대된다는 점이 그렇다. 즉 그는 내면화된 사람이 아니다. 그는 단 하나의 길을 통해서, 즉 가난이 그에게 강요한 태도를 발전시키는 길을 통해서만 가난의 철폐를 기대한다. 그런데 인용 가능한 것은 코이너 씨의 태도뿐만 아니라 「린드버그들의 비행」에서 학생들의 태도도 연습을 통해 인용 가능하게 되고, 이기주의자 파처의 태도도 마찬가지이다. 그리고 이들에게서 인용 가능한 것은 태도뿐만 아니다. 그 태도를 수반하는 말들도 인용 가능하다. 이 말들도 연습될 필요가 있다. 다시 말해 우선 알아채고 나중에 이해할 필요가 있다. 그 말들은 맨 먼저 교육학적 영향을 발현하고, 그런 뒤 정치적 영향을 발현하며, 시적인 영향은 제일 나중에 발현한다. 다음에서 시험적으로 제시할 주해는 교육적 효과를 진작하고 시적인 효과를 가능한 억제하는 데 목적이 있다.

I

네 자리[2]를 떠나라.

---

2) Posten : 우선 군사용어로 초소 또는 이 초소에 배치된 보초, 초병, 위병을 뜻한다. 다음으로 직업상의 위치, 지위, 직위, 자리, 직책을 뜻하고, 스포츠에서는 한 팀에서 차지하는 자리와 위치를 뜻한다. 영어로는 '포지션'(Position)이 이 단어와 가장 가깝다.

승리를 쟁취했으니.

패배를

쟁취했으니

이제 네 자리를 떠나라.

"패배를 쟁취했으니 ……" ─ 이 말은 파처의 패배가 아니라 파처를 위한 패배를 가리킨다. 승자는 패자들이 패배의 경험을 단독으로 누리는 것도 허락하지 않을 것이다. 승자는 패자의 경험까지도 가지고자 하고 패자들과 패배의 경험을 공유하고자 할 것이다. 그래야 상황을 지배하는 자가 될 테니.

다시 침수하라 저 아래

심연으로, 승자여.

전투가 있었던 곳에는

환호성이 울려퍼진다.

더 이상 그곳에 있지 말라.

"다시 침수하라 ……" ─ "승자에게 명예는 없고, 패자에게 동정은 없다." 소련산 나무 접시에 인두로 새겨넣은 그림의 비문.

패배의 아우성 소리를

기대하라,

가장 시끄러운 저곳에서.

저 심연에서.

너의 옛 자리를 떠나라.

네 목소리를 거둬들여라,

연사여.

칠판 위 네 이름은

지워졌다.

네 명령은

실행되지 않는다.

허락하라

칠판 위에 새 이름이 나타나고

사람들이 새 명령을 따르는 것을.

(이제 더는 명령하지 않는 너,

항명하라고

요구하지 말라!)

너의 옛 자리를 떠나라.

"허락하라 ……" ― 잔혹할 정도에까지 이르는 강인함(투지)과 공손함이 상호 침투한다. 이 공손함은 압도적인데, 그것이 무엇을 위한 것인지를 사람들이 느끼기 때문이다. 그것은 바로 가장 약한 자, 가장 보잘것없는 자(바라보기만 해도 사람의 마음을 동하게 만드는 사람 모두)를 가장 위대하고 가장 소중한 자로 만든다. 그것은 자살할 때 쓸 밧줄을 전달하는 행위에 내포되어 있는 공손함이고, 이 공손함의 침묵은 연민의 여지를 지닌다.

> 너는 충분하지 않았다.
> 너는 끝내지 못했다.
> 이제 너는 경험을 갖고 있고
> 충분하니
> 이제 너는 시작할 수 있다
> 자리를 떠나라.

"이제 너는 시작할 수 있다."—'시작'은 변증법적으로 새로워진다. 시작은 도약이 아니라 중단할 때 드러난다. 행동은? 자신의 자리를 떠나는 것. 내적인 시작＝외적인 어떤 것을 중단하는 것.

> 임무에 통달한 너
> 이제 네 난로를 지펴라.
> 먹을 시간이 없었던 너
> 수프를 끓여라.
> 많은 이야기가 쓰였던 너
> 이제 ABC를 배워라.
> 당장 시작하라.
> 새 자리를 차지하라.

"임무에 통달한 너 ……"—여기서는 간부들에게 여러 다양한 직책을 맡게끔 하는 소련식 실천이 당사자들 안의 어떠한 힘들을 방출시키는지가 드러난다. "처음부터 시작하라"는 명령은 변증법적으로 다음을 의미한다. 첫째, 배워라, 너는 할 줄 아는 것이 없으니. 둘째, 기초를 닦아라, 너는 (경험을 통해) 그럴 만한 지혜를 충분히 터득했으니. 셋째, 너는 약해서 네 직책에서 해임됐다. 네가 더 강해지게끔 잘하라, 그럴 만한 시간이 있으니.

> 구타당한 사람은
> 지혜를 놓치지 않는다.
> 꽉 잡고 아래로 내려가라!
> 두려워하라! 그리고 내려가라!
> 바닥에는
> 교훈이 너를 기다릴 테니.
> 수없이 질문을 받은 자는
> 이루 말할 수 없이 소중한
> 대중의 수업에 참여할 것이다.
> 새 자리를 차지하라.

"그리고 내려가라 ……" — 희망이 없는 곳에 파처는 발판을 굳혀야 한다. 희망이 아니라 발판을. 위안은 희망과는 무관하다. 그런데 브레히트는 파처에게 위안을 준다. 인간은 절망 한가운데서도 살 수 있다고. 자신이 어쩌다가 이 지경에 이르렀는지를 알기만 한다면 말이다. 그러면 인간은 그 안에서 살 수 있다. 희망이 없는 그의 삶도

중요하기 때문에. 바닥에 내려가는 것은 여기서는 언제나 사물의 바
닥에 도달하는 것을 의미한다.

II

탁자가 완성되었군요, 목수 양반.
우리가 그것을 가져가도록 해주시오.
더는 거기에 대패질을 해대지 마시오
칠도 그만두시오.
좋으니 나쁘니 말도
하지 마시오.
있는 그대로 가져갈 테니.
우리는 그것이 필요하다오.
그것을 내주시오.

"목수 양반 ……"— 여기서는 자신의 '작품'에 만족하지 않아서 그
것을 내어 줄 결심을 하지 못하는 목수의 원형을 떠올리지 않을 수
없다. 시인들이 이미 '작품'과 작별한 것처럼(앞의 언급 참조) 여기서는
정치가들에게 이러한 태도가 요구된다. 브레히트는 그들에게 말한
다. 너희들은 조립가로서 국가로부터 너희 '작품'을 만들려고 하는데,
그 대신 다음 사실을 깨달아야 한다. 국가는 어떠한 예술작품이 되거
나 영원한 가치를 구현하는 것이 아니라 뭔가 유용한 것이 되어야 한

다는 사실을.

　　당신은 끝났소, 국가 관료 양반.
　　국가는 끝나지 않았소.
　　허락해주시오, 우리가 우리
　　삶의 조건에
　　따라
　　국가를 개조하는 걸.
　　허락해주시오, 우리들이 국가 관료가
　　되는 것을, 국가 관료 양반.
　　당신의 이름은
　　당신의 법 아래에 있는 거요.
　　그 이름을 잊고
　　당신의 법을 존중하시오,
　　입법자 양반.

　　이 질서를 받아들이시오
　　조직자 양반.
　　국가는 당신을 더 이상
　　필요로 하지 않소.
　　국가를 내주시오.

　"국가를 내주시오"— 린드버그들은 그들의 장비에 대해 다음과 같이 말한다. "그들이 해놓은 것은 분명 내게 충분하다." 빠듯한 현실에 빠듯하게 다가가기, 이것이 표어이다. 가난은 그 어떤 부자보다 현실에 더 가까이 다가갈 수 있도록 해주는 위장술이라고 지식의 담당자들은 가르친다.

서사극에 나오는
가족드라마(1932):
브레히트의 「어머니」 초연에 대하여

Walter Benjamin, *Gesammelte Schriften*, Frankfurt a. M., 1972~89, Bd. II/2, pp. 511~14. (Ein Familiendrama auf dem epischen Theater. Zur Uraufführung "Der Mutter" von Brecht)

공산주의는 중도적인 것이라고 브레히트는 말했다. "공산주의는 과격하지 않다. 과격한 것은 자본주의이다." 자본주의가 얼마나 과격한지는 다른 어느 지점보다 가족에 대한 태도에서 가장 잘 드러난다. 가족적인 삶을 고수할수록 비인간적인 상태의 고통이 심해지는 조건 아래서도 자본주의는 가족을 고집한다. 공산주의는 과격하지 않다. 그렇기 때문에 공산주의는 가족적 구속을 그냥 제거하자는 생각을 해본 적이 없다. 공산주의는 가족에 대해 오로지 그것이 변화되기에 적합한가를 따진다. 즉 가족을 해체해 그 부품들의 사회적 기능을 전환시킬 수 있는지를 묻는다. 가족의 부품들은 가족 구성원을 말하기보다는 구성원 간의 관계를 말한다. 그 가운데서도 어머니와 자식의 관계보다 더 중요한 관계가 없음은 분명하다. 게다가 어머니는 가족의 모든 구성원 중에서 가장 뚜렷하게 사회적으로 규정된다. 어머니는 자식을 낳기 때문이다. 브레히트 희곡의 질문은 다음과 같다. 이 사회적인 기능이 혁명적인 기능이 될 수 있는가? 될 수 있다면 어떻게? 자본주의적 경제질서에서 직접적으로 생산과정에 속해 있는 사람일수록 그만큼 더 착취에 내맡겨진다. 오늘날의 상황 아래서 가족은 어머니가 된 여성을 착취하는 조직체이다. 펠라게아 블라소바 (Pelagea Wlassowa)는 "한 노동자의 미망인이자 한 노동자의 어머니"이다. 그녀는 이중적으로 착취당하는데 한 번은 노동자계급 구성원으로서, 다른 한 번은 여성이자 어머니로서 그렇다. 이중적으로 착취당하는 이 출산 여성은 가장 굴욕적인 처지의 피착취자들을 대변한다. 어머니들을 혁명적으로 바꿀 수 있다면야 혁명적으로 바꿀 것이 더는 없다. 브레히트가 다루는 대상은 어머니를 혁명적으로 바꾸는 사회학적 실험이다. 선동적이 아니라 구성적인 방식의 일련의 단순화 작업이 이 실험과 연관된다. "한 노동자의 미망인, 한 노동자의 어머니", 이 말에 첫 번째 단순화가 숨어 있다. 펠라게아 블라소바는 오직 한 노동자의 어머니이고 이로써 프롤레타리아 여성이라는 원래 개념과 일정한 모순 속에 놓인다('Proles'는 후손 전체를 의미한다). 그녀에게는 아들 한 명밖에 없다. 이 어머니는 아들 한 명으로 충분하다. 그런데 그녀가 이 아들이라는 지렛대를 가지고 어머니로서 자신이 갖고 있는 에너지를 노동자계급 전체에 쏟게 만드는 연동장치를 가동할 수 있음이 드러난다. 원래부터 그녀의 일은 요리이다. 사람을 낳는 생산자인 그녀는 사람이 지닌 노동력의 재생산자이다. 그런데 이제 더 이상 이러한 재생산이 제대로 이루어지지 못한다. 그녀가 만든 음식에 아들은 경멸의 눈길만 던진다. 이 눈길이 얼마나 쉽게 어머니에게 상처가 될 수 있겠는가. 그녀는 속수무책이다. 왜냐하면 어찌할 바를 알지 못하기 때문이다. 즉 "너희들의 부엌에 없는 고기를 부엌에서는 어찌지 못한다."[1] 그녀가 나가서 배포하는 팸플릿에도 그렇게 혹은 비슷하게 쓰여 있다. 공산주의를 위해서가 아니라 아들을 위해 그녀는 팸플릿 배포의 과제를 떠맡게 된다. 아들에게 그 업무가 하달된 것이다. 이것이 그녀가 당을 위해 한 일의 시초이다. 그렇게 그녀는 자신과 자신의 아들 사이에 생길 뻔한 적대감을 그 두 사람 모두의 적에 대한 적대감으로 변화시킨다. 한 어머니의 이러한 태도는 유일하게 유용한 형태의 도움인데 그것은 그 근원적인 본래의 처소로, 즉 한 어머니의 치마 주름으로 소급되는 도움이다. 동시에 이 도움은 착취당하는 사람들의 연대를 만들면서 원래부터 동물적 차원에서 지닌 구속력을 사회적 차원에서도 획득하게 된다. 이는 그와 같은 첫 번째 도움에서 시작해서 노동자계급의 연대라는 마지막 도움을 향해 어머니가 가는 길이다. 놋쇠 집기를 내놓기 전에 그녀가 어머니들에게 전하는 말은 평화주의적인 것이 아니다. 그것은 약자의 이익을 배반함으로써 동시에 자기 자식들, 세상에 내던져 놓은 자기 새끼들의 이익을 배반하게 되는 출산 여성들을 향한 혁명적 호소문이다. 어머니는 도움을 주는 행위, 즉 이론에서는 별로 중요하게 여기지 않는 행위를 통해 입당한다. 이것은 두 번째 구성적인 단순화이다. 이러한 단순화 작업들은 당 교리의 단순성을 강조해야 할 과제를 안고 있다. 다름 아닌 서사극의 본성에 따라 의식의 형식과 내용의

---

1) Bertolt Brecht, *Versuche 15/16* [Heft 7], Berlin, 1933, p. 5.

비변증법적인 대립(드라마 인물은 단지 성찰을 통해서만 자신의 행동에 대해 언급할 수 있었다)은 이론과 실천의 변증법적인 대립(여기서 행동은 자신이 개입하는 곳에서 이론을 자유롭게 조망한다)으로 대체된다. 따라서 서사극은 매를 맞는 주인공의 연극이다. 매를 맞지 않는 주인공은 생각하는 사람이 되지 못한다. 이런 식으로 서사극 작가를 위해 옛사람들의 교육적 원칙을 바꿔 말할 수 있을 것이다.

어머니는 패배의 시간이나 대기 시간(서사극에서 양자는 다르지 않다)을 이용해 자신의 태도를 설명하는데 이러한 설명이 의미하는 가르침들은 좀 특별하다. 어머니는 그 가르침들을 노래로 이야기한다. 그녀는 "공산주의에 반대하는 것이 무엇이냐"[2]라고 노래한다. 그리고 "배우시오, 예순 살이 되어서도"[3]라고 부른다. 그녀는 제3의 과업에 대한 찬양을 노래한다.[4] 그녀는 어머니 자격으로 그러한 노래를 부른다. 그것은 자장가들인 셈이다. 작고 연약하지만 부단히 성장하는 공산주의의 자장가들. 이 공산주의를 그녀는 어머니로서 가슴에 품었다. 그리고 이제는 공산주의가 그녀를 사랑한다는 사실이 드러난다. 공산주의는 사람들이 어머니를 사랑하듯 그렇게 어머니를 사

---

2) "공산주의에 반대하는 것이 무엇이냐"(Was spricht gegen den Kommunismus)는 노래 「공산주의의 찬양」(Lob des Kommunismus, 한스 아이슬러 작곡, 브레히트 작사)의 첫 구절이다. Bertolt Brecht, *Versuche 15/16* (Heft 7), Berlin, 1933, p. 26f.

3) 노래 「배움의 찬양」(Lob des Lernens)에 나오는 구절이다. Bertolt Brecht, *Versuche 15/16* (Heft 7), Berlin, 1933, p. 31.

4) 노래 「제3의 과업에 대한 찬양」(Lob der dritten Sache)에서 제3의 과업은 많은 사람들에게 공통적인 과업을 의미한다. Bertolt Brecht, *Versuche 15/16* (Heft 7), Berlin, 1933, p. 48.

랑한다. 그녀의 아름다움이나 용모 혹은 장점 때문이 아니라 마르지 않는 도움의 원천으로서 그렇다. 그녀는 여전히 깨끗하게 흐르고, 여전히 실천적이면서 기만하지 않는 도움의 원천, 한없이 도움을 필요로 하는 대상인 공산주의에 한없는 관심을 기울일 수 있는 도움의 원천을 나타낸다. 어머니는 육화된 실천이다. 차를 끓일 때에도, 만두를 빚을 때에도, 감옥에 있는 아들을 방문할 때에도 어머니가 솜씨를 부리기만 하면 공산주의에 도움이 된다는 사실이 드러난다. 돌을 맞을 때나 경찰한테 곤봉을 얻어맞을 때에 드러나는 사실은, 그녀에게 거는 모든 몸싸움이 헛수고라는 것이다. 어머니는 육화된 실천이다. 다시 말해 그녀에게서 발견되는 것은 믿음직스러움일 뿐 정열이 아니다. 그런데 그녀가 처음에 공산주의를 반대하지 않았더라면 그렇게까지 그녀가 믿음직스럽지는 못했을 것이다. 결정적인 것은, 그녀의 반대가 이해 당사자의 반대가 아니라 건전한 인간 오성에서 나온 반대라는 사실이다. "그것은 필요한 일이지 위험한 일은 아니오."[5] 이런 식의 말로는 어머니에게 다가갈 수 없다. 유토피아도 마찬가지로 그렇다. "주흐리노프 씨 공장은 그 사람 소유인가요, 아닌가요? 어떤 거죠?!"[6] 사람들은 공장에 대한 그의 소유권이 제한된 것이라는 점을 그녀에게 분명히 해줄 수 있다. 그런 식으로 그녀는 건전한 인간 오성의 길로 한 걸음씩 전진해간다. "너희들이 주흐리노프 씨와 다투는데 경찰이 무슨 상관인가?"[7] 과격주의와는 정반대인 건전한

---

5) Bertolt Brecht, *Versuche 15/16* [Heft 7], Berlin, 1933, p. 12.
6) 같은 책, p. 19.

인간 오성의 이러한 전진에서 어머니는 5월 데모대의 선봉에 서고 사람들은 그녀를 때려눕힌다.

이상이 어머니 이야기이다. 이제는 사태를 뒤집어서 다음과 같이 물을 시간이다. 어머니가 주도적으로 한다면 아들은 어떤가? 책을 읽고 지도자의 역할을 준비한 이는 아들이기 때문이다. 여기 네 가지가 있다. 어머니와 아들, 이론과 실천, 이 네 가지 사이에서 둘씩 재조합이 시도된다. 나무 갈아타기〔파트너 교체〕술래잡기를 하는 것이다. 이제 건전한 인간 오성이 리더십을 장악하는 결정적인 순간이 도래하게 되면 이론도 이제 살림을 맡을 만한 상태가 된다. 그러면 읽을 줄 모르는 어머니가 인쇄를 하는 동안 아들은 빵을 잘라야 한다. 그렇게 되면 삶의 궁핍 때문에 성별로 나누어 인간에게 명령을 내리는 것을 그만두게 된다. 또 그렇게 되면 프롤레타리아의 집에 칠판이 세워져 부엌과 침대 사이에 공간을 만들게 된다. 코페이카[8]를 찾느라고 국가가 아래서 위로 뒤집힐 때 가정에서도 많은 일이 일어날 수밖에 없다. 미래의 이상을 구현하는 신부(新婦) 대신에 40년간의 경험을 통해 마르크스와 레닌을 입증하는 어머니가 등장하는 것은 피할 수 없다. 왜냐하면 변증법은 아득히 먼 곳을 필요로 하는 것이 아니기 때문이다. 변증법은 실천의 네 벽 안에 자리 잡고 있다. 이제 순간의 문지방에서 변증법은 「어머니」를 끝맺으며 다음과 같이 말한다. "그리고 결코 안 일어난다는 말은 오늘에라도〔가능하다〕!라는 말로

---

7) 같은 책, p. 21.
8) 러시아의 화폐 단위.

바뀐다."[9]

9) Bertolt Brecht, *Versuche 15/16* [Heft 7], Berlin, 1933, p. 64.

프롤레타리아트의 호칭을
불러서는 안 되는 나라(1938):
브레히트의 단막극 여덟 편의
초연에 대하여

Walter Benjamin, *Gesammelte Schriften*, Frankfurt a. M., 1972~89, Bd. II/2, pp. 514~18. (Das Land, in dem das Proletariat nicht genannt werden darf. Zur Uraufführung von acht Einaktern Brechts)

망명기의 연극은 정치적 드라마만을 나룰 수 있을 뿐이다. 10년이
나 15년 전에 독일에서 정치적 관객을 끌어모았던 작품들 대부분은
사건들 자체에 의해 추월당했다. 망명기의 연극은 처음부터 시작해
야 한다. 즉 무대뿐만 아니라 드라마를 새로 구성해야 한다.

　브레히트의 새 드라마 연작 일부의 파리 초연을 보는 관객에게는
이와 같은 역사적 사정에 대한 감성이 필수적으로 요구되었다. 파리
초연의 관객은 드라마 관객으로서의 자신을 처음으로 알게 되었다.
이와 같이 새로운 관객과 연극의 새로운 상황을 주목하면서 브레히
트는 자신의 입장에서 새로운 드라마 형식을 도입했다. 그는 처음부
터 시작하기의 달인이다. 1920년부터 1930년에 이르는 사이에 그는
시대사의 표본을 드라마로 시험해보는 작업을 지치지 않고 거듭했
다. 그러면서 그는 수많은 무대 형식 및 아주 다양한 관객층과 씨름

했다. 그는 오페라뿐만 아니라 단상연극(Podium-theater)을 제작해보기도 하고, 자신의 작품들을 베를린 서부의 부르주아 아방가르드 앞에서뿐만 아니라 베를린의 프롤레타리아 앞에서도 선보였다.

브레히트는 언제나 처음부터 시작했는데, 이는 다른 누구도 따라하지 못하는 일이다. 부언하건대 이 점에서 사람들은 그가 변증가임을 알게 된다(예술의 모든 대가 안에는 변증가가 숨어 있다). 앙드레 지드는 이렇게 말한다. "한 번 달성한 도약이 장차 너의 작업에 결코 도움이 되지 않도록 유의하라."[1] 브레히트는 이 격률에 따라 행동했고, 망명기의 무대에 바친 신작들에서는 그것을 각별하게 마음에 새겼다.

요약하자면 지난 몇 년의 시도들에서 최종적으로 브레히트 연극의 확실한 기반을 지닌 특정 표준이 만들어졌다. 브레히트 연극은 스스로를 서사극이라고 부르면서 아리스토텔레스가 처음으로 공식화한 좁은 의미의 드라마적인 극과 자신을 구분한다. 따라서 브레히트는 마치 〔베른하르트〕 리만[2]이 비(非)유클리드 기하학을 도입했듯이 비(非)아리스토텔레스적인 연극론을 도입했다. 리만의 경우에는 평행축이라는 것이 제거된다면 브레히트의 연극에서 제거된 것은 아리스토텔레스적인 '정화', 즉 파도처럼 관객을 함께 휩쓸어가는 격동적인 주인공의 운명에 감정이입함으로써 일어나는 감정 배설이다(저 유명한

---

1) André Gide, *Journal des faux-monnayeurs*, Paris, 1971, p. 69f. — 전집 편집자

2) Bernhard Riemann, 1826~66 : 독일의 수학자. 짧은 생애에 미분기하학과 수리물리학 등에서 혁신적 업적을 남겼으며, 리만 기하학은 일반상대성이론의 기술에 사용된다.

'급전'은 종말을 향해 굴러 떨어지는 물마루이다).

서사극은 영화 필름의 상들과 유사하게 단속적인 움직임으로 진행한다. 서사극의 기본 형식은 충격이라는 형식이다. 서로 분명히 구별되는 각각의 개별 상황들이 바로 이렇게 충격을 일으키며 충돌한다. 노래, 표제, 관례적인 제스처들이 한 상황을 다른 상황과 구별해준다. 이렇게 해서 관객의 환상을 침해하는 간격들이 생겨나게 된다. 이 간격들이 감정이입을 하고자 하는 관객의 마음가짐을 위축시킨다. 이 간격들은 (배우들이 연기한 태도에 대해, 그리고 그 태도를 연기하는 방식에 대해) 관객이 비판적 입장을 취할 수 있게 해준다.[3] (이와 유사하게 프랑스의 고전극에서는 배우들 사이에 상류층 사람들을 위한 자리를 마련함으로써 그들이 안락의자에 앉아 있는 열린 장면이 만들어졌다.)

서사극은 방법이나 정밀성에서 부르주아 연극보다 월등한 연출력의 도움으로 부르주아 연극의 결정적인 입장들을 배제했다. 어쨌든 그것은 그때그때 쟁취한 것이었다. 이 서사적 무대는 탄탄했지만, 이 무대를 통해 훈련받는 이들은 망명지에 무대를 세울 수 있을 정도로 두터운 층을 이루지는 못했다. 브레히트의 새로운 작업에는 이러한 통찰이 깔려 있다.

『제3제국의 공포와 참상』은 전통적인 극작법의 지침에 따라 만들어진 27막의 연작이다. 겉으로 보기에 전원풍으로 진행되다가 마지막에 가서 극적인 요소가 마그네슘 빛처럼 번쩍일 때가 때때로 있다

---

3) 이 단락 처음부터 여기까지는 「서사극이란 무엇인가」(제2판)에도 나온다. 이 책 149쪽 이하 참조.

(부엌문으로 들어가는 이들은 가난한 가정에 나눠줄 감자 자루를 갖고 온 동절기 봉사자들이다. 그런데 부엌문을 떠나는 이들은 체포한 딸을 연행하는 나치 돌격대원들이다).[4] 다른 곳에서는 훈련받은 계략이 발휘된다(예를 들어 「백묵의 십자가」[5]에서 프롤레타리아는 게슈타포의 동조자들이 불법적인 활동에 대응할 때 쓰는 술수 중 하나를 어느 나치 돌격대원에게서 탈취해 낸다).[6] 때때로 사회적 상황 속의 모순이 거의 무대 전환도 없이 극적인 긴장 속에서 표현된다(감시자가 지켜보는 가운데 형무소 마당을 도는 두 죄수가 서로 귓속말을 한다. 두 사람은 빵 만드는 사람인데 한 명은 밀기울을 빵에 넣었다고 해서 형무소에 들어왔고, 1년 뒤에 다른 한 명은 자신이 만든 반죽에 밀기울을 넣지 않았기 때문에 들어왔다).[7]

이 작품과 또 다른 드라마 작품들이 두도우[8]의 심사숙고한 연출 아래 (1938년) 5월 21일에 처음으로 공연되었는데 관객은 열정적인 관심을 가지고 이 작품들을 지켜보았다. 관객들은 망명한 지 5년이 지나서 드디어 자신들이 공유하는 정치적 경험과 관련하여 무대가 자신들에게 말을 걸고 있다고 느꼈다. 슈테피 슈피라(Steffi Spira), 한스 알트만(Hans Altmann), 귄터 루신(Günter Ruschin), 에리히 쇤랑크 (Erich Schoenlank), 이때까지 여러 정치적 카바레에서 자신들의 역량

---

4) Bertolt Brecht, *Gesammelte Werke*, Frankfurt a. M., 1967, Bd. 3, pp. 1159ff. 이하 이 전집에서 인용할 때에는 약칭 'GW' 뒤에 권수를 명기함.

5) 「백묵의 십자가」(Kreidekreuz)는 『제3제국의 공포와 참상』의 총 30장면 중 하나.

6) Bertolt Brecht, *GW,* Bd. 3, pp. 1079ff.

7) Bertolt Brecht, *GW,* Bd. 3, p. 1162.

8) S. Th. Dudows, 1903~63 : 바이마르 공화국 시대에 활동을 시작한 불가리아 태생의 영화감독이자 시나리오 작가.

을 온전히 펼치는 데 항상 성공하지는 못한 이 배우들이 이제는 서로를 맞출 줄 알게 되었고, 다행히 그들 대다수는 9개월 전에 브레히트의 「카라 부인의 무기들」(Gewehren der Frau Carrar)에서 쌓은 경험들을 잘 살려냈음을 보여주었다.

헬레네 바이겔은 이 모든 사정에도 불구하고 초창기의 브레히트 연극부터 작금의 연극까지 지속해온 전통의 권리를 지켜냈다. 그녀는 브레히트 연극술이 유럽적 수준의 권위를 지키게 하는 데 성공했다. 연작의 마지막 막인 「국민투표」에서 그녀는 박해의 시대에 불법노동의 정신을 살려낸 프롤레타리아 여성 역을 맡았다. 「어머니」에서 그녀가 맡은 저 잊을 수 없는 역할을 떠올리게 하는 그녀의 연기를 보기 위해서라면 어떤 것을 투자해도 아까울 것이 없을 것이다.

이 연작은 이런 유의 연극이 필요하다는 것을 독일 망명 연극계에 처음으로 분명하게 밝힌 정치적이자 예술적인 계기였다. 이 두 계기, 즉 정치적이자 예술적인 계기가 여기서 하나가 된다. 실제로 망명한 배우가 나치 돌격대원이나 인민재판소 위원의 역을 맡는 것은 인정 많은 사람이 이아고[9]의 역을 맡는 것과는 다른 과제를 의미한다는 점은 쉽게 알 수 있다. 전자의 경우 감정이입은 확실히 적절한 방식이 아니다. 어떻게 정치적 투사가 자신의 동지를 살해한 자에 '감정이입'을 할 수 있겠는가. 이와 다르게 거리를 둔 연기방식, 즉 서사적 방식이 여기서 새로운 권리를 얻게 되고 어쩌면 새로운 성공사례가 될 수 있을 것이다.

---

9) Iago : 셰익스피어의 비극 「오셀로」에 나오는 음험하고 간악한 인물.

이 연작은 보는 관객에게 발휘하는 것 못지않은 매력을 읽는 독자에게도 발휘하는데, 이 점에서도 변화된 형태로 서사적인 요소가 입증된다. 무대에서 묘사된 상황에 따르면 자금을 동원하는 것이 어렵기 때문에 무대는 연작에서 작품들을 골라 다소 풍부하게 제공하는 정도에 그치게 될 것이다. 그러한 레퍼토리에 대해 사람들이 비판적인 이의를 제기할 수 있다. 그중에서 파리 사람들의 이의도 고려가 된다. **독자**에게 전체 단막극의 결정적인 테제로 보이는 것이 관객에게는 명확하지 않을 수 있다. 이 테제는 카프카의 예언적인 작품 『소송』에 나오는 다음 문장으로 표현할 수 있다. "거짓말이 세상의 질서가 된다."

이 단막극들은 모두 한 가지를 드러내준다. 즉 민중들 앞에 제3제국의 모습으로 거드름을 피우는 공포정치가 사람 사이의 모든 관계를 불가피하게 거짓말의 지배를 받게끔 한다는 사실이 그것이다. 법정에서 하는 증언(「법 왜곡」)[10]이 거짓말이고, 어디에도 적용되지 못하는 명제들을 가르치는 학문이 거짓말이며(「직업병」),[11] 여론이 말해주고 있다고 외치는 것(「국민투표」)[12]이 거짓말이고, 임종을 앞둔 사람의 귀에 속삭여주는 것(「산상수훈」)[13]이 거짓말이다. 또한 같이 산 삶의 마지막 순간에 부부가 서로에게 하는 말 속에 꽉 달라붙은 것도 거짓말이다(「유대 여인」).[14] 또 동정심이 아직 살아 있음을 알리고자

---

10) Bertolt Brecht, *GW*, Bd. 3, pp. 1103ff.
11) Bertolt Brecht, *GW*, Bd. 3, pp. 1121ff.
12) Bertolt Brecht, *GW*, Bd. 3, pp. 1184ff.
13) Bertolt Brecht, *GW*, Bd. 3, pp. 1170ff.

할 때 쓰는 가면도 거짓말이다(「민중에의 봉사」).[15] 우리는 프롤레타리아트라는 호칭을 사용해서는 안 되는 나라에 산다. 이 나라는 심지어 농부조차 '국가의 안전'을 위험에 빠뜨리지 않고 자신의 가축에게 먹이를 주기 어려운 그런 상황에 놓여 있다고 브레히트는 말한다(「농부가 돼지에게 먹이를 주다」).[16]

진리는 언젠가 이 국가와 국가질서를 불태워 버릴 정화의 불이지만 그 불길은 아직 약하다. 그 불길을 키우는 것은 연사가 자기더러 하라고 시킨 말이 거짓말이라고 확성기에 대고 질타하는 노동자의 아이러니이다. 이 불길을 살리는 것은 고난의 길을 뚫고 온 동지를 만날 때 최대한 신중함을 보여야 하는 자들의 침묵이다. 국민투표에 대해 온통 '아니오'라고 쓴 팸플릿이야말로 이처럼 희미하게 빛나는 불길이나 다름없다.

이 작품이 곧 책의 형태로 나오길 희망해본다. 무대는 이 작품의 레퍼토리 전체를 갖고 있다. 독자는 이 드라마를 〔카를〕 크라우스의 『인류 최후의 날들』(Die letzten Tage der Menschheit)이 구현한 의미로 받아들인다. 아직 불타고 있는 현재성을 자신 안에 받아들여 후세를 위해 청동처럼 단단한 증거로 만들 수 있을지의 여부는 오직 이 드라마 자체에 달려 있을 것이다.

---

14) Bertolt Brecht, GW, Bd. 3, pp. 1127ff.

15) Bertolt Brecht, GW, Bd. 3, p. 1101f.

16) Bertolt Brecht, GW, Bd. 3, p. 1163f.

〈브레히트의 작품에 대한 주해〉

서사극이란 무엇인가(제1판, 1931):
브레히트에 대한 연구

Walter Benjamin, *Gesammelte Schriften*, Frankfurt a. M., 1972~89, Bd. II/2, pp. 519~31. (Was ist das epische Theater? ⟨1⟩)

오늘날 연극에서 무엇이 중요한지는 드라마(희곡)보다 무대의 측면에서 더 정확하게 규정할 수 있다. 그것은 바로 오케스트라(합창대석)를 메워 없애버린 일이다. 죽은 자들을 살아 있는 자들과 갈라놓듯이 배우들을 관객과 갈라놓는 그 심연, 그것의 침묵이 연극에서 숭고함을 상승시키고, 그것의 울림이 오페라에서 도취를 상승시키는 그 심연 말이다. 무대의 모든 요소 중에서 가장 깊숙이 성스러운 원천의 흔적들이 각인된 이 심연이 아무 기능도 하지 못하게 되었다. 아직 무대는 높은 곳에 놓여 있지만 더는 저 헤아릴 수 없이 깊은 곳에서 솟아오르지 않는다. 무대는 단(壇, Podium)이 되었다. 이 단에 뭔가를 설치해 시작할 필요가 있다. 이것이 오늘날의 상황이다. 그러나 많은 상황에 대해 그렇듯이 이 상황에 대처할 때도 연극계는 그 상황을 고려하는 대신 은폐하려고 마음먹었다. 일견 고전적인 무대장치를 이용한다고 하지만 실제로는 효력을 다한 무대장치를 제공할 뿐인 비극과 오페라가 거듭해서 제작되고 있다. "음악가와 작가, 비평가들은 자신들이 처해 있는 상황을 명확하게 인식하지 못하고 있고, 이렇게 만연해 있는 불명확성은 엄청난 결과를 초래하고 있지만, 이 결과를 주의 깊게 살피는 이들은 거의 없다. 왜냐하면 그들은 어떤 장치를 소유하고 있다고 생각하지만, 실제로는 그 장치가 그들을 소유하고 있으며, 그들은 그렇게 자신들이 더 이상 통제하지 못하는 장치를 옹호하고 있기 때문이다. 그 장치는 그들이 아직 믿고 있는 것과는 달리, 더는 생산자들을 위한 수단이 아니라 생산자들에 반하는 수단이 되었다."[1] 이렇게 말하면서 브레히트는 연극이 오늘날에도 시문학에 토대를 두고 있다는 환상을 제거해버린다. 현재 연극계에서 유통되고 있는 연극에도 브레히트 자신의 연극에도 모두 이 환상은 적용되지 않는다. 두 경우에 모두 텍스트가 중요한 역할을 하지만, 현재 유통되는 연극에서는 텍스트가 연극계를 유지하는 데 기여하고, 브레히트의 경우에는 그 연극계를 변화시키는 데 기여한다. 후자는 어떻게 가능할까? 무대가 단이 되었다고 하는데, 과연 단을 위한 드라마라는 게 있을까? 아니면 브레히트가 말했듯이 "출판기구들을 위한"[2] 드라마라는 것이 있을까? 그런 것이 있다면 그것은 어떤 성격을 띨까? 단에 적합하게 될 수 있는 유일한 가능성은 정치적 테마극이라는

---

1) Bertolt Brecht, *Versuche 4~7* [Heft 2], Berlin, 1930, p. 107. 「생산자로서의 작가」, 이 책 390쪽 참조.

2) 앞의 책, p. 115 : "특정한 기구들을 …… 오락시설에서 출판기구들로 개조하려는 시도들"; p. 108도 참조.

형태를 띤 '시대극'에서 발견된 것처럼 보였다. 그러나 이러한 정치극이 어떻게 기능했든 간에 그것을 사회적으로 촉진한 것은, 연극장치가 부르주아들을 위해 만들었던 바로 그 위치들에 프롤레타리아 대중을 대입한 일이다. 무대와 관객, 텍스트와 공연, 감독과 배우 사이의 기능적 연관관계는 거의 달라지지 않았다. 서사극은 바로 그것들을 근본적으로 변화시키려는 시도에서 출발한다. 이 서사극의 무대는 관객에게 '세계를 의미하는 무대'(즉 보호구역)가 아니라 유리한 곳에 위치한 전시공간을 나타낸다. 서사극의 무대에 관객은 더는 최면에 걸린 대중이 아니라 관심이 있는 자들의 집단을 뜻하고, 이들의 요구를 그 무대는 충족해야 한다. 서사극의 텍스트에 공연은 더는 탁월한 해석이 아니라 엄격한 컨트롤을 뜻한다. 서사극의 공연에 텍스트는 더는 토대가 아니라 새로운 표현을 제공한 공연의 수확물이 그 위에 표시되는 경위선(經緯線)이다. 서사극의 배우에게 감독은 더는 어떤 효과를 내라는 지시를 내리는 것이 아니라 입장을 정하기 위한 테제들을 준다. 서사극의 감독에게 배우는 더는 자신의 역할과 일체가 되어 연기하는 마임이 아니라 그 역할을 조사해야 하는 전문가가 된다.

이렇게 변화된 기능들이 변화된 요소들에 바탕을 두고 있음은 분명하다. 최근 브레히트의 우화 「남자는 남자다」의 베를린 공연[3]은 이것을 검증하는 데 최적의 기회를 제공한다. 왜냐하면 이 공연은 극장

---

3) Bertolt Brecht, "Mann ist Mann", 앞의 책(이 책 77쪽 각주 13번). 벤야민은 브레히트의 감독 아래, 1931년 2월 6일에 베를린 국립극장(Staatstheater Berlin)에서 초연된 이 극의 공연을 언급하고 있다.

장 〔에른스트〕 레갈[4]이 각고의 노력을 기울여 과감하면서 현명하게 관장한 덕택에 몇 년 전부터 베를린에서 볼 수 있게 된, 세심한 연출력이 돋보이는 공연 중 하나가 되었을 뿐만 아니라 서사극의 모범, 여태껏 볼 수 있던 것 가운데 유일한 모범이 되었기 때문이다. 이러한 확증을 평단에서 나온 평들이 어떻게 막아서고 있는지는 곧 밝혀질 것이다. 이런 평단의 평들과 상관없이 관객들은 초연의 무거운 분위기가 일단 걷히고 나자 이 희극에 접근하는 법을 찾아냈다. 왜냐하면 서사극을 인지하는 일이 맞닥뜨리는 어려움은 다름 아니라 서사극이 삶과 맞닿아 있음을 표현하고 있기 때문이다. 그에 반해 바빌론에 유배된 이론은 연극계 현실에서 우리의 삶과는 아무 관련도 없는 작품을 애타고 찾고 있다. 따라서 미학의 교과서적인 언어로는 브레히트의 드라마보다 발터 콜로[5]의 오페레타의 가치를 서술하는 것이 더 쉽다. 게다가 브레히트의 드라마는 새로운 무대를 구축하는 데 심혈을 기울이기 위해 시문학을 자유재량으로 대하기 때문이다.

서사극은 제스처적이다. 서사극이 어느 정도까지 전통적인 의미의 시문학에 해당할지는 또 다른 물음이다. 제스처가 서사극의 재료이고, 이 재료를 합목적적으로 활용하는 것이 서사극의 과제이다. 한편으로 사람들이 하는 전적으로 거짓된 발언과 주장들, 다른 한편으로 그들의 행동이 지니는 다층성과 불투명성과 대비해볼 때 제스처는 두 가지 장점을 지닌다. 첫째, 제스처는 어느 정도로만 위조할 수 있

---

4) Ernst Legal, 1881~1955 : 독일의 배우·감독·극장장.
5) Walter Kollo, 1878~1940 : 독일의 작곡가. 주로 오페레타를 작곡했다.

을 뿐이다. 제스처가 확연하게 드러나지 않고 습관적일수록 그만큼 그것은 위조될 가능성이 덜하다. 둘째, 제스처는 사람들이 하는 행동이나 벌이는 일들과 달리 확고한 시작과 확고한 끝이 있다. 하나의 태도는 전체적으로 볼 때 생동적인 흐름 속에 있는데, 이 태도의 각 요소가 이처럼 엄격하게 틀을 갖고 완결되어 있다는 점은 제스처의 변증법적인 기본현상들 가운데 하나이다. 이로부터 중요한 결론이 생겨난다. 우리는 어떤 행동을 하는 사람을 자주 중단하면 할수록 그만큼 제스처를 더 많이 얻어낸다는 점이다. 그래서 서사극에서는 행동을 중단하는 일이 무엇보다 중요하다. 거칠지만 심금을 울리는 후렴을 지닌 브레히트 노래들의 형식적인 성과도 바로 그러한 중단에 있다. 서사극에서 텍스트의 기능에 대한 어려운 연구를 선수 치지 않아도 우리는 텍스트의 주요 기능이 어떤 경우들에는 행동을 — 알기 쉽게 그려 보여주거나 촉진하기는커녕 — 중단하는 데 있다는 점을 확인할 수 있다. 여기에는 상대방의 행동뿐만 아니라 자기 자신의 행동도 마찬가지로 포함된다. 중단하면서 〔줄거리를〕 지체하는 성격과 틀로 감싸 일화를 만들어내는 성격이 바로 제스처적인 연극을 서사극으로 만든다.

이렇듯 서사극은 줄거리를 전개하기보다는 상황을 재현해야 한다고 사람들은 설명했다. 서사극의 연극술이 내건 슬로건들이 거의 모두 사람들의 주의를 끌지 못한 데 반해 이 마지막 슬로건은 어쨌거나 오해를 불러일으켰다. 이것만으로도 이 슬로건에 대해 논의할 충분한 이유가 된다. 여기서 언급하는 상황들이란 다름 아니라 이전의 이론가들이 '환경'(Milieu)이라고 부른 것과 다름없는 것처럼 보였다. 그렇게 이해할 경우에 [서사극이 내세우는] 요구는 개괄적으로 말하자면 자연주의적 드라마의 재연으로 귀결되었다. 그러나 결국 그런 입장을 지지할 만큼 순진한 사람은 아무도 없다. 자연주의 연극의 무대는 단과는 전혀 달리 전적으로 환영적 성격의 무대이다. 자연주의 연극은 자신의 고유한 의식, 즉 연극이라는 의식을 생산적으로 만들 수 없을뿐더러 모든 역동적인 무대와 마찬가지로 그 의식을 억압할 수밖에 없는데, 그것은 현실을 모사한다는 자신의 목표에 흔들림 없이 충실하기 위해서이다. 그에 반해 서사극은 자신이 연극이라는 사실에 대해 줄기차게 생생하고 생산적인 의식을 견지한다. 이 의식에 힘입어 서사극은 현실의 요소들을 실험적 배치의 의미에서 다룰 수 있게 된다. 그리고 이러한 실험의 서두가 아니라 그 마지막에 이르러 상황들이 제시된다. 물론 이때의 상황은 항상 이런저런 모습을 하고 있는 우리의 상황이기도 하다. 이들 상황은 관객에게 가까이 제시되는 것이 아니라 관객에게서 멀리 떨어져 제시된다. 관객은 이들 상황을 실제의 상황으로 인식하는데, 이때 자연주의 연극에서처럼 자아 도취적으로 인식하는 것이 아니라 놀라움을 갖고 인식하게 된다.[6] 이러한 놀라움을 통해 서사극은 확고하면서도 조심스럽게 일종의 소크라테스적 실천을 수행하는 영예를 얻는다. 놀라는 사람에게서 관심이 깨어나는 것이다. 놀라는 사람에게서만 자신의 근원에 대한 관심이 생긴다. 그런데 서사극을 통해 이 근원적 관심을 즉각 전문가적

---

6) 열째 줄 "현실의 요소들을 ……"부터 여기까지 : 「생산자로서의 작가」, 이 책 392쪽 참조.

관심으로 만들고자 하는 시도만큼 브레히트의 사유방식에 특징적인 것은 없다. 서사극은 "아무 이유 없이는 사유하지 않는" 이들 관심 있는 사람들을 겨냥하고 있다. 그러나 이것은 그들이 전적으로 대중과 공유하는 태도이다. 이 대중을 전문가적으로 — 그렇지만 결코 '교양'이라는 길을 통해서가 아니라 — 연극에 관심을 갖게끔 하려는 노력 속에 브레히트의 변증법적 유물론이 확연하게 관철되고 있다. "어느새 사람들은 전문인들로 가득 찬 체육관처럼 전문인들로 가득 찬 극장을 갖게 될 것이다."[7]

서사극은 그러니까 상황을 다시 재현하는 것이 아니라 오히려 그 상황을 발견한다고 할 수 있다. 상황을 발견하는 일은 줄거리 진행과정의 중단을 통해 이루어진다. 가장 비근한 예로 다음과 같은 가족 장면을 들어보자. 갑자기 한 낯선 사람이 들어온다. 부인은 베개를 똘똘 뭉쳐 들고서 딸에게로 던지려는 참이다. 아버지는 창문을 열고는 경찰을 부르려고 한다. 이 순간 문에 낯선 사람이 나타난다. 1900년경에 쓰던 표현대로 '극적인 장면'(Tableau)이 만들어지는 것이다. 다시 말해 이제 낯선 사람은 상황에 맞닥뜨린다. 그것은 구기박지른 침구, 열린 창문, 헝클어진 가구로 이루어져 있다. 그러나 오늘날 시민들의 삶에서 이보다 더 평범한 장면들도 그렇게 크게 달라 보이지 않는 하나의 시선이 존재한다. 물론 우리의 사회질서가 황폐해진 규모가 크면 클수록(우리 자신이 지쳐 있을수록, 또한 그처럼 황폐화된 사회질서를 해명할 능력이 떨어질수록) 낯선 사람이 느끼는 거리감도 그만큼

---

7) Bertolt Brecht, *Versuche 8~10* 〔Heft 3〕, Berlin, 1931, p. 235.

더 뚜렷해질 것이 틀림없다. 우리는 그와 같은 낯선 사람을 브레히트의 『시도들』에서 알고 있다. 예컨대 슈바벤 출신의 '우티스'(Utis)[8]가 있는데, 그는 동굴에서 외눈박이 폴리페모스를 찾는, 그리스어로 '아무도 아닌 자'를 뜻하는 오디세우스의 짝이다. 외눈박이 괴물인 '계급국가'의 동굴을 찾아온 코이너 씨도 그런 낯선 사람이다. 이 두 사람은 꾀가 많고 고통에 익숙하며 경험이 많다. 둘 다 지혜로운 자이다. 오디세우스는 예전부터 모든 유토피아적 관념론에서 비켜서 있는 실제적인 체념의 자세로 오로지 귀향만을 생각한다. 코이너 씨도 자기 집 문턱에서 꼼짝도 하지 않으려 한다. 그는 뒤채의 4층에 있는 자기 집에서 밖으로 나올 때면 집 마당에 서 있는 나무들을 보고 흡족해한다. "당신이 나무들을 사랑한다면 왜 숲으로 가지 않는 거요?"라고 친구들이 묻는다. 코이너 씨는 "나는 내 집 안마당에 있는 나무들을 좋아한다고 하지 않았소?"라고 응답한다. 브레히트는 언젠가 코이너 씨를 누워 있는 상태로 무대로 데리고 와야 할 거라고 제안한 적이 있다. (그만큼 그는 무대로 나오려 하지 않는다.) 이 사유하는 자가 무대 위에 서게끔 하는 것, 이것이 새로운 연극이 지향하는 바이다. 우리는 코이너 씨의 역사적 근원이 어디까지 거슬러 올라가는지를 알면 놀라지 않을 수 없을 것이다. 즉 그리스인들 이래로 유럽 무대에서는 비극적이지 않은 주인공을 찾으려는 노력이 그치지 않았다. 고대를

---

8) 'Utis' 또는 'Utisz'는 '아무도 아닌 자'를 뜻하는 그리스어(Οὖτις)이다. 호메로스(Homeros)의 『오디세이아』(Odysseia) 제9권에 따르면 오디세우스는 외눈박이 괴물 키클롭스 폴리페모스에게 자기 이름을 그렇게 대면서 잡아먹히는 일을 피하고 탈출에 성공한다. 이 우티스는 원래 '작은 오디세우스'라는 뜻도 지닌다.

재연하려는 온갖 시도에 맞서 위대한 드라마 작가들은 진정한 비극의 형상인 그리스 비극에 가능한 한 거리를 뒀다. 이들의 길이 어떻게 중세 로스비타,[9] 신비극 등을 거쳐 나중에 그리피우스, 렌츠, 그라베로 이어지고, 괴테가 『파우스트』 제2부에서 어떻게 그 길과 만났는지를 서술하는 작업을 여기서 할 수는 없다. 그러나 이 길이 가장 독일적인 길이었다는 것은 분명히 말할 수 있다. 그러니까 뒷길이나 샛길이 아니라 길이라고 말할 수 있다면 말이다. 그런데 바로 이 뒷길과 샛길을 통해 우리에게 전해진 것은, 고전주의라는 숭고하면서도 비생산적인 산맥을 가로질러 온 중세 드라마와 바로크 드라마의 유산이다. 거칠고 황폐한 모습으로나마 오늘날 브레히트의 드라마를 통해 빛을 보게 된 것이 바로 이러한 샛길이다. 이 독일 전통의 한 조각이 바로 비극적이지 않은 주인공이다. 비평계는 이 주인공의 역설적인 무대적 존재를 우리 고유의 무대적인 존재로 구현할 필요가 있다는 점을 분명 인식하지 못했지만, 현 시대의 탁월한 사람들인 게오르크 루카치[10]나 프란츠 로젠츠바이크와 같은 사상가들은 일찍이 이 점을 인식했다. 20년 전에 루카치는 플라톤이 지고의 인간인 현자의 비(非)드라마적인 점을 인식했다고 썼다.[11] 그렇지만 플라톤은 그 현

---

9) Hrosvit von Gandersheim, 935~73? : Hrotswith, Hrosvith, Hroswitha, Roswith 등으로 불리고, 현대식으로는 Roswitha von Gandersheim(간더스하임의 로스비타)로 불리는 중세 초기 독일 최초의 여성작가이다. 그녀에게서 고대 이후 첫 드라마가 유래한다.

10) György Lukács, 1885~1971 : 헝가리의 철학자이자 미학자. 1930년대 사회주의 리얼리즘 논쟁을 주도했다. 대표작으로 『소설의 이론』과 『역사와 계급의식』이 있다.

11) Georg Lukács, *Die Theorie des Romans. Ein geschichtsphilosophischer Versuch über die*

자를 그의 대화편들에서 무대의 문턱으로 끌어냈다. 서사극을 대화편보다 더 드라마적인 것으로 보고자 한다고 해서(물론 늘 그러한 것은 아니지만) 서사극이 덜 철학적이라는 법은 없다.

서사극의 형식들은 새로운 기술적 형식들인 영화나 방송에 상응한다. 서사극은 기술의 정점에 있다. 영화의 경우 다음과 같은 원칙이 점점 더 관철되고 있다. 즉 관객은 아무 때나 끼어들 수 있어야 하고 복잡한 전제조건들은 피해야 하며, 각 부분은 전체를 위한 그것의 가치 외에도 자체의 고유한 일화적인(episodisch) 가치를 지녀야 한다는 원칙들 말이다. 이것은 방송의 경우 엄격한 필연성이 되었는데, 방송 관객은 스피커를 언제든지 켜고 끌 수 있기 때문이다. 서사극은 무대에서 그와 똑같은 것을 이루어낸다. 서사극에서는 근본적으로 너무 늦게 온 사람이란 없다. 이 특성에서 동시에 드러나는 사실은, 서사극이 사회적 기구로서 연극에 낸 틈새가 서구의 유흥사업으로서 연극에 가져온 단절보다 훨씬 더 크다는 점이다. 카바레에서는 시민들이 보헤미안들과 섞이고, 버라이어티 쇼에서는 소부르주아와 대부르주아의 간극이 공연이 있는 저녁시간 동안 없어진다면 브레히트의 기획된 흡연극(Rauchtheater)[12])에서는 프롤레타리아들이 주요 고객이

Formen der großen Epik, Neuwied / Berlin, 1963, p. 29f. : "비극의 영웅은 삶을 살고 있는 호메로스적 인간을 대신하여 나타난다. …… 플라톤의 새로운 인간, 곧 현자는 행동적 인식과 본질을 창조하는 직관을 통해 영웅의 정체를 까발릴 뿐만 아니라 그가 정복했던 모호한 위험을 환히 밝히고, 또 그를 극복함으로써 변용한다"(김경식 옮김, 『소설의 이론』, 문예출판사, 2007, 36쪽).

12) 브레히트는 관객이 연극을 보면서 담배를 피워도 된다면 사색에 잠기고 싶어 할 거

다. 이들에게는 「서푼짜리 오페라」에서 거지가 목발을 고르는 장면을 잘 연기해 "특별히 이 장면 때문에 사람들이 이 오페라 공연이 있는 시기에 극장을 다시 찾을 생각을 하게끔"[13] 하라고 배우에게 하는 요구가 하등 이상할 게 없다. 카스파 네어가 무대에 투영하는 그림들은 어느 한 장면에 대한 장식이라기보다 그와 같은 종류의 장면들에 대한 플래카드의 역할을 한다. 플래카드는 물론 '문자화된 연극'의 구성 요소들에 속한다. "문자화는 '형상화된 것'에 '글로 작성된 것'을 삽입하는 작업을 뜻하며, 연극이 정신활동을 위한 여타의 기구들에 연계될 가능성을 제공한다."[14] 기구들뿐만 아니라 결국 책 자체에 연계될 가능성을 제공한다. "연극에도 각주라든지 책처럼 넘겨보는 일을 도입할 수 있다."[15] 그러나 네어의 그림들은 무엇을 게시할까? 브레히트에 따르면 그것들은 "무대에서 벌어지는 사건들에 입장을 취하는데", 마하고니의 경우에 "실제의 〔연기하는〕 대식가가 그림으로 그려진 대식가의 앞에 앉아 있게끔 하는 방식으로 입장을 취한다."[16] 좋다. 그러나 연극 속 그 대식가가 그림으로 그려진 대식가보다 더 현실적이라는 것을 누가 보증해주는가? 연기하는 사람을 실제의 사람

라는 테제를 내세우면서 자신의 연극무대를 '서사적-흡연-연극'(Episches-Rauch-Theater)으로 부를 것을 고집했다고 전해진다(Carl Zuckmayer, "Drei Jahre", in: Herbert Ihering (Hg.), *Theaterstadt Berlin: Ein Almanach*, Berlin: Henschel u. Sohn, 1948, pp. 79~102, 여기서는 p. 88).

13) Bertolt Brecht, *Versuche 8~10* 〔Heft 3〕, 앞의 책, p. 239.
14) 앞의 책, p. 234.
15) 앞의 책, p. 235.
16) Bertolt Brecht, *Versuche 4~7* 〔Heft 2〕, 앞의 책, p. 112.

앞에 앉아 있게 하고, 따라서 뒤에 그려진 사람을 연기하는 사람보다 더 현실적이 되게끔 하지 못할 이유는 없다. 바로 그렇게 해서 이런 식으로 연출된 지점들의 강력하고 독특한 영향을 이해할 수 있는 열쇠가 주어질 것이다. 배우들 가운데 많은 이들이 배후에 있는 보다 더 큰 권력들의 수임자들로 나타난다. 그렇기 때문에 마치 플라톤의 이데아들이 사물들에 대한 모델들을 제시함으로써 영향력을 발휘하는 것처럼 된다. 그렇다면 네어의 무대 투영도(投影圖)들은 유물론적 이데아(구상)들, 진정한 '상황'의 이데아들이 될 것이다. 그리고 그러한 이데아들이 사건 진행에 제아무리 가까이 다가가 있다고 해도 그 이데아들은 윤곽의 흔들림을 보여주는데, 사건 진행과 내적으로 매우 가까운 어떠한 관계도 다 떨치고 나와 비로소 가시화되었음이 이러한 흔들림에서 드러난다.

연극을 언어적 표현, 플래카드, 제목들로 문자화하는 일 — 이것들과 중국 연극 사이의 친화성은 브레히트에게는 익숙한 현상이고 또 언젠가 별도로 연구할 주제이지만 — 은 '무대에서 소재의 센세이셔널한 요소를 제거'하게 될 것이고, 또 그래야 한다. 이와 동일한 방향에서 브레히트는 서사극의 배우가 연기하는 사건들이 이미 알려진 것들이어야 하지 않을지를 숙고한다. "그렇다면 역사적 사건들이 우선 가장 적합할 것이다."[17] 그러나 여기서도 사건 진행에서 모종의 자유가 불가피하게 요구되는데, 사람들 기대의 소실선(消失線)에 놓

---

17) Bertolt Brecht, *GW*, Bd. 17, p. 987("Anmerkungen zum Lustspiel 'Mann ist Mann'").

여 있는 대단한 결단들이 아니라 비교할 수 없는 것, 개별적인 것에 강세를 둘 수 있는 자유가 그것이다. "그렇게 될 수도 있지만 전혀 다르게 될 수도 있다." 이것이 서사극을 쓰는 사람의 기본태도이다. 그는 자신의 이야기를 마치 발레 선생이 수련생을 대하듯이 대한다. 그가 제일 먼저 하는 일은 수련생의 관절을 가능한 한도까지 느슨하게 만드는 일이다. 역사극에서 아우구스트 스트린드베리[18)가 그랬듯이 그는 역사적이고 심리적인 상투적 도식들에서 멀리 벗어나게 된다. 스트린드베리는 비극적이지 않은 서사적 연극을 만들려고 의식적으로 힘을 쏟았던 것이다. 스트린드베리는 개인적인 삶의 영역을 다룬 작품들에서는 기독교적인 수난의 도식을 끌어다 쓰고, 역사극에서는 자신의 비판적 사유와 폭로하는 아이러니를 가열차게 구사함으로써 제스처적인 연극으로 나아가는 길을 텄다. 수난의 길을 다룬 「다마스쿠스로」와 살인극인 「구스타프 아돌프」는 이러한 의미에서 그의 연극 창작의 양극을 이룬다. 이러한 사실을 주시하기만 하면 브레히트가 이른바 '시대극'에 어떻게 생산적으로 대립하고 또 자신의 '학습극'을 통해 그 대립을 어떻게 극복하고자 했는지를 인식할 수 있다. 그 학습극들은 테마극이 적응할 수밖에 없는 서사극을 지나서 가는 우회로이다. 그것은 독일의 사이비고전주의와 똑같이 "이념에 우위를 부

---

18) August Strindberg, 1849~1912 : 스웨덴의 작가·화가. 가장 중요한 스웨덴 작가들 중 하나로, 특히 그의 드라마는 세계적으로 유명하다. 1870년대 이후부터 세상을 떠날 때까지 스웨덴 문학계를 주도했으며, 작품들은 논란을 불러 일으켰고 개인사적 갈등도 많았다. 여기서 언급된 「구스타프 아돌프」(1899), 「다마스쿠스로」(1898~1904) 외에 「아버지」 「줄리 아가씨」 「유령소나타」 등 많은 작품이 있다.

여하면서 관중이 더욱더 확고한 목표를 원하게끔" 만들면서 "말하자면 공급에 대해 점점 더 큰 수요"[19]를 만들어내는 〔에른스트〕 톨러 (Ernst Toller)나 〔페터 마르틴〕 람펠(Peter Martin Rampel)과 같은 작가들의 드라마와 비교해볼 때 우회로이다. 이들의 드라마처럼 외부에서 우리의 상황들 속으로 부딪쳐오는 대신 브레히트는 그 상황들이 스스로를 매개된 방식으로 변증법적으로 비판하게끔 하고 그 상황의 여러 요소들이 서로 논리적으로 갈등하게끔 한다. 「남자는 남자다」에서 하역부 갈리 가이는 다름 아닌 우리의 사회질서의 모순들이 펼쳐지는 무대이다. 어쩌면 브레히트의 의미에서 그 현자를 그와 같은 변증법의 완벽한 무대로 정의한다고 해도 지나치지 않을 것이다. 어쨌든 갈리 가이는 그러한 현자이다. 그는 "술을 마시지 않고 담배는 조금만 피우며 거의 아무런 열정도 없는"[20] 하역부라고 스스로를 소개한다. 그는 어떤 과부의 바구니를 들어다주게 되고 과부는 그에게 야간(夜間) 노임을 주려고 하지만, 그 과부의 제의가 이해가 되지 않는다. "솔직히 말해 생선 한 마리를 사면 좋겠어요."[21] 그럼에도 불구하고 그는 "아니오라는 말을 하지 못하는"[22] 남자로 소개되는데 이러한 태도도 현명한 것이다. 왜냐하면 이렇게 함으로써 그는 삶의 모순들을, 결국은 그것들을 혼자 힘으로 극복해야 할 곳에서, 즉 인간 속에서 받아들이기 때문이다. '동의한 자'만이 세상을 바꿀 수 있는 기

---

19) Bertolt Brecht, *Versuche 8~10* 〔Heft 3〕, 앞의 책, p. 241.
20) Bertolt Brecht, "Mann ist Mann", 앞의 책, p. 7.
21) 앞의 책, p. 20.
22) 앞의 책, p. 24.

회를 갖는다. 그렇게 해서 그 현명한 외톨이이자 무산자인 갈리 가이는 자신의 지혜를 폐기하고 자신을 영국군 기관총부대(Berserker)에 편입하는 데 찬성한다. 방금 그는 자기 부인의 심부름으로 생선 한 마리를 사러 가기 위해 집 문을 나섰다. 그때 그는 인도에 주둔한 영국군의 한 소대(Peloton)와 마주친다. 이들은 한 불당(佛堂)을 털려고 들어갔다가 자기네 소대에 속했던 네 번째 남자를 잃어버렸다. 나머지 세 명은 재빠르게 그를 대리할 사람을 찾고 있었다. 갈리 가이는 아니오라는 말을 할 줄 모르는 남자이다. 그는 그들의 꿍꿍이를 알아채지 못한 채 그들을 따라간다. 그는 전쟁에서 남자가 가져야 하는 생각, 태도, 습관을 하나씩 습득해간다. 그는 완전히 해체되고 그를 찾아낸 자기 아내마저 인정하지 않게 되며, 종국에는 가공할 전사이자 티벳의 산지 요새인 서 엘 드쇼브르의 정복자가 된다. 남자는 남자고, 하역부는 용병이다. 그는 예전에 하역부였을 때와 마찬가지로 용병으로의 변신에 적응한다. 남자는 남자라는 말은 자신의 본성에 대한 충실함이 아니라 새로운 본성을 받아들일 용의를 뜻한다.

네 이름을 정확하게 부르지 말라. 뭣 때문에 부를 필요가 있을까.
너 스스로 늘 그 이름으로 다른 사람을 부르는데 말이다.
그리고 뭣 때문에 네 의견을 큰 소리로 말할 필요가 있을까. 잊어버려라.
그 의견이 무엇이었든 상관없다.
어떤 것을 기억할 때는 그것이 존재하는 동안만 기억하라.[23]

23) Bertolt Brecht, GW, Bd. 1, p. 345.

서사극은 연극의 오락적 성격에 의문을 제기한다. 서사극은 연극이 자본주의 질서 속에서 지니는 기능을 그 연극에서 제거함으로써 그것의 사회적 유효성을 뒤흔든다. 세 번째로 서사극은 비평의 특권을 위협한다. 비평의 특권은 비평가가 연출과 연기를 어느 정도 관찰할 수 있게끔 해주는 전문가적 지식에 그 본질이 있다. 이러한 관찰에서 동원되는 척도들은 아주 드물게만 비평가의 컨트롤을 받는다. 비평가는 그 세부내용을 아무도 정확히 알고자 하지 않는 '연극 미학'에 대한 신뢰 속에서 그러한 컨트롤을 건너뛸 수도 있는 것이다. 그러나 연극 미학이 더는 배후에 놓여 있지 않고, 관객이 그것의 토론장이 되고 그것의 척도가 개인들의 신경에 끼치는 영향이 아니라 하나의 청중집단을 조직하는 데 있게 된다면, 비평은 지금의 형태로 보면 더는 이러한 집단보다 나을 게 없고 오히려 그 집단에 한참 뒤처진다. 토론, 책임지는 결정, 근거가 있는 입장 표명의 시도들에서 대중이 분화되는 순간에, 또 '관객'이라는 거짓된 은밀한 총체성이 해체되기 시작하는 순간에, 그리하여 그 품안에서 실제의 상황에 상응하는 여러 당파들에 공간을 내주기 시작하는 순간에 비평에는 이중적으로 불운이 덮친다. 바로 중개자라는 성격이 폭로되는 동시에 효력을 잃게 되는 불운이 그것이다. 비평은 그저 '관객'에 호소하는 가운데 — 이러한 불투명한 형태로는 연극의 경우에만 존재하고, 영화의 경우에는 특이하게도 더는 존재하지 않는다 — 자신이 원하든 원하지 않든 간에 옛날 사람들이 청중정치(Theatrokratia)라고 불렀던 것, 즉 반응과 센세이션을 근거로 대중이 지배하는 상황의 변호인이 된다. 이러한 대중의 지배는 바로 책임 있는 집단들의 입장 표명과는 반대

된다고 할 수 있다. 관객대중의 이러한 태도〔즉 책임 있는 집단들의 입장 표명〕에서 관철되는 것은 사회에서 실현 가능한 사유 외의 다른 사유는 모두 배제하고 그로써 모든 '갱신작업들'〔새롭게 꾸미는 일〕과 반대되는 역할을 하는 '개혁작업들'이다. 왜냐하면 갱신작업에서 공격받는 것은 기저(基底)에 깔려 있는 다음과 같은 견해이기 때문이다. 즉 예술은 '스칠' 수만 있을 뿐이고 삶의 광범위한 경험을 다루는 것은 키치에만 해당하며, 게다가 이처럼 삶의 광범위한 경험을 다루는 것은 하층계급에게만 어울린다는 견해가 그것이다. 이러한 기저에 대한 공격은 동시에 비평이 누리는 특권에 대한 반박이기도 하다. 이것을 비평계는 눈치 챘다. 서사극을 둘러싼 싸움에서 비평은 그저 한 〔특정 계급을 지지하는〕 당파의 목소리로 들릴 뿐이다.

하지만 무대의 '자기 컨트롤'은, 우리를 가득 메우고 있는 야수들을 다루는 조련사가 그 야수들에 대해 품고 있는 것과는 전혀 다른 개념을 관객에 대해 갖고 있는 배우들을 예상하지 않으면 안 된다. 이러한 배우들이 끼치는 영향은 배우들에게 목적이 아니라 수단이다. 최근에 베를린에서 러시아 감독 〔프세볼로트〕 메이예르홀트[24]는 그가 보기에 그의 배우들이 서유럽의 배우들과 다른 점이 무엇이냐는 질문을 받자 이렇게 답했다. "두 가지입니다. 첫째, 제 배우들은 사유할 줄 안다는 점이고, 둘째, 관념론적이 아니라 유물론적으로 사유한다는 점입니다." 연극무대가 도덕적 기구라는 확언은 인식들을 매개할

---

24) Wsewolod Emiljewitsch Meyerhold, 1874~1940 : 러시아 및 소련의 연출가이자 배우. 급진적인 반사실주의 무대예술을 개발한 그는 20세기 최고의 연극감독 중 한 명이다. 스탈린 치하에서 숙청되었다.

뿐만 아니라 인식들을 만들어내는 연극을 염두에 둘 때에만 정당성을 지닌다. 서사극에서 배우들의 교육은 그 배우가 어떤 인식에 도달할 수 있게 연기하게끔 하는 데 본질이 있다. 그 배우의 인식은 다시금 내용에서뿐만 아니라 속도, 휴식, 강조하기를 통해 그의 연기 전체를 규정한다. 이것은 양식이라는 의미로 이해해서는 안 된다. 「남자는 남자다」의 프로그램 북에는 이렇게 쓰여 있다. "서사극에서 배우는 여러 가지 기능을 한다. 배우가 어느 기능을 수행하느냐에 따라 그가 연기하는 양식이 달라진다." 그러나 이 많은 가능성들에는 변증법이 지배하는데, 모든 양식적 요소들은 이 변증법을 따라야 한다. "배우는 어떤 사태를 보여줘야 하고, 또 자기 자신을 보여줘야 한다. 배우는 자신을 보여줌으로써 그 사태를 자연스럽게 보여주며, 또한 그 사태를 보여줌으로써 자기 자신을 보여준다. 이 둘이 합치하기는 해도 그 두 과제 사이의 차이가 사라지는 식으로 합치해서는 안 된다." "제스처를 인용 가능하게 만드는 일"[25]이 배우가 거두는 가장 중요한 성과이다. 배우는 마치 식자공이 단어들 사이에 간격을 두듯이 자신의 제스처들 사이에 간격을 둬야 한다. "서사극은 합리적으로 관찰되어야 하는 건축물, 그 안의 사물들이 인식될 수 있어야 하는 건축물이다. 따라서 서사극의 연출은 이러한 관찰에 맞춰져야 한다." 서사극 감독의 가장 중요한 과제는 〔실제로〕 공연된 줄거리와 공연을 위해 원래 주어져 있는 줄거리의 관계를 표현하는 데 있다. 마르크스주의적 교육 프로그램이라는 것이 가르치는 태도와 배우는 태도 사

---

25) Bertolt Brecht, *Versuche 1~3* 〔Heft 1〕, 앞의 책, p. 1.

이를 지배하는 변증법으로 규정된다면 그와 비슷한 것이 서사극에서는 보이는 무대 위 사건과 보여주는 무대 위 태도 사이의 끊임없는 대결을 통해 드러난다. '보여주는 자'로서의 배우가 '보인다'[26]는 점이 서사극의 최고 계율이다. 이러한 표현을 들으면 아마도 많은 사람은 예전에 〔루트비히〕 티크[27]가 제시한 반성의 연극술이 떠오를 것이다. 이 연상이 왜 잘못된 것인지를 입증한다는 것은 나선계단을 통해 브레히트 이론의 대들보[28]에 오르는 것을 뜻할 것이다. 여기서 한 가지 요인만 지적해도 충분할 것이다. 즉 그 어떤 반성적 기법을 동원해도 낭만주의 연극무대는 이론과 실제의 관계라는 변증법적인 근원적 관계를 감당할 능력이 없었다는 점이다. 낭만주의 연극은 오늘날 시대극이 그렇듯이 나름대로 그 관계를 구현하려고 노력했으나 헛수고였다.

따라서 옛 연극무대에서 배우가 '희극배우'로서 때때로 성직자와 이웃이 된다면 서사극에서 배우는 철학자의 반열에 오른다. 제스처가 변증법의 사회적 의미와 응용 가능성을 보여준다. 제스처가 인간에게서 나타나는 상황들을 검증한다. 연극을 연습할 때 연출가에게 생겨나는 어려움은 사회의 몸체를 구체적으로 들여다보지 않고서는 해결할 수 없다. 그러나 서사극이 노렸던 변증법은 시간에 따라 장면

---

26) Bertolt Brecht, *Versuche 8~10* 〔Heft 3〕, 앞의 책, p. 241.

27) Ludwig Tieck, 1773~1853 : 독일 낭만주의 시인·소설가·극작가.

28) Schnürboden : 영어로 'Fly System' 또는 'Fly Loft' 'Theatre Loft'라고 하며, 연극에서 커튼이나 무대 배경 등 대도구(大道具)를 줄로 매달아 내리고 올리기 위해 무대 천장에 설치한 대를 가리킨다. 여기서는 서사극이라는 건축물의 핵심부분이라는 뜻으로 '대들보'로 의역한다.

들이 이어지는 순서에 의존하지 않는다. 그 변증법은 오히려 모든 시간적 흐름의 바탕에 놓인 제스처적인 요소들에서 이미 드러난다. 그것들은 시간적 흐름보다 단순하다는 점에서 비유적으로 요소들로 불린다. 상황 속에서 — 인간의 제스처, 행동, 말들이 찍힌 인장으로서 — 섬광처럼 분명하게 드러나는 것이 바로 내재적인 변증법적 태도이다. 서사극이 발견하는 상태는 정지 상태의 변증법이다. 왜냐하면 헤겔의 경우 시간의 흐름이 변증법의 어머니가 아니라 그 변증법이 재현되는 매체에 불과하듯이 서사극에서도 언술이나 행동방식들의 모순적인 진행과정이 아니라 제스처 자체가 변증법의 어머니이기 때문이다. 똑같은 제스처가 한 번은 옷을 갈아입게 하려는 목적에서, 또 한 번은 총살하려는 목적에서 갈리 가이에게 담장으로 가라고 지시한다. 똑같은 제스처가 갈리 가이로 하여금 생선을 포기하게끔 만들고 코끼리를 감수하게 만든다. 그러한 것을 발견함으로써 서사극을 보러 온 관객의 관심이 충족되고, 그러한 발견들에서 관객의 관심이 보답을 받을 것이다. 보다 더 진지한 연극으로서 이 서사극이 유흥 목적의 통상적인 연극과 다른 점이 무엇인지를 두고 저자〔브레히트〕가 다음과 같이 설명한 것은 옳다. "우리에게 적대적인 이 유흥 목적의 연극을 미식가적인 것이라고 욕하는 바람에 우리는 우리의 연극에서 일체의 즐거움을 배격한다는 인상을 주고, 이렇게 학습하고 교육을 받는 일을 상당히 불쾌감을 유발하는 것으로만 상상하고 있다는 인상을 줍니다. 다시 말해 우리는 적을 무찌르기 위해 우리 자신의 입지를 약화시키고, 급진적인 것이 처음에 가져올 보다 큰 전투효과를 위하여 우리의 임무가 지니는 범위와 효력을 삭감합니다. 그처럼 오로지 전투 형식을 취하면서 우리의 임무는 어쩌면 승리를 거둘지 모릅니다. 그러나 그렇게 무찌른 적을 대체할 수는 없습니다. 사실 우리가 앞서 말한 인식과정은 그 자체가 유쾌한 과정입니다. 인간을 특정한 방식으로 인식할 수 있다는 점이 벌써 승리의 감정을 만들어냅니다. 또 인간은 온전히 인식되지도, 최종적으로도 인식되지도 않는 존재이며, 쉽게 고갈되는 존재가 아니라 많은 가능성을 자체 내에 품고 그것을 숨기고 있는 존재(이로부터 인간의 발전능력이 유래한다)라는 사실을 인식하는 것도 유쾌한 일입니다. 인간이 자신의 환경에 의해 변화되고 또 스스로 환경을 변화시킨다는 것, 즉 환경을 다뤄서 결과를 낼 수 있다는 것, 이 모든 것이 유쾌함의 감정을 자아냅니다. 하지만 오늘날 특정한 사회 상황 때문에 일어나고 있듯이 인간을 어딘지 기계적인 존재, 남김없이 두입되는 존재, 아무런 저항도 하지 못하는 존재로 간주한다면 이야기는 달라집니다. 여기서 비극의 영향에 관한 아리스토텔레스의 공식에 포함시켜야 할 놀라움은 일종의 능력으로 충분히 평가될 수 있고 또 학습될 수 있습니다."

실제 삶의 흐름에서의 정체(停滯), 삶의 흐름이 정지되는 순간은 역류되는 순간으로 느껴진다. 놀라움이 바로 이 역류이다. 정지 상태의 변증법이 그 놀라움의 본래 대상이다. 놀라움은 암벽과 같다. 거기서 저 아래 사물들의 흐름 속으로 시선을 던지는 암벽 말이다. "언제나 사람으로 가득하지만 아무도 머물지 않는" 예호라는 도시에서 사물들이 알고 있는 암벽에 관한 노래는 "다음과 같이 시작한다.

너의 발에서 부서지는 파도 위에

머물지 말라. 네 발이
물속에 서 있는 동안,
새로운 파도들이 그 앞에서 부서지리라."[29]

그러나 사물들의 흐름이 이 놀라움의 암벽에 부딪쳐 부서질 때 부서지는 것이 인생이든 단어든 아무런 차이가 없다. 둘 다 서사극에서 파도의 물마루이다. 서사극은 존재를 시간의 하상으로부터 높이 솟구쳐 오르게 하고 아른거리며 일순간 허공 속에 세워두다가 다시 새롭게 눕힌다.

---

29) Bertolt Brecht, *GW*, Bd. 1, p. 337.

〈브레히트의 작품에 대한 주해〉

서사극이란 무엇인가
(제2판, 1939)

Walter Benjamin, *Gesammelte Schriften*, Frankfurt a. M., 1972~89, Bd. II/2, pp. 532~39. (Was ist das epische Theater? ⟨2⟩)

I. 긴장을 푼 관객

"소파에 누워 한 권의 소설을 읽는 것보다 더 멋진 일은 없다"라고
전(前) 세기〔19세기〕에 어느 서사작가가 말했다. 이 말은 독자가 서사
작품을 읽을 때 얼마나 많이 긴장을 풀며 휴식을 취할 수 있는지를
시사해준다. 한편, 연극을 관람하는 사람을 떠올려보면 사정은 이와
는 정반대일 때가 많다. 이 점은 신경을 곤두세우고 긴장해서 연극의
진행과정을 따라가는 사람을 떠올려보면 알 수 있다. 서사극이라는
개념(브레히트는 자신의 실제적인 창작활동의 이론가로서 이 개념을 만들
어냈다)은 무엇보다 이 연극이 긴장을 풀고서 사건의 진행과정을 느
슨하게 따라가는 관객을 원한다는 점을 암시한다. 물론 여기서 관객
은 항상 집단으로 등장하며, 바로 이 점에서 이들 관객은 홀로 텍스

트를 읽는 독자와 구별된다. 또한 집단으로서의 이들 관객은 대체로 즉각적으로 입장을 드러내야 할 것 같은 생각이 든다. 하지만 이러한 입장 표명은 충분한 숙고를 거침으로써 긴장이 풀린〔이완(弛緩)된〕 상태에서의 표명, 요컨대 관심을 가진 사람들의 표명이어야 한다고 브레히트는 생각한다. 이 관심 있는 사람들의 몫으로 이중적인 대상이 마련되어 있다. 하나는 사건의 진행과정들로서, 이것들은 관객의 경험을 통해 결정적인 대목에서 컨트롤이 가능한 과정들이어야 한다. 둘째는 공연이다. 공연은 그 예술적 장치를 두고 볼 때 투명하게 형상화되어야 한다. (이러한 형상화 작업은 '단순함'과는 전적으로 다르다. 실제로 이 작업은 감독 측의 예술적 식견과 통찰력을 전제로 한다.) 서사극은 "아무 이유 없이는 사유하지 않는" 이들 관심 있는 사람들을 겨냥한다. 이 공식은 조건부로만 사유를 사용하는 대중을 정확히 표현하는데 브레히트는 이러한 대중을 염두에 두고 있다. 자신의 관객을 전문가적으로 ─ 그렇지만 결코 단순한 교양이라는 길을 통해서가 아니라 ─ 연극에 관심을 갖게끔 하려는 이러한 노력 속에는 일종의 정치적 의지가 관철되고 있다.

II. 플롯

서사극은 "무대에서 그것의 소재적 센세이션의 요소를 제거"할 것이다. 그래서 서사극에는 오래된 플롯〔이야기, 줄거리〕이 새로운 플롯보다 더 많은 것을 이루어낼 때가 많다. 브레히트는 서사극이 재현하는 사건들이 이미 알려진 것들이어야 하지 않은지 스스로에게 물은 적이 있다. 서사극은 플롯을 마치 발레 선생이 수련생을 대하듯이 대할 것이다. 발레 선생이 제일 먼저 하는 일은 수련생의 관절을 가능한 한도까지 느슨하게 만드는 일이다. (중국 연극은 실제로 그렇게 진행한다. 브레히트는 「중국의 제4의 벽」The Forth Wall of China이라는 논문〔*Life and Letters Today*, Vol. XV, No. 6, 1936〕에서 자신이 중국 연극에서 배운 점들을 서술했다.)[1] 연극이 이미 알려진 사건들을 찾는다면 "역사적 사건들이 우선 가장 적합할 것이다."[2] 그러한 사건들을 연기방식, 플래카드, 표제를 다는 일 등을 통해 서사적으로 전개하는 것은 그 사건들에서 센세이션의 성격을 제거하기 위해서이다.

브레히트는 그의 최근작에서 갈릴레오 갈릴레이(Galileo Galilei)의 생애를 이런 식으로 형상화했다. 그는 갈릴레이를 우선 위대한 스승으로 묘사한다. 갈릴레이는 새로운 물리학을 가르칠 뿐만 아니라 그

---

1) 「중국의 제4의 벽」은 브레히트의 「중국 연극술에서 생소화 효과」(Verfremdungseffekte in der chinesischen Schauspielkunst, 1936)를 에릭 발터 화이트(Eric Walter White)가 영어로 번역한 텍스트이다. Bertolt Brecht, *GW*, Bd. 16, pp. 619~31. — 전집 편집자. '제4의 벽'(Vierte Wand)은 18세기 프랑스의 드니 디드로(Denis Didrot)가 주창한 이론으로서, 무대는 하나의 방으로 되어 있어야 하고, 여기에서 한쪽 벽은 관객이 볼 수 있도록 제거된 것뿐이며, 이것이 가상적인 제4의 벽이라는 것이다. 따라서 배우들은 이 속에서 관객을 의식하지 않고 실재의 방에서처럼 연기를 할 수 있다고 했다. 디드로는 이러한 효과를 거두기 위해서 무대그림은 완전히 자연스러워야 한다고 했다. '제4의 벽' 이론은 이후 사실주의 연극운동의 주요 지침이 되었고 자연주의 연극에서 강화되었다. 연극사에서 줄기차게 논란이 되어온 이 벽을 허무는 것이 바로 브레히트 서사극의 목표라고 할 수 있다.

2) Bertolt Brecht, *GW*, Bd. 17, p. 987("Anmerkungen zum Lustspiel 'Mann ist Mann'").

것을 새로운 방식으로 가르친다. 실험은 그의 손에서 과학의 성과물이 될 뿐만 아니라 교육학의 성과물이 된다. 갈릴레이가 〔자신의 지동설을〕 철회하는 데 이 극의 중점이 놓여 있지 않다. 오히려 실제의 서사적 사건은 맨 마지막 장면의 직전 장면에 붙은 다음과 같은 표제에서 찾을 수 있다. "1633~42년. 종교재판 결과 〔가택〕 연금된 상태에서 갈릴레이는 사망할 때까지 과학 연구를 계속 이어간다. 그는 자기의 주요 저작들을 이탈리아에서 빼내오는 데 성공한다."[3]

이 서사극은 비극과는 전혀 다른 방식으로 시간의 흐름과 결합하고 있다. 극적 긴장이 결말보다는 세부적인 사건들에서 일어나기 때문에 서사극은 얼마든지 방대한 시간에 걸쳐 펼쳐질 수 있다. (이와 똑같은 것이 한때 신비극에서 이루어졌다. 『오이디푸스』나 「물오리」의 연출구도〔연출법〕는 서사극의 연출구도와는 정반대의 극에 있다.)

III. 비극적이지 않은 주인공

프랑스인들은 고전극에서 배우들 사이에 상류층 사람들을 위한 자리를 마련함으로써 그들이 열린 장면에서 안락의자에 앉을 수 있게끔 했다. 우리에게 이것은 부적절하게 보인다. 연극에서 우리에게 익숙한 '연극적인 것'이라는 개념에 비추어 볼 때 연극과 관계가 없는

---

3) 벤야민은 이 작품의 원고에서 인용하고 있다. 「갈릴레이의 생애」의 14번째 장면은 이 작품 초판이 실린 Bertolt Brecht, *Versuche 19* 〔Heft 14〕, Berlin, 1955, p. 90 이후에 표제가 바뀌었다.

어떤 제삼자를 냉철한 관찰자, 즉 '사유하는 자'로서 무대에서 벌어지는 사건들에 참여하게 하는 것 역시 이와 비슷하게 부적절하게 보일 것이다. 바로 이와 비슷한 것을 브레히트는 자주 생각했다. 우리는 여기서 더 나아가 브레히트가 사유하는 자, 아니 현자를 드라마의 주인공 자신으로 만들려고 시도했다고 말할 수 있다. 바로 이 지점에서 우리는 그의 연극을 서사적 연극으로 정의할 수 있다. 그의 이러한 시도가 가장 광범위하게 이루어진 것은 하역부 갈리 가이라는 인물에서였다. 「남자는 남자다」의 주인공인 갈리 가이는 다름 아닌 우리의 사회를 이루는 모순들이 펼쳐지는 무대이다. 어쩌면 브레히트의 의미에서 그 현자를 그 모순들의 변증법이 펼쳐지는 완벽한 무대라고 지칭해도 지나치지 않을 것이다. 어쨌든 갈리 가이는 그러한 현자이다. 그런데 일찍이 플라톤은 지고의 인간인 현자의 비(非)드라마적인 점을 아주 잘 인식했다. 플라톤은 그 현자를 그의 대화편들에서 무대의 문턱으로 끌어냈고, 『파이돈』에서는 수난극의 문턱까지 끌어냈다. 중세의 그리스도는, 우리가 교부들에게서 찾아볼 수 있듯이 현자까지 대변했으며 비극적이지 않은 주인공의 정수를 체현했다. 그러나 서양의 세속적 드라마에서도 비극적이지 않은 주인공을 찾으려는 노력이 그치지 않았다. 이 드라마는 종종 그것의 이론가들과 갈등을 빚으면서 진정한 형태의 비극성인 그리스적 형태의 비극성과 늘 새롭게 대조를 이루어왔다. 중요하면서도 표시가 불분명한 (하지만 여기서 한 전통의 이미지를 대변하고 있을) 이 길은 중세에 로스비타와 신비극들을, 바로크 시대에는 그리피우스와 칼데론을 거쳐 이어졌다. 나중에 이 길은 렌츠와 그라베에게서 뚜렷이 드러났다가 최근에는 스트린드베리에 닿아 있다. 셰익스피어의 장면들은 그 길의 가장 자리에 서 있는 기념비들이고, 괴테는 『파우스트』 제2부에서 그 길과 만났다. 이 길은 유럽적인 길이면서도 독일적인 길이기도 하다. 그러니까 우리가 중세 드라마와 바로크 드라마의 유산이 우리에게 전해진 경로를 뒷길이나 샛길이라고 하지 않고 길이라고 말할 수 있다면 말이다. 거칠고 황폐한 모습으로나마 오늘날 브레히트의 드라마를 통해 빛을 보게 된 것이 바로 이러한 샛길이다.

IV. 중단

브레히트는 서사적인 연극을 아리스토텔레스가 공식화한 좁은 의미의 드라마적인 극과 구분한다. 그래서 브레히트는 마치 〔베른하르트〕 리만[4])이 비(非)유클리드 기하학을 도입했듯이 비(非)아리스토텔레스적인 연극론을 도입했다. 이러한 유비는, 여기서 중요한 것은 해당 무대 형식들 사이의 경쟁관계가 아니라는 점을 분명히 보여준다. 리만의 경우에 평행축이라는 것이 제거된다. 브레히트의 연극에서 제거된 것은 아리스토텔레스적인 카타르시스, 즉 주인공의 격동적인 운명에 감정이입함으로써 일어나는 감정의 배설이다.

서사극의 공연이 겨냥하는 관객의 이완된 관심은 바로 그 관객의 감정이입의 능력에 호소하는 일이 거의 없다는 점에서 특이하다. 서

---

4) 이 책 106쪽 각주 2번 참조.

사극의 기법은 오히려 감정이입의 자리에 놀라움을 불러일으키는 일이다. 이것을 공식으로 표현하자면 관객은 주인공에게 감정이입하는 대신 오히려 그 주인공이 그 안에서 살아가고 있는 상황에 대한 놀라움을 배우게 된다.

서사극은 줄거리를 전개하기보다는 상황을 재현해야 한다고 브레히트는 말한다. 그러나 여기서 재현이란 자연주의 이론가들이 말하는 의미에서의 재연이 아니다. 오히려 상황을 일단 발견하는 일이 중요하다. (우리는 그 상황을 낯설게 한다고 말할 수 있을 것이다.) 상황을 발견하기(낯설게 하기)는 진행과정을 중단함으로써 이루어진다. 가장 비근한 예로 어느 가정에서 벌어지는 장면을 들어보자. 갑자기 한 낯선 사람이 등장한다. 부인은 청동으로 된 물건을 집어 들고서 막 딸에게로 던지려는 참이다. 아버지는 창문을 열고는 경찰을 부르려고 한다. 이 순간 문에 낯선 사람이 들어선다. 1900년경에 이런 장면을 '극적인 장면'이라고 부르곤 했다. 즉 낯선 사람은 다음과 같은 상황에 맞닥뜨린다. 그것은 일그러진 표정들, 열린 창문, 헝클어진 가구로 펼쳐진 상황이다. 그러나 오늘날 시민들의 삶이 펼쳐지는 보다 더 평범한 장면들까지도 그 앞에서는 그렇게 크게 달라 보이지 않는 어떤 시선이 있다.

V. 인용 가능한 제스처

브레히트가 자신의 연극론을 표현한 한 교육시에 이런 구절이 나온다. "각 문장의 효과가 기대되고 또 밝혀졌다. 효과에 대한 기대는 대중이 문장들을 저울에 올려놓을 때까지 진행되었다."[5] 요컨대 연기는 중단된다. 우리는 여기서 더 나아가 중단이라는 것이 모든 형식 부여의 기초적인 방식 가운데 하나라는 점을 깨달을 수 있다. 중단은 예술의 영역을 훨씬 넘어서까지 미친다. 한 가지만 예를 들자면 중단은 인용의 토대를 이룬다. 한 텍스트를 인용한다는 것은 그것이 속했던 맥락을 중단한다는 의미도 포함한다. 그렇기 때문에 중단을 지향하는 서사극은 특수한 의미에서 인용 가능한 연극이라는 점을 우리는 잘 이해할 수 있다. 서사극의 텍스트가 인용 가능하다는 것은 그다지 특이한 점이 아닐 것이다. 그러나 연극이 진행되면서 적재적소에 쓰이는 제스처들의 경우는 사정이 다르다.

"제스처를 인용 가능하게 하기"[6]가 서사극이 거두는 가장 중요한 성과 가운데 하나이다. 배우는 마치 식자공이 단어들 사이에 간격을 두듯이 자신의 제스처들 사이에 간격을 둘 줄 알아야 한다. 이 효과는 예를 들어 장면에서 배우가 자신의 제스처를 스스로 인용함으로써 거둘 수 있다. 그리하여 우리는 「해피 엔드」[7]라는 작품에서 구세군의 한 중사 역을 연기하며 선원들이 출입하는 어느 선술집에서 노

---

5) Bertolt Brecht, *GW*, Bd. 17, p. 1054("Brief an das Arbeitertheater Theatre Union in New York, das Stück 'Die Mutter' betreffend").

6) Bertolt Brecht, *Versuche 1~3* [Heft 1], Berlin, 1930, p. 1.

7) 3막으로 이루어진 희극이자 뮤지컬로서, 도로시 레인(브레히트의 공동 작업자인 엘리자베트 하우프트만Elisabeth Hauptmann, 1897~1973이 가명으로 쓴 필명)의 원작을 엘리자베트 하우프트만이 개작(改作)하고 브레히트가 작사, 쿠르트 바일이 음악을 담당해 1929년 베를린 시프바우어담 극장에서 초연되었다.

래를 (사람들을 개종시킬 목적으로 부르는 이 노래는 교회에서보다는 오히려 이러한 선술집에서 부르는 것이 더 어울린다) 부른 여배우 카롤라 네어[8]가 그 노래와 노래 부를 때의 제스처를 구세군의 회합에서 어떻게 인용하는지를 추적할 수 있다. 이와 유사하게 「조처」(Die Maßnahme)에 나오는 당 재판 장면에서도 공산주의자들의 보고만 이루어지는 것이 아니라 그들이 비판하는 동료당원의 일련의 제스처도 재판정에서 연출된다. 서사극 일반에서 가장 정교한 종류의 예술수단인 것이 학습극이라는 특수한 경우에는 가장 가까운 목적 중의 하나가 된다. 그 밖에도 서사극은 정의상 제스처적인 연극이다. 왜냐하면 우리는 어떤 행동을 하는 사람을 자주 중단하면 할수록 그만큼 제스처를 더 많이 얻어내기 때문이다.

VI. 학습극

서사극은 어떤 경우라도 관객들 못지않게 배우들을 염두에 둔다. 학습극은 그중 특수한 경우로서 그 본질적 특징은 무대장치를 각별히 빈약하게 만들어 관객을 배우들과, 또 배우들을 관객과 교체하는 것을 용이하게 하고 또 그렇게 하도록 유도한다는 점이다. 관중은 누구나 연기자로 동참할 수 있다. 그리고 실제로 '주인공'보다는 '교사'

---

8) Carola Neher, 1900~42 : 독일의 배우. 브레히트의 작품에도 출연했으며 1930년경 베를린에서 큰 성공을 거뒀다.

역을 맡는 것이 더 쉽다.

한 잡지에 발표된 「린드버그들의 비행」의 초판[9]에서는 비행사가 아직은 주인공으로 등장한다. 그 초판은 비행사를 찬양할 목적으로 쓰였다. 이 작품의 제2판은 브레히트 자신의 수정작업 덕분에 생겨났는데, 이것이 시사해주는 바가 많다. 린드버그의 비행이 성공하자 두 대륙이 어찌 열광의 도가니에 빠지지 않을 수 있었을까. 그러나 그것은 한때의 센세이션으로 사그라들었다. 브레히트는 「린드버그들의 비행」에서 '체험'의 스펙트럼을 분해하여 그로부터 '경험'의 색을 찾아 내고자 했다. 그 경험은 관객의 흥분이 아니라 오로지 린드버그 자신의 작업으로부터만 얻어낼 수 있고 또 '린드버그들에게' 돌려줘야 할 경험이었다.

『지혜의 일곱 기둥』의 저자 토머스 에드워드 로렌스(Thomas Edward Lawrence)는 공군부대에 들어갈 때 로버트 그레이브스에게 쓴 편지에서 자신의 지원행위는 오늘날의 사람들에게는 마치 중세 사람들에게 수도원에 들어가는 일과 같은 것이라고 말한 바 있다. 이러한 말에서 우리는 「린드버그들의 비행」과 그 뒤의 학습극들에도 고유하게 들어 있는, 팽팽하게 당긴 활시위 같은 것을 다시 발견하게 된다. 일종의 중세 성직자적인 엄격함이 어떤 근대적인 기술 속의 지침에 그대로 부여되고 있다. 이러한 엄격함이 여기서는 항공비행 속의 지침에 활용되고 있지만 나중에는 계급투쟁의 지침에 활용된다. 이 두 번째의

---

9) Bertolt Brecht, "Lindbergh. Ein Radio-Hörspiel für die Festwoche in Baden-Baden", in: *Uhu* V, 7, April 1929, pp. 10~16.

활용방식〔계급투쟁의 지침〕은 연극 「어머니」(Die Mutter, 1931)에서 가장 광범위하게 적용되었다. 이런 유의 사회극을 감정이입이 수반하는 효과들과 관객에게 익숙한 효과들로부터 떼어놓는다는 것은 대담한 시도였다. 브레히트는 그것을 잘 알고 있다. 그는 「어머니」의 뉴욕 공연에 즈음하여 그곳의 노동자 극단에 보낸 편지 형식의 시에서 이 점을 명백히 밝힌다. "몇몇 사람이 우리에게 묻는다. 노동자가 그대들을 이해할까라고. 노동자가 평소 익숙한 마취제, 즉 타인의 격분에, 타인의 상승에 정신적으로 동참하는 일을 과연 포기하게 될까? 그를 두 시간 동안 흥분시킨 뒤 모호한 기억과 모호한 희망으로 가득 채운 채 한층 더 기진맥진한 상태로 남겨두게 될 일체의 환상을 과연 포기하게 될까?"[10]

VII. 배우

서사극은 영화필름의 상들과 유사하게 단속적인 움직임으로 진행한다. 서사극의 기본 형식은 충격이라는 형식이다. 서로 분명히 구별되는 각각의 개별 상황들이 바로 이렇게 충격을 일으키며 충돌한다. 노래, 표제, 관례적인 제스처들이 한 상황을 다른 상황과 구별해준다. 이렇게 해서 관객의 환상을 침해하는 간격들이 생겨나게 된다.

10) Bertolt Brecht, *GW*, Bd. 17, p. 1056("Brief an das Arbeitertheater Theatre Union in New York, das Stück 'Die Mutter' betreffend").

이 간격들이 감정이입을 하고자 하는 관객의 마음가짐을 위축시킨다. 이 간격들은 (배우들이 연기한 태도에 대해, 그리고 그 태도를 연기하는 방식에 대해) 관객이 비판적 입장을 취할 수 있게 해준다. 연기하는 방식을 두고 말하자면 서사극에서 배우의 과제는 자신이 냉철한 정신 상태를 유지하고 있다는 것을 연기를 통해 보여주는 일이다. 배우에게도 감정이입은 거의 쓸모가 없다. 드라마적인 연극의 '배우'는 이러한 종류의 연기방식을 보여줄 만반의 태세를 늘 갖추고 있지는 않다. "연극을 한다"라는 생각을 통해 사람들은 서사극에 어쩌면 가장 편견 없이 다가갈 수 있을 것이다.

브레히트는 이렇게 말한다. "배우는 어떤 사태를 보여줘야 하고, 또 자기 자신을 보여줘야 한다. 배우는 자신을 보여줌으로써 그 사태를 자연스럽게 보여주며, 또한 그 사태를 보여줌으로써 자기 자신을 보여준다. 이 둘이 합치하기는 해도 그 두 과제 사이의 차이가 사라지는 식으로 합치해서는 안 된다." 달리 말해 배우는 술책을 써서 역할에서 빠져나올 가능성을 갖고 있어야 한다. 배우는 주어진 순간에 (자신이 맡은 역에 대해) 사유하는 자를 시범해 보여줄 가능성을 빼앗겨서는 안 된다. 사람들이 그와 같은 순간에 예컨대 「장화 신은 고양이」에서 티크가 구사하는 것과 같은 낭만적 아이러니를 연상한다면 그것은 옳지 않다. 낭만적 아이러니는 가르치겠다는 목표가 없다. 그것은 근본적으로 작품을 쓰면서 결국 세상은 아마도 연극무대일지 모른다는 생각을 늘 하고 있는 작가의 철학적 식견만을 보여줄 뿐이다.

서사극에서 연기하는 방식을 보면 우리는 이 분야에서 예술적 관심과 정치적 관심이 얼마나 잘 맞아떨어지는지를 자연스럽게 인식할 수 있다. 브레히트의 연작 「제3제국의 공포와 참상」을 생각해보자. 여기서 우리는 망명 중에 있는 독일인 배우에게 부과된 과제, 즉 어떤 친위대원이나 인민법정 소속 재판관의 역할을 해낸다는 과제는 한 선량한 가장이 몰리에르의 연극 「동 쥐앙」에서 동 쥐앙의 역을 해내는 일과는 근본적으로 다른 어떤 의미를 지녀야 할 것이라는 점을 쉽게 간파할 수 있다. 망명 중의 독일인 배우에게는 감정이입이 적절한 수법이라고 보기 힘들다. 왜냐하면 자신의 동료를 죽이는 살인자에게 감정이입을 한다는 것은 그로서는 있을 수 없는 일이기 때문이다. 이와 같은 경우들에는 일정한 거리를 두면서 다르게 연기하는 방식이 타당하고 어쩌면 각별히 성공을 거둘 수 있을 것이다. 이러한 연기방식이 바로 서사직 연기방식일 것이다.

VIII. 단 위에서 펼쳐지는 연극

서사극에서 무엇이 중요한지는 새로운 드라마의 개념으로부터 정의하는 것보다 무대의 개념에서 출발해 정의하는 것이 더 쉽다. 서사극은 사람들이 별로 주목하지 않는 어떤 사정에 주목한다. 그것은 오케스트라(합창대석)를 메워 없애버린 일이라고 지칭할 수 있다. 죽은 자들을 살아 있는 자들과 갈라놓듯이 배우들을 관객과 갈라놓는 그 심연, 그것의 침묵이 연극에서 숭고함을 상승시키고, 그것의 울림이 오페라에서 도취를 상승시키는 그 심연 말이다. 무대의 모든 요소 가

운데 성스러운 원천의 흔적들을 가장 지우지 못하는 이 심연은 그 의
미를 점점 더 잃어버렸다. 아직 무대는 높은 곳에 놓여 있지만 더는
저 헤아릴 수 없이 깊은 곳에서 솟아오르지 않는다. 무대는 단
(Podium)이 되었다. 학습극과 서사극은 이 단 위에서 뭔가를 차려보
려는 시도이다.

브레히트의 시 주해
(1938)

Walter Benjamin, *Gesammelte Schriften*, Frankfurt a. M., 1972~89, Bd. II, pp. 539~72. (Kommentare zu Gedichten von Brecht)

주해 형식에 대하여

잘 알다시피 주해는 명암을 저울질하며 대상의 가치를 인정하는 〔기리는〕 평가와는 다르다. 주해는 자신이 다루는 텍스트의 고전성에서 출발하는데, 그로써 일종의 선입견에서 출발하는 셈이다. 또한 텍스트의 아름다움과 그 실제 내용과만 관계한다는 점에서 주해는 가치를 인정하는 평가와 다르다. 고풍스러운 요소를 전혀 지니지 않고 오늘날 권위가 부여된 것에 맞서는 시문학을 위하여 고풍스러운 형식이자 권위 있는 형식인 주해를 요청하는 것은 매우 변증법적인 상황이다.

이러한 상황은 오래된 변증법의 격률이 포착하는 한 가지 상황과 일치한다. 즉 어려움을 극복하기 위해 어려움을 가중한다는 것이다.

여기서 극복되어야 할 어려움은 오늘날 서정시를 읽는 어려움이다. 그렇다면 이러한 어려움을 다음과 같이 헤쳐 나가면 어떨까? 전적으로 이 텍스트를 많은 검증을 거친 텍스트, 사상이 담긴 텍스트, 요컨대 고전적인 텍스트처럼 읽는다면? 나아가 오늘날 서정시를 읽는 어려움에 전적으로 상응하는 특별한 상황, 즉 오늘날 서정시를 쓰는 어려움을 염두에 두면서 다음과 같은 시도를 과감하게 해보면 어떨까? 즉 **오늘의 서정시 모음**을 대상으로 서정적인 것을 고전 텍스트처럼 읽는 시도를 해보면?

이러한 시도를 고무한 것은, 다른 경우라면 오히려 절망의 기분을 일으킬 수도 있을 다음과 같은 인식이다. 그것은 엄청난 파괴가 일어날 날이 다가오고 있고, 과거의 텍스트와 산물이 마치 우리와 몇백 년이나 떨어져 있는 것처럼 보인다는 인식이다(오늘날에는 너무 꽉 끼는 것처럼 보이는 주해가 내일이면 벌써 고전적인 주름을 펼칠 수 있다. 주해의 정확성이 무례할 정도로 느껴질 수 있는 바로 그 자리에 내일이면 비밀이 자리 잡게 될 수 있다).

다음의 주해는 다른 측면에서도 관심을 불러일으킬 수 있다. 공산주의에 편협함이라는 낙인이 찍혀 있다고 보는 사람들이 브레히트 시집을 정독하게 되면 놀라움을 금할 수 없을 것이다. 그러나 브레히트의 서정시가 『가정기도집』에서 보여준 초기 형태에서 『스벤보르 시집』에서 보여준 형태로 바뀌면서 보여준 발전을 지나치게 부각한다면 이러한 놀라움은 사라지게 된다. 『가정기도집』의 반사회적인 태도가 『스벤보르 시집』에서는 사회적인 태도로 바뀌지만 이를 딱히 전향이라고 볼 수는 없다. 처음에 경외의 대상이었던 것이 다 타고 없어진 것이 아니다. 따라서 시집들에 공통적인 요소에 주의를 환기시킬 필요가 있다. 시집들의 다양한 태도 중에서 **한 가지**, 즉 정치적이지 않고 사회적이지 않은 태도를 찾는 것만은 헛수고가 된다. 주해에서 중요한 것은 순수하게 시적인 부분 자체의 정치적인 내용을 밝혀내는 일이다.

『가정기도집』에 대하여

당연히 '가정기도집'이라는 제목은 반어적이다. 기도집이라는 말은 시나이산에서 온 것도, 복음서에서 유래한 것도 아니다. 영감의 원천은 부르주아 사회이다. 부르주아 사회를 관찰하는 사람이 이 사회로부터 얻는 교훈은 그 사회 자신이 퍼뜨리는 교훈과 천양지차이다. 『가정기도집』은 앞의 교훈과만 관련이 있다. 무질서〔무정부 상태〕가 으뜸패라면, 즉 부르주아적 삶의 법칙이 무질서라는 말에 함축되어 있다면 이 말을 실제로 적시해야 할 거라고 작가는 생각한다. 작가에게 부르주아 계급의 삶을 변주하는 데 사용하는 시 형식들은 이 계급의 지배를 온전히 표현하기에 썩 적합한 것은 아니다. 마을 공동체를 교화하는 데 사용되는 찬송가, 민중을 구슬리는 민요, 도살장으로 가는 군인들을 동반하는 애국가 발라드, 싸구려 위안을 파는 연가 등이 모든 형식들에 새로운 내용이 담긴다. 이 시집에서는 무책임하고 반사회적인 사람들 앞에서 우리가 말하지 않으면 안 되는 모든 것(신, 민중, 고향 그리고 새색시)을 다른 누구도 아닌 무책임하고 반사회적인 인간 자신이 말하고 있다. 거짓된 부끄러움도, 참된 부끄러움도 없이.

「마하고니 노래」 주해

마하고니 노래 2번[1]

마하고니에 남은 사람은
매일 5달러가 필요했지.
뭔가 특별한 걸 하려면
돈이 더 필요했을 거야.
하지만 그 당시엔 모두
마하고니의 포커 바에 남았지.
그들은 매번 잃었지만
그래도 무언가를 얻긴 했지.

1

바다에서도 육지에서도
모든 이의 가죽이 벗겨지네.
그렇게 모든 이는 앉아서
자기 가죽을 몽땅 팔고 있네.

---

1) *Bertolt Brechts Hauspostille mit Anleitungen, Gesangnoten und einem Anhange,* Berlin,
1927, pp. 104~07. ― 전집 편집자

언제라도 가죽은 달러와 맞바꿀 수 있으니까.

　　마하고니에 남은 사람은

　　매일 5달러가 필요했을 거야.

　　뭔가 특별한 걸 하려면

　　돈이 더 필요했어.

　　하지만 그 당시엔 모두

　　마하고니의 포커 바에 남았지.

　　그들은 매번 잃었지만

　　그래도 무언가를 얻긴 했지.

2

바다에서도 육지에서도

막 벗겨낸 가죽의 소비는 엄청나

그러니 언제나 너희들 살점이 뜯겨 나가지

하지만 너희를 취하게 할 돈은 누가 지불하나?

가죽 값은 싸고 위스키 값은 비싼데.

　　마하고니에 남은 사람은

　　매일 5달러가 필요했지.

　　뭔가 특별한 걸 하려면

　　돈이 더 필요했을 거야.

　　하지만 그 당시엔 모두

　　마하고니의 포커 바에 남았지.

　　그들은 매번 잃었지만

그래도 무언가를 얻긴 했지.

3

바다에서도 육지에서도

천천히 빻는 하느님의 방아가

수없이 보이네.

그래서 많은 사람들은 앉아

자기 가죽을 팔고 있지.

현금을 갖고 살고 싶지 현금을 내고 싶어 하지는 않기 때문.

　집구석에 죽치는 사람은

　매일 5달러가 필요 없지.

　마누라를 끼고 있다고 해도

　별도의 돈은 필요 없을 거야.

　하지만 오늘 모든 이는

　사랑하는 하느님의 값싼 살롱에 앉아 있네.

　그들은 매번 따지만

　그래도 얻는 것은 아무것도 없네.

마하고니 노래 3번[2]

어느 흐린 오전에

---

2) 앞의 책, pp. 107~10.

위스키에 취해

하느님은 마하고니로 오셨지

하느님은 마하고니로 오셨지.

위스키에 취해

마하고니에서 우리는 하느님을 알아보았지.

1

너희는 스펀지처럼

매년 나의 좋은 밀을 다 빨아들이는가?

아무도 내가 올 걸 예상 못했지

내가 지금 왔는데 죄다 동난 거냐?

마하고니의 남자들은 서로를 쳐다보았지.

네, 마하고니의 남자들이 말했네.

　　어느 흐린 오전에

　　위스키에 취해

　　하느님은 마하고니로 오셨지

　　하느님은 마하고니로 오셨지.

　　위스키에 취해

　　마하고니에서 우리는 하느님을 알아보았지.

2

그날 금요일 저녁에 자네들은 웃음이 나오던가?

아주 멀리서 나는 메리 워맨을 봤는데

말린 생선처럼 짠 바다에 아무 말 없이 떠 있더군
그 이상 더 말릴 수 없을 정도였네, 제군들.
마하고니의 남자들은 서로를 쳐다보았지.
네, 마하고니의 남자들이 말했네.

　　어느 흐린 오전에
　　위스키에 취해
　　하느님은 마하고니로 오셨지
　　하느님은 마하고니로 오셨지.
　　위스키에 취해
　　마하고니에서 우리는 하느님을 알아보았지.

3
너희들은 이 탄환들을 알고 있겠지?
너희들은 내 착한 선교사를 쏘려고 하나?
내가 너희 술꾼들의 하얗게 센 머리를 보면서
천국에서 너희들과 지내야 한단 말인가?
마하고니의 남자들은 서로를 쳐다보았지.
네, 마하고니의 남자들이 말했네.

　　어느 흐린 오전에
　　위스키에 취해
　　하느님은 마하고니로 오셨지
　　하느님은 마하고니로 오셨지.
　　위스키에 취해

마하고니에서 우리는 하느님을 알아보았지.

4

모두 지옥에나 가버려

버지니아 담배는 이제 자루 속에 넣어!

다 같이 나의 지옥으로 행진해, 이놈들

컴컴한 지옥으로 다 같이, 상놈들!

마하고니의 남자들은 서로를 쳐다보았지.

네, 마하고니의 남자들이 말했네.

　　어느 흐린 오전에

　　위스키에 취해

　　당신이 마하고니에 나타났죠.

　　당신이 마하고니에 나타났죠.

　　위스키에 취해

　　당신은 마하고니에서 작업을 시작하는 거죠!

5

이제는 아무도 움직이지 마!

모두 다 거부하는 거야! 머리채를 잡고

당신은 우리를 지옥으로 끌고 갈 수 없어요.

우리는 늘 지옥에 있었으니까

마하고니의 남자들은 하느님을 쳐다보았지.

아니오, 마하고니의 남자들이 말했지

'마하고니의 남자들'은 괴짜집단이다. 남자들만이 괴짜가 된다. 현 사회에서 어느 정도까지 인간의 자연적 반사작용이 무뎌지는지는 선천적으로 남성적 힘을 가진 주체들에서만 온전히 드러날 수 있다. 괴짜란 평균인의 마모된 모습이나 다름없다. 브레히트는 여러 명을 하나의 팀으로 만들었다. 그들이 보여주는 반응처럼 볼품없는 것도 없다. 그러한 반응 역시 그들은 집단적으로만 보여준다. 반응이라도 할 수 있으려면 그들은 스스로를 '촘촘히 조직된 대중'으로 자각해야 한다. 이 점에서도 그들은 평균인, 일명 소시민의 복사판이다. '마하고니의 남자들'은 말하기 전에 서로를 쳐다본다. 그다음에 따라오는 말은 저항의 최소치를 보여준다. '마하고니의 남자들'은, 하느님이 그들에게 전하는 모든 말, 하느님이 묻거나 그들에게 요구하는 모든 말에 '네'라고 대답하는 데 그친다. 브레히트에 따르면 하느님을 받아들이는 집단은 그러한 성향을 가졌음이 틀림없다. 더구나 이 하느님의 행색도 초라하다. 세 번째 노래의 후렴에 나오는 다음 격언이 이 점을 암시하고 마지막 연은 이를 확실히 한다.

우리는 하느님을 알아보았지.

첫 번째 동의가 〔하느님의〕 다음 말에 대해 이루어진다.

아무도 내가 올 걸 예상 못했지.

기습적 효과도 마하고니 팀의 무딘 반응을 개선하는 데 아무런 효과가 없음이 분명하다. 또한 자신들이 선교사를 총으로 쏘게 된다고 해도 천당을 향한 그들의 요구가 줄어들지 않음이 그들에게는 분명해 보인다. 그러나 네 번째 연에서 하느님은 그들과 다른 의견임이 밝혀진다.

다 같이 나의 지옥으로 행진해, 이놈들!

여기에 시의 관절, 극작법 용어로 시의 전환점이 들어 있다. 이러한 명령으로 하느님은 실수를 저지르고 만다. 이 실수의 범위를 가늠하려면 '마하고니'라는 장소에 대한 보다 정확한 이미지를 떠올릴 수 있어야 한다. 두 번째 마하고니 노래의 마지막 연은 그 장소를 분명하게 드러낸다. 더구나 시인은 그러한 장소의 이미지를 빌려 자기 시대를 호명한다.

하지만 오늘 모든 이는
사랑하는 하느님의 값싼 살롱에 앉아 있네.

'값싼'(billig)이라는 형용사에 상당히 많은 것이 함축되어 있다. 왜 값싼 살롱인가? 그곳이 값싼 이유는 거기서 사람들은 값싸게 하느님의 집에 초대되기 때문이고, 그곳에서 사람들은 모든 것을 시인하기(billigen) 때문이며, 사람들이 그 안에 들어온 것이 지당하기(billig) 때문이다. 사랑하는 하느님의 값싼 살롱은 지옥이다. 이 표현은 정신병자들의 이미지처럼 간단명료하다. 평범한 사람도 한번 정신이 나가면 값싼 살롱인 지옥을 자신에게 할당된 천당의 일부로 상상한다. (아브라함 산타 클라라라면 '사랑하는 하느님의 값싼 살롱'이라고 말할 수 있을 것이다.) 하지만 자신의 값싼 살롱에서 하느님은 단골손님들을 상대하면서 자신의 품위를 떨어뜨렸다. 그들을 지옥으로 보낸다는 하느님의 협박은 자신의 손님들을 내쫓겠다는 술집 주인의 협박 그 이상이 아니다.

'마하고니의 남자들'은 이 점을 간파했다. 그들은 자신들을 지옥에 보내겠다는 협박에 주눅들만큼 그렇게 멍청하지는 않다. 부르주아 사회의 무질서는 일종의 지옥의 무질서이다. 그 안에 빠져든 사람들에게는 그보다 더 큰 경악을 불러일으키는 것은 없다.

〔모두 다 거부하는 거야!〕 머리채를 잡고
당신은 우리를 지옥으로 끌고 갈 수 없어요.
우리는 늘 지옥에 있었으니까

세 번째 연은 이상과 같이 말한다. 지옥과 부르주아 사회질서 사이에 차이가 있다면 그것은 소시민에게는 (괴짜에게는) 불쌍한 영혼과 악마의 차이가 유동적이라는 점이다.

「유혹에 맞서」 주해

유혹에 맞서[3]

1

유혹당하지 말라!

되돌아올 길 없으니.

하루가 밝았다.

어쩜 너희는 벌써 밤바람을 느낄 수도 있다.

아침(내일)은 더 이상 오지 않으니.

2

기만당하지 말라!

삶은 별것 아니다.

마음껏 삶을 들이마셔라!

삶은 너희에게 충분하지 못할 테니

너희가 삶을

내려놓지 않으면 안 될 때가 오면!

3

위로받지 말라!

---

3) 앞의 책, p. 133f.

너희에겐 시간이 많지 않다!
구원받은 자들이나 썩게 놔둬라!
삶은 가장 큰 것.
더 이상은 주어지지 않을지니.

4
유혹당하지 말라!
노역과 소모를 견디라는 말에!
너희를 흔들 불안이 더 있단 말인가?
너희는 모든 짐승들과 마찬가지로 죽을 테고
그 후에 오는 것은 아무것도 없다.

　시인은 주로 가톨릭 신자가 많이 사는 교외에서 자랐다. 그곳에는 소시민 계층의 주민들 외에 도시 외곽의 큰 공장에 다니는 노동자들이 산다. 「유혹에 맞서」라는 시의 태도와 어휘가 여기서 설명된다. 그곳 사람들은 죽은 뒤 저 세상에서 곤욕을 치르게 할 유혹에 빠지지 말라는 성직자들의 경고를 듣는다. 반면에 시인은 이 세상에서 곤욕을 치르게 할 유혹에 빠지지 말라고 사람들에게 경고한다. 그는 두 번째 생이 있다는 사실을 부인한다. 그의 경고는 성직자들 못지않게 엄숙하고, 그의 확언도 이의를 허용하지 않는다. 성직자들처럼 그는 아무런 부가어 없이 유혹이라는 개념을 절대적 의미로 사용하면서 그 개념의 교화적인 음색도 넘겨받아 쓴다. 자칫하면 시의 장중한 어조 때문에 다양하게 해석될 수 있고 내밀한 아름다움을 지닌 구절들을 놓칠 수 있다.

되돌아올 길 없으니.

첫 번째 해석: 되돌아올 수 있다는 믿음의 유혹에 빠지지 말라. 두 번째 해석: 실수하지 말라. 인생은 너희들에게 단 한 번 주어져 있다.

하루가 밝았다.

첫 번째 해석: 헤어지며 떠날 채비를 한다. 두 번째 해석: 하루가 풍성하게 주어졌다. (그러나 이미 그 속에는 밤바람의 기운이 느껴진다.)

아침(내일)은 더 이상 오지 않으니.

첫 번째 해석: 내일이라는 날은 없다. 두 번째 해석: 아침은 없다, 밤이 마지막 단어이다.

삶은 별것 아니라는 것(Daß Leben wenig ist).[4]

키펜호이어 출판사에서 자비로 찍은 판본에 나오는 위 구절은 나

---

4) *Bertolt Brechts Taschenpostille*, Potsdam, 1926. Privatdruck in 25 Exemplaren. 편집자 들은 이 책을 구할 수 없었다. ─ 전집 편집자

중에 공식적으로 출판된 판본에 나오는 "삶은 별것 아니다"라는 구절과 두 가지 점에서 구분된다. 첫 번째 차이는 다음과 같다. 즉 자비로 찍은 판본에서는 "삶은 별것 아니라는 것"은 첫 행의 "기만당하지 말라"는 말의 완전한 풀이가 된다. 즉 "삶은 별것 아니라는 것"은 사기꾼의 테제이고 이 말에 기만당하지 말라는 말이다. 두 번째 차이는 다음에서 간파된다. 공식 판본에서 "삶은 별것 아니다"라는 구절은 삶의 구차함을 탁월하게 진술하면서 삶을 에누리해서 팔지 말라는 요구를 강조한다.

더 이상은 주어지지 않을지니.

첫 번째 해석: "**더 이상은** 주어지지 않을지니." 이 말은 '삶은 가장 큰 것'이라는 앞의 행에 아무것도 덧붙이지 않는다. 두 번째 해석: "더 이상은 **주어지지** 않을지니." 너희는 최대로 주어진 기회에서 이미 반은 놓친 것이다. 너희의 삶은 더는 주어지지 않는다. 즉 그 삶은 이미 시작되었고 게임에 들어섰다.

이 시는 삶의 짧음에 전율하도록 가르친다. 독일어에서 '전율' (Erschütterung)이라는 말에 '듬성듬성한'(schütter)이라는 단어가 포함되어 있음을 떠올려보는 편이 좋다. 무언가 무너지는 곳에는 균열과 빈자리가 생긴다. 시를 분석한 결과에서 보듯이 시에는 단어의 의미가 가변적이고 느슨하게 구성되는 부분이 많다. 이 점이 시의 전율적인 효과를 증대시킨다.

「지옥의 죄인들에 대하여」주해

지옥의 죄인들에 대하여[5)]

1

지옥의 죄인들은

사람들이 생각하는 것보다 더 뜨거워한다.

하지만 누군가 그들을 위해 울어주면

눈물이 그들 머리 위로 부드럽게 흐른다.

2

하지만 가장 지독한 불에 시달리는 이들에게는

울어줄 사람이 없다.

그들은 공휴일이 되면

누군가 울어달라고 구걸하러 다녀야 한다.

3

하지만 아무도 그들이 서 있는 것을 보지 못한다.

바람이 뚫고 지나가는 그들을

햇살이 관통해 비치는 그들을

아무도 그들을 볼 수 없다.

---

5) *Bertolt Brechts Hauspostille* ……, 앞의 책, pp. 138~40.

4

저기 뮐러아이제르트가 온다

그는 아메리카에서 죽었다

그의 약혼녀는 그 사실을 아직 모르기에

그를 위한 눈물은 한 방울도 없었다.

5

카스파 네어가 온다

해 뜨자마자 바로.

왜 그런지 모르지만 그를 위해서도 사람들은

애도의 눈물을 흘리지 않았다!

6

그다음에는 게오르게 플란첼트가 온다

불행한 남자

그는 이런 생각을 한 적이 있다

자신에게 달려 있는 것이 아니라고.

7

그리고 저기 사랑스런 마리가

병원에서 썩어가고 있다

아무도 애도의 눈물을 흘려주지 않지만

그녀에게는 진짜 상관없는 일이었다.

8

그리고 저기 햇빛 속에 베르톨트 브레히트가

개 오줌 돌 옆에 서 있다

그는 어느 누구의 눈물도 받지 못한다

사람들은 그가 틀림없이 천국에 있다고 믿기 때문.

9

지금 그는 지옥에서 불타고 있으니

오, 너희 형제들이 좀 울어주게나!

그렇지 않으면 그는 일요일 오후마다

언제나 저기 개 오줌 돌 옆에 서 있을 테니.

『가정기도집』의 시인이 얼마나 멀리서 왔는지, 그렇게 먼 곳에서 온 시인이 어떻게 태연하게 가장 가까운 것을 찾는지 특히 이 시에서 잘 드러난다. 가장 가까운 것은 바로 바이에른 민요이다. 시는 지옥의 불 속에 있는 친구들의 이름을 부른다. 길가에 서 있는 추모비가 지나가는 행인들에게 종부성사 없이 죽은 자들을 위해 기도해주기를 권하듯이 특정 대상들을 향한 것으로 보이는 이 시가 사실은 아주 먼 유래를 갖는다. 이 시는 중세 문학에서 가장 위대한 형식 중 하나인 애도의 계보에 속한다. 최근의 사실, 즉 실로 애도라고 할 만한 것이 더 이상 없다는 최근의 사실에 애도를 표하기 위해 시는 옛 형식인 애도에 기댄다.

저기 뮐러아이제르트가 온다

그는 아메리카에서 죽었다

그의 약혼녀는 그 사실을 아직 모르기에

그를 위한 눈물은 한 방울도 없었다.

물론 이 시는 이러한 눈물의 부재를 제대로 애도하고 있지 않다. 뮐러아이제르트가 죽었다고 보기도 어렵다. "안내문"[6]에 따르면 시집의 이 구절은 뮐러아이제르트에게 — 그에 대한 추도가 아니라 — 바친다고 되어 있기 때문이다.

여기에 세워진 추모비는 지옥 불 속의 친구들을 묘사한다. 그러나 동시에 친구들을 행인들이라고 보면서 그들에게 호소한다(양자는 시에서 합치될 수 있다). 어떠한 기도도 기대해서는 안 된다는 점을 그들에게 환기하기 위해서이다. 시인은 그들에게 아주 차분하게 모든 점을 이야기해준다. 그러나 그의 차분함이 마지막에는 그를 배반한다. 여기서 시인은 버려진 자의 전형인 자신의 불쌍한 영혼에 말을 건다. 시인의 영혼은 햇빛 속에 서 있다. 그것도 어느 일요일 오후에, 개와 관련된 어느 돌 옆에. 그것이 무엇인지는 잘 모른다. 아마도 개들이 오줌을 싸대는 돌일 것이다. 감방에 갇힌 이에게 감방 벽에 묻은 칙칙한 얼룩이 그렇듯이 그것은 불쌍한 영혼에게 익숙한 것이다. — 시인의 경우 이 게임은 중단되어야 한다. 그래서 그는 그렇게 많은 무례를 저질러놓고 나서 눈물을 흘려주기를 부탁한다. 물론 무례하게.

---

6) 앞의 책, XII.

「불쌍한 B.B.에 대하여」 주해

불쌍한 B.B.에 대하여[7]

1

나, 베르톨트 브레히트는 슈바르츠발트에서 왔다.
나의 어머니가 나를 도시로 데려왔다
내가 아직 그녀 뱃속에 있을 때. 그래서 숲의 냉기는
죽을 때까지 내 속에 남아 있을 것이다.

2

아스팔트 도시는 나의 집이다. 애초부터
그곳에는 종부성사가
신문, 담배, 브랜디로 치러진다.
의심하면서, 게으름 피우면서, 그래도 결국 만족하면서.

3

나는 사람들에게 친절하다. 나는
그들의 관습에 따라 뻣뻣한 모자를 쓴다.
정말 별난 냄새가 나는 동물들이라고 나는 말한다
그러고는 괜찮아, 나도 마찬가지니까라고 말한다.

---

7) 앞의 책, pp. 140~43.

4

오전이면 나는 비어 있는 내 흔들의자들에

몇몇 여자들과 같이 앉고는

무심히 그들을 바라보다가 이렇게 말한다.

너희가 내 안에서 들여다보는 사람은 너희가 믿을 수 없는 사람이라고.

5

저녁 무렵에는 내 주변에 남자들을 불러 모으고

우리는 서로를 '젠틀맨'이라고 부른다

그들은 내 책상 위에 발을 올려놓고는

이렇게 말한다. 우리 형편은 나아질 것이라고. 나는 그것이 언제냐고

묻지 않는다.

6

희뿌연 이른 아침에 전나무들이 오줌을 누고

전나무에게 유해 동물인 새들이 울기 시작한다.

이 시간이면 나는 도시에서 내 잔을 다 비우고 담배꽁초를

내던져버린다. 그리고

불안한 마음으로 잠이 든다.

7

우리 경박한 이들은

파괴되지 않을 것이라고 믿는 집들에 앉아 있었다.

(그렇게 우리는 맨해튼 섬의 고층 건물과

대서양을 즐겁게 해주는

가느다란 안테나를 세웠다.)

8

이들 도시에서 남게 될 것은

도시를 통과해 간 바람뿐!

집은 식객을 즐겁게 해준다. 그는 집을 다 비워낸다.

우리는 알고 있다. 우리가 임시적인 존재며

우리 다음에 대단한 존재가 오는 것도 아님을.

9

언젠가 지진이 닥칠 때 내가

바라는 것은

고난 속에서도 나의 버지니아 담배가 떨어지지 않는 것이다.

나, 베르톨트 브레히트는 아스팔트 도시에 표류해왔다

내 어머니 뱃속에 있을 때 슈바르츠발트로부터

먼 옛날에.

    나, 베르톨트 브레히트는 슈바르츠발트에서 왔다.

    나의 어머니가 나를 도시로 데려왔다.

    내가 아직 그녀 뱃속에 있을 때. 그래서 숲의 냉기는

    죽을 때까지 내 속에 남아 있을 것이다.

숲속은 춥다. 숲보다 더 추운 도시는 없다. 어머니 뱃속에 있을 때에도 시인은 그가 살아가게 될 아스팔트 도시만큼이나 추웠다.

이 시간이면 나는 도시에서 내 잔을 다 비우고 담배꽁초를
내던져버린다. 그리고 불안한 마음으로 잠이 든다.

이러한 불안은 무엇보다도 사지를 풀어주고 휴식을 가져다주는 잠에 대한 불안이다. 잠은 잠자는 사람에게 어머니 뱃속에 있는 태아보다 더 나은 환경이 되어줄까? 아마도 그러지 않을 것이다. 깨어나는데 대한 공포심보다 더 잠을 불안하게 만드는 것은 없다.

(그렇게 우리는 맨해튼섬의 고층 건물과
대서양을 즐겁게 해주는 가느다란 안테나를 세웠다.)

안테나가 음악이나 구술 신문으로 대서양을 즐겁게 해줄 리는 없다. 그 대신에 대서양을 즐겁게 해주는 것은 단파와 장파 혹은 라디오의 물리적 분자운동이다. 이 시행은 오늘날 기술적 수단이 어떻게 활용되는지를 무관심한 투로 언급하고 지나간다.

이들 도시에서 남게 될 것은 도시를 통과해 간 바람뿐!

도시를 통과해 간 바람이 이들 도시에 남아 있게 된다면 그것은 도시에 대해 아무것도 모르는 예전의 바람이 아니다. 아스팔트, 늘어선

거리들, 수많은 창문들로 이루어진 도시들은 파괴되고 부서져 내린 후 바람 안에 머무르게 될 것이다.

집은 식객을 즐겁게 해준다. 그는 집을 다 비워낸다.

여기서 식객은 파괴자를 대변한다. 먹는 행위는 섭생하는 것만 뜻하지 않는다. 그것은 깨물어 파괴하는 것도 뜻한다. 향유할 만한 가치가 아니라 파괴할 만한 가치가 있는지에 따라 세상을 평가한다면 세상은 엄청나게 단순해질 것이다. 파괴할 만한 가치는 존재하는 모든 것을 하나로 묶는 끈이다. 이러한 조화의 광경은 시인을 즐겁게 해준다. 그는 세상의 집을 다 비워내는, 강철 턱뼈를 지닌 식객이다.

우리는 알고 있다. 우리가 임시적인 존재며
우리 다음에 대단한 존재가 오는 것도 아님을.

'임시적인 존재' — 어쩌면 그들은 선구자들일지도 모른다. 하지만 그들 뒤에 그다지 대단한 존재가 오는 것도 아닌데 그들은 어떻게 임시적인 존재가 된 것일까? 그들이 역사 속에 이름도 명예도 갖지 못하게 된 것이 그들 탓이라고는 할 수 없다(이와 비슷한 생각은 10년 뒤에 쓴 연작시 「후손들에게」[8]에도 나온다).

---

8) "An die Nachgeborenen", in: Bertolt Brecht, *Svendborger Gedichte*, London, 1939, pp. 84~86.

나, 베르톨트 브레히트는 아스팔트 도시에 표류해왔다
내 어머니 뱃속에 있을 때 슈바르츠발트로부터 먼 옛날에.

장소를 나타내는 전치사의 중첩, 즉 두 행에 걸쳐 전치사를 세 번이나 쓰면 비정상적으로 혼란스러운 효과가 일어날 수밖에 없다. 뒤따라 나오는 '먼 옛날에'라는 시간 부사는 ― (이 표현은 현재 시간과의 연결을 놓친 것 같다) ― 체념한 듯한 인상을 강화한다. 시인은 그가 이미 어머니 뱃속에 있을 때부터 그런 상태에 빠져 있던 것처럼 말한다.

이 시를 읽은 사람은 비바람에 풍화된 B.B.라는 글자가 쓰여 있는 어떤 문을 통과하듯이 시인을 통과해 간다. 문이 행인을 붙들지 않듯이 시인은 독자를 붙들려 하지 않는다. 그 문은 아마도 이미 수백 년 전에 아치형으로 만들어졌을 것이다. 그 문은 아무에게도 방해가 되지 않기 때문에 여전히 남아 있다. B.B.도 아무에게도 방해가 되지 않으면서 '**불쌍한 B.B.**'라는 자신의 별명을 영예롭게 할 것이다. 아무에게도 방해가 되지 않는 자, 있어도 그만 없어도 그만인 자에게 결정적인 일은 더 이상 일어날 수 없다. 길을 가로막겠다는 결심 혹은 뭐든지 스스로 감행하겠다는 결심이라면 몰라도. 후기의 연작시들은 이러한 결심을 증언한다. 이 연작시들이 다루는 것은 계급투쟁이다. 계급투쟁의 과제를 가장 잘 수행하는 사람은 자신의 속마음을 터놓는 일로 시작하는 사람일 것이다.

『도시민을 위한 독본』 주해

『도시민을 위한 독본』의 첫 번째 시[9] 주해

네 동료들과는 역에서 헤어져라
아침이 되면 재킷 단추를 잠그고 도시로 들어가
잠잘 곳을 찾아라. 하지만 네 동료가 문을 두드리면
열어주지 마라, 오 열어주지 마라
그 대신
흔적을 지워라!

네 부모를 만나면 도시 함부르크에서든 다른 어디서든
모른 체 그들을 지나쳐 모퉁이를 돌아라, 아는 체하지 마라
그들이 네게 선물한 모자를 깊이 눌러 쓰고
보여주지 마라, 오 네 얼굴을 보여주지 마라
그 대신
흔적을 지워라!

그곳에 있는 고기를 먹어라! 아끼지 마라!
비가 오면 아무 집에나 들어가 거기 있는
아무 의자에나 앉아라

---

9) Bertolt Brecht, *Versuche 4~7* 〔Heft 2〕, Berlin, 1930, p. 116.

하지만 죽치고 있지는 마라! 그리고 모자를 잊지 마라!

네게 말하지만,

흔적을 지워라!

한 번 말한 것을 두 번 다시 말하지 마라

네가 한 생각을 다른 사람이 하고 있다면 그 생각을 부인하라.

서명도 하지 않고, 사진도 남기지 않고

그곳에 있지 않았고, 아무 말도 하지 않은 사람을

어떻게 파악한단 말인가!

흔적을 지워라!

언젠가 죽을 날을 생각한다면

네가 어디 누웠는지 누설할 묘비를 세우지 않도록 하라

너를 고발할 글자와

너를 확인해줄 사망연도를 통해 누설하지 않도록!

다시 말하지만

흔적을 지워라!

슈테판 츠바이크(Stefan Zweig)는 가끔 다음과 같이 말하곤 했다. 이 연작시가 지난 몇 년 사이에 새로운 의미를 갖게 되었다고. 또 이 연작시는 도시를 마치 망명객이 낯선 나라에서 경험한 도시처럼 소개한다고. 이 말은 맞다. 하지만 잊어서는 안 되는 사실은, 피착취계급을 위해 싸우는 투사는 자신의 나라 안에서 이미 망명객이라는 점이다. 바이마르 공화국 시대의 마지막 5년간 그러한 투사의 정치적 활동은 현명한 공산주의자인 당사자에게 의사(擬似) 망명을 의미했다. 브레히트도 그 5년 동안 그와 같은 망명을 경험했다. 이러한 경험이 아마도 이 연작시를 쓴 가장 직접적인 동기일 것이다. 의사 망명은 진짜 망명의 초기 형태였고, 불법의 초기 형태이기도 했다.

> 흔적을 지워라!

이 말은 불법적 인물을 위한 지시이다.

> 네가 한 생각을 다른 사람이 하고 있다면 그 생각을 부인하라.

이 말은 1928년의 지식인들에게는 이상하게 생각되는 지시이지만 불법적 인물에게는 유리처럼 투명한 지시이다.

> 언젠가 죽을 날을 생각한다면
> 네가 어디 누웠는지 누설할 묘비를 세우지 않도록 해라.

이 지시만 해도 이미 시효가 지난 것일 수 있다. 아돌프 히틀러(Adolf Hitler)와 그의 잔당들은 불법적 인물들이 이러한 조심을 할 필요가 없게 만들었기 때문이다.

이 독본에서 도시는 생존경쟁의 무대이자 계급투쟁의 무대로 보인다. 전자는 이 연작시를 『가정기도집』과 연결하는 무정부주의적 시각을, 후자는 「세 명의 군인들」[10]이라는 후속 시를 가리키는 혁명적 시각을 형성한다. 어떤 경우든 변함없는 사실은 도시가 전쟁터라는 것이다. 전투에서 전술 훈련을 받은 사람들처럼 풍경의 매력에 둔감한 구경꾼은 상상하기 어렵다. 도시 속에 빽빽이 들어선 집이든, 숨 막히는 속도의 교통이든, 도시의 위락시설이든 간에 도시의 매력을 브레히트보다 더 무감각하게 대하는 관찰자는 상상하기 어렵다. 그러나 도시라는 무대장치에 대한 이와 같은 무감각이 도시민의 특별한 반응방식에 대한 아주 민감한 이해력과 결합한다는 점에서 브레히트의 연작시는 모든 선행하는 대도시 시와 구분된다. 월트 휘트먼[11]은 군중에 도취했지만, 브레히트는 군중을 일절 언급하지 않는다. 샤를 보들레르[12]는 파리의 취약함을 꿰뚫어보았지만 파리의 주민들에게서는 그 취약함의 낙인이 찍혀 있는 부분만 보았다. 에밀 베르하렌[13]은 도시를 찬미하고자 했다. 게오르크 하임[14]에게 도시들은 임박한 위협적인 재난의 전조로 가득 차 보였다.

도시민을 외면하는 것은 중요한 대도시 시들의 특징이었다. 리하르트 데멜[15]처럼 도시민이 대도시 시의 시야에 잡힐 경우 부가되는

---

10) "Drei Soldaten", in: Bertolt Brecht, *Versuche 14* [Heft 6], Berlin, 1932.

11) Walt Whitman, 1819~92 : 1855년 출판한 시집 『풀잎』으로 미국 문학에서 혁명적인 인물이 된 시인이자 저널리스트.

12) Charles Pierre Baudelaire, 1821~67 : 현대성의 경험을 선구적으로 표현한 프랑스의 대표적 시인. 시집으로 『악의 꽃』이 있다.

13) Émile Adolphe Gustave Verhaeren, 1855~1916 : 벨기에의 상징파 시인이자 예술비평가. 프랑스어로 시를 썼다.

14) Georg Heym, 1887~1912 : 초기 표현주의를 대표하는 독일 시인.

소시민적인 환상들은 문학적 성공에 치명적으로 작용했다. 도시민들에 대해 무언가 할 말이 있는 최초의 중요한 서정시인은 브레히트일 것이다.

『도시민을 위한 독본』 세 번째 시[16] 주해

우리는 당신의 집에서 나가지 않을 것입니다
우리는 난로를 철거하지 않을 생각입니다
우리는 난로에 냄비를 올려놓으려고 합니다.
집, 난로, 냄비는 남아 있을 수 있습니다
그러나 당신은 사라져야 합니다. 아무도 붙잡지 못하는
하늘에 흩어지는 연기처럼.

당신이 우리에게 매달리려고 하면 우리는 떠날 것입니다
당신의 부인이 운다면 우리는 모자를 깊숙이 내려쓸 것입니다
그러나 만일 그들이 당신을 데리러 온다면 우리는 당신을 가리켜서
말할 것입니다. 바로 저 사람이라고.

우리는 무엇이 다가올지 모르며 더 나아질 것도 없습니다
하지만 우리는 당신을 더 이상 원하지 않습니다.

---

15) Richard Dehmel, 1863~1920 : 사회주의적인 경향을 띠는 독일 자연주의 시인.
16) Bertolt Brecht, *Versuche 4~7* (Heft 2), Berlin, p. 117f.

당신이 떠나기 전에는

우리는 아침을 맞지 않기 위해 창문 커튼을 내릴 것입니다.

도시에는 변화가 허락되어도

당신은 변화해서는 안 됩니다.

우리는 돌과는 이야기해도

당신은 죽일 생각입니다

당신은 살아 있어서는 안 됩니다.

거짓말들에서 우리가 믿어야만 하는 것은

당신은 살아 있던 적이 없었다는 말입니다.

(우리는 우리들의 아버지들과 이런 식으로 이야기합니다.)

독일에서 유대인의 추방은 (유대인 박해가 일어난 1938년까지는) 이
시에서 묘사된 것과 똑같은 태도로 수행되었다. 유대인들은 발견된
그 자리에서 맞아 죽은 것이 아니었다. 사람들은 오히려 다음 문장에
서 말하듯이 그들을 대했다.

우리는 당신의 집에서 나가지 않을 것입니다

우리는 난로를 철거하지 않을 생각입니다

우리는 난로에 냄비를 올려놓으려고 합니다.

집, 난로, 냄비는 남아 있을 수 있습니다

그러나 당신은 사라져야 합니다.

브레히트의 시는 오늘의 독자들에게 시사하는 바가 많다. 시는 나치즘이 무엇 때문에 반유대주의를 필요로 하는지를 극적으로 보여준다. 나치즘은 반유대주의를 일종의 패러디로 사용한다. 지배자들이 유대인에 대해 취하게 될 인위적인 태도는, 피억압계급이 지배자들에 대해 취할 경우에는 자연스러울 그런 태도이다. 대 착취자를 다루듯이 그렇게 유대인도 다루어야 한다. 이것이 히틀러가 원했던 것이다. 또한 유대인들을 진지하게 다루지 않는다는 바로 그 점에서, 또 유대인을 다루는 일이 진정한 혁명적 방법의 캐리커처라는 점에서 이 유희에는 사디즘이 개입해 있다. 사디즘은 패러디에 없어서는 안 된다. 이 패러디의 목적은 착취자들의 착취라는 역사적 본보기를 조롱하는 데 있다.

『도시민을 위한 독본』 아홉 번째 시 주해

「한 남자에게 상이한 시대에 상이한 쪽에서 제기된 네 가지 요구」[17]

여기에 당신 집이 있습니다
당신 물건들을 놓을 자리가 여기 있습니다
당신 취향에 따라 가구를 옮기세요
필요한 것이 있으면 말씀하세요
저기 열쇠가 있어요

---

17) Bertolt Brecht, *Versuche 4~7* 〔Heft 2〕, Berlin, p. 121f.

여기 머무르십시오.

여기는 우리 모두의 숙소입니다
당신을 위해서는 침대 달린 방을 하나 드려요
마당에서 함께 일을 할 수 있어요
전용 접시도 갖게 될 거에요
우리의 숙소에서 머무르십시오.

여기가 당신이 잘 곳입니다
아직 침대는 아주 깨끗합니다
남자 한 명이 거기 누웠을 뿐입니다.
당신이 까다롭다면
당신의 주석 수저를 저 큰 양동이에 헹구세요
그러면 새것처럼 됩니다
편안히 우리의 숙소에서 머무르십시오.

여기가 침실입니다
서두르세요, 아니면 머무르셔도 돼요
하룻밤을. 하지만 그건 별도로 돈이 들어요.
당신을 성가시게 하지 않을 거예요
나는 병도 들지 않았어요.
다른 곳처럼 여기서도 당신은 잘 지낼 수 있어요.
당신은 여기 머물러도 됩니다.

이미 시사했듯이 『도시민을 위한 독본』은 불법과 망명의 시대에 시 청각적인 교육을 제공한다. 아홉 번째 시는 망명자들이나 불법자들 이 아무런 저항도 못한 채 착취당하는 자들과 공유할 수밖에 없는 사 회적 과정에 대한 것이다. 이 시는 사회에서 빈곤이 무엇을 뜻하는지 를 아주 간결하게 밝혀주면서 연작시의 첫 번째 시를 재조명해준다.

한 남자에게 '상이한 시대에 상이한 쪽에서 제기된 네 가지 요구'는 그 남자가 그때그때 처한 경제적 상황을 알게 해준다. 그 남자는 점 점 더 가난해진다. 그에게 숙소를 제공하는 자들은 이 점을 잘 유념 하고 있다. 따라서 그들은 그 남자에게 흔적을 남길 권리를 점점 더 인정하지 않는다. 처음에 그들은 그 남자가 갖고 있는 물건들에도 신 경을 쓴다. 두 번째 장소에서는 그에게 할당된 접시에 대해서만 이야 기한다. 이 접시는 그 남자가 갖고 온 것이라고 보기 어렵다. 숙소 주 인은 손님의 노동력을 이용한다("마당에서 함께 일을 할 수 있어요"). 세 번째 장소에 나타난 사람은 일자리를 완전히 잃은 듯하다. 그의 사적 영역은 주석 숟가락을 씻는 장면에서 상징적으로 묘사된다. 네 번째 요구는 가난하기 짝이 없는 고객에게 매춘부가 하는 요구이다. 여기 서 장기 투숙에 대한 이야기는 더 이상 없다. 기껏해야 하룻밤 숙소 일 뿐이다. 그들이 말을 거는 자가 남겨도 되는 흔적에 대해서는 이 야기하지 않는 게 낫다. ― 아홉 번째 시의 독자 측에서 보면 첫 번째 시 「흔적을 지워라」의 지시는 아홉 번째 시에서 "흔적이 당신에게서 지워지는 것보다는 낫지요"라는 후렴에서 완성된다.

네 가지 요구 모두에 특징적인 호의적인 무관심에 주목할 필요가 있다. 부당한 요구의 무정함에도 호의의 여지가 있다는 점에서 사람

들은 다음 사실을 알게 된다. 외부에서 온 사람에게 사회적 상황이
낯설게 다가온다는 것이다. 사회적 상황이 내리는 평결을 그에게 전
달하면서 이웃들이 보여주는 호의는 그들이 그 상황에 동조하지 않
는다는 점을 드러낸다. 그들이 말을 건 자만 자신이 들은 내용을 받
아들이는 것은 아니다. 그에게 말을 건네는 사람들 역시 그 상황에
순응하며 살아간다. 그들이 받아들일 수밖에 없는 비인간성이 마음
에서 우러나온 공손함까지 그들에게서 빼앗지는 못했다. 이런 상황
에서 사람들은 희망을 품을 수도 절망할 수도 있다. 시인은 이에 대
해 아무런 견해도 밝히지 않는다.

『습작』 주해

「베아트리체에게 바치는 단테의 시」[18] 주해

먼지 낀 납골당
그녀가 누워 있는 곳. 그에게 성교는 허락하지 않았던 그녀
그녀의 인생행로에 그가 수시로 끼어들었음에도.
납골당 위에서 그녀의 이름이 아직도 우리 주변의 대기를 진동시킨다.

그녀를 기억하라고 그가 우리에게 명령했기 때문이다
그가 그녀에게 바치는 그러한 시들을 쓰는 바람에

---

18) Bertolt Brecht, *Versuche 25/26/35* (Heft 11), Berlin, 1952, p. 81.

정말 우리에게는 선택의 여지가 없다
그의 아름다운 찬사에 귀를 기울이는 수밖에.

아, 어떤 악습을 그가 퍼뜨린 것인가!
그가 바라보기만 했지 검증해보지 못한 것을
그렇게 열광적으로 찬미하면서!

그가 그렇게 바라만 보고서 노래한 이후에
아름다운 사람, 거리를 지나가는 사람,
결코 눈물로 젖지 않는 사람이 욕망의 대상이 된다.

클라이스트의 작품 '홈부르크의 왕자'[19)]

오, 브란덴부르크의 모래로 만든 인공 정원!
오, 프로이센의 푸른 밤의 유령 구경!
오, 죽음에 대한 공포로 무릎을 꿇은 영웅!
전사의 자부심과 노예적 오성의 화신!

월계수 막대기로 부러뜨린 척추!
너는 승리했지만 너한테 그것을 명령한 적은 없다.

---

19) Bertolt Brecht, *Versuche 25/26/35* [Heft 11], Berlin, p. 88.

아, 저기 승리의 여신은 너를 포옹해주지 않는다.
제후의 형리가 비웃으며 너를 단두대로 끌고 간다.

이제 우리는 본다, 한때 폭동을 일으켰다가
죽음의 공포에서 벗어나 정화되고
죽도록 흘린 땀에 젖어 차가워진 몸으로 월계수 잎 아래에 누운 그를.

그의 단도는 아직 그의 옆에 있다. 두 동강이 난 채로
그는 죽지 않았고, 등을 대고 누워 있다
브란덴부르크의 모든 적들과 함께 먼지 속에.

'습작'이라는 제목은 이 시들이 열성적 노력보다는 유유자적의 결실임을 보여준다. 휴식 중에 그래픽 예술가의 손이 놀이하듯 화판 가장자리에 그림을 그리듯, 브레히트 작품의 가장자리에 먼 과거로부터 유래한 이미지들이 포착되어 있다. 시인은 자신이 하던 일에서 눈을 돌려 현재 너머의 지나간 것을 바라보면서 그렇게 한다. "소네트의 촘촘한 화환들이 내 손 아래에서 저절로 짜이네. 눈을 돌려 먼 곳의 광경을 보며 즐거워하고 있을 때"[20]라고 에두아르트 뫼리케[21]는 말한다. 먼 곳을 바라보는 여유 있는 시선이 그 결실을 엄밀한 시적

---

20) Eduard Mörike, *Sämtliche Werke*, hg. von Jost Perfahl u.a., Bd. I, München, 1968, p. 769("Am Walde").

21) Eduard Mörike, 1804~75 : 19세기 독일의 시인이자 소설가. 민요풍의 시와 더불어 미완의 장편소설 『화가 놀텐』과 단편 『프라하를 여행하는 모차르트』 등을 썼다.

형식에 담는다.

후기 시들 중에서 『가정기도집』과 특히 가까운 것이 『습작』이다. 『가정기도집』은 우리의 도덕에 대해 여러 가지 의문점을 제기한다. 다시 말해 일련의 기성 규범에 대해 의구심을 품는다. 그러나 그러한 의구심을 단도직입적으로 말하는 것은 『가정기도집』의 태도와는 거리가 멀다. 『가정기도집』 형식에서는 친숙하지만 더는 합당하게 보이지 않는 도덕적 태도와 제스처를 변주하면서 의구심을 표현한다. 『습작』은 마찬가지의 태도로 일련의 문학적 기록과 시들을 대한다. 즉 그것들을 대하는 태도로 적합하다고 생각한 의구심을 표현한다. 그러나 동시에 『습작』은 그러한 문학적 기록과 시들의 내용을 소네트 형식에 담음으로써 그 형식을 시험해본다. 『습작』이 이런 방식의 요약을 감당할 수 있다는 점이 소네트 형식의 지속성을 입증한다.

이 의구심은 『습작』에서 언제나 경의의 태도를 토대로 나타난다. 문화의 야만적 개념에 상응하는 무조건적인 경의 대신 온갖 의구심을 제기하는 경의인 셈이다.

『스벤보르 시집』 주해

「독일 전쟁교본에 대하여」 주해

5

노동자들은 빵을 달라고 아우성이다.

상인들은 시장을 열라고 아우성이다.

실업자들은 굶주렸다. 이제는
취업자들도 굶주린다.
가만히 있던 손들이 다시 움직인다
그 손들이 포탄을 만든다.

13
밤이 왔다. 부부들은
침대에 눕는다. 젊은 부인들은
고아를 낳을 것이다.

15
높은 분들이 말한다.
명예로운 길이라고.
아랫사람들은 말한다.
무덤으로 가는 길이라고.

18
행진을 할 때 많은 사람들은 모른다
그들의 적이 맨 선두에 서서 행진한다는 것을.
그들에게 명령하는 목소리는
그들 적의 목소리이다.
적에 관해 말하는 그자가
바로 적이다.

『전쟁교본』은 간결체(lapidar)로 쓰였다. '간결한'이라는 단어는 돌을 뜻하는 라틴어 '라피스'(lapis)에서 유래한 것으로 비문(碑文)을 위해 형성된 문체를 나타낸다. 이 문체의 가장 중요한 특징은 간결하다는 점이다. 비문이 간결한 이유는, 한편으로 단어를 돌에 새겨넣는 일이 수고스럽기 때문이고, 다른 한편으로는 후손들에게 전할 때에는 간단명료하게 말하는 편이 낫다는 의식 때문이었다.

간결체를 낳게 한 자연적이고 물질적 조건이 〔『전쟁교본』의〕 시들에는 부재하다면 그러한 문체에 상응하는 다른 조건들이 무엇인지를 물어볼 필요가 있다. 이 시들의 비문과 같은 문체는 어떤 근거를 갖는가? 이 시들 중 하나에 그 답이 암시되어 있다. 그것은 다음과 같다.

담벼락에 분필로 쓰여 있다.
그들은 전쟁을 원한다고.
그 글을 쓴 사람은
이미 전사했다.

이 시의 첫줄은 『전쟁교본』에 나오는 모든 시에 덧붙일 수 있을 것이다. 『전쟁교본』의 비문들은 로마 시대의 비문처럼 돌에 새기기 위한 것이 아니라 불법적인 투사들의 비문처럼 방책(防柵)에 새기기 위해 작성된 것이다.

이 점을 고려해본다면 『전쟁교본』의 특징은 특유의 모순에 있다고 보아도 될 것이다. 즉 시적 형식에 따르면 다가올 세계 멸망에도 살아남을 것으로 기대되는 말들 안에, 쫓기는 자가 판자 울타리 위에 매우 급하게 글씨를 적는 제스처가 포착되고 있다는 점이 그렇다. 단순한 말들로 구성된 문장들이 보여주는 탁월한 기교가 이 모순에서 드러난다. 시인은 내리는 비와 게슈타포 정보원에게 내맡겨진 채 어느 프롤레타리아가 분필로 담장에 휘갈겨 쓴 것에 호라티우스가 말한 청동보다 더 영원히 계속되는 것의 무게를 부여한다.

「씻기 싫어하는 아이에 관하여」 주해

「씻기 싫어하는 아이에 관하여」[22]

옛날에 한 아이가 있었네
씻기 싫어하는 아이였네
씻기고 나면 곧장
재투성이를 만들었네.

황제가 방문해서
일곱 개의 계단을 올라오셨네
엄마는 수건을 찾았네
더러운 아이를 씻기기 위해.

---

22) Bertolt Brecht, *Svendborger Gedichte*, London, 1939, p. 18f.

수건은 마침 거기 없었네.

황제는 떠났네

아이가 그를 보기도 전에.

아이는 그를 보겠다고 청할 수 없었네.

시인은 씻기 싫어하는 아이의 편을 든다. 시인은 아이가 씻지 않아서 사실상 손해를 보기까지 말도 안 되는 우연들이 겹쳤어야 했다고 생각한다. 일곱 개의 가파른 계단을 오르는 수고를 황제가 날마다 하지 않는다는 사실만으로는 충분하지 않다. 황제는 하필이면 수건조차 장만하지 못한 집을 행차 장소로 골랐던 것이 아닌가. 이 시의 지리멸렬한 어법은 우연의 이러한 일치가 어딘지 꿈과 같은 면을 지녔음을 암시한다.

잘 안 씻는 아이에 대한 또 다른 지지자 혹은 변호인을 떠올려볼 수 있을 것이다. 샤를 푸리에(Charles Fourier)[23] 말이다. 푸리에의 팔랑스테르(프랑스어로 팔랑주)는 사회주의적인 유토피아일 뿐만 아니라 교육학적인 유토피아이기도 하다. 푸리에는 팔랑스테르의 아이들을 쁘띠 방드(petites bandes)와 쁘띠 오르드(petites hordes)의 두 그룹으로

---

[23] François Marie Charles Fourier: 1772~1837 : 프랑스의 공상적 사회주의자. 상인의 아들로 태어난 그는 사회적 부(富)가 증대되어 가는데도 많은 노동자들이 가난에 허덕이는 것을 보고 자본주의 제도, 특히 자본주의적 상업을 사회악의 근원이라고 생각하였다. 그는 『가정적 농업적 사단론(社團論)』(1822)과 『산업적 조합적 세계』(1829)에서 그것을 비판함과 동시에 '팔랑주'(phalange), 즉 생산자 협동조합을 중심으로 상업이 존재하지 않는 자유로운 생산자의 협동사회를 실현할 것을 제안하였다. 팔랑스테르는 푸리에가 유토피아 사회의 공동체적 주거양식으로 고안한 건축을 말한다.

나누었다. 쁘띠 방드는 원예와 마음에 드는 다른 임무를 맡는다. 쁘띠 오르드는 가장 더러운 일을 맡아야 한다. 두 그룹 사이의 선택은 모든 아이 마음대로이다. 쁘띠 오르드를 결정한 아이들은 가장 존경받는 아이들이다. 팔랑스테르에서 이들이 제일 먼저 앞장서지 않는 일은 없다. 예를 들면 동물학대도 그들의 관할권 아래에 놓인다. 그들은 자신들이 가진 난쟁이 조랑말을 타고 급하게 팔랑스테르를 확보한다. 또한 일을 하러 모일 때면 귀청이 터질 듯한 트럼펫 소리, 기적 소리, 교회 종소리, 북소리를 울리면서 신호를 준다. 푸리에는 쁘띠 오르드 구성원들에게 다음 네 가지의 위대한 열정이 작동한다고 보았다. 자만심, 뻔뻔함, 불복종, 그리고 가장 중요한 것은 네 번째 열정인데, 오물에 대한 즐거움이 그것이다.

독자는 씻지 않는 아이를 떠올리고는 다음과 같이 묻게 된다. 아이가 스스로 재투성이를 만든 이유는 더러움을 향한 아이의 열정을 사회가 유용하고 훌륭한 일에 사용하지 않기 때문인가? 불쾌감의 표시와 음울한 경고로 사회질서를 방해하기 위해서인가(옛 노래에서 잘 정돈된 살림을 망가뜨리는 인물로 묘사된 꼽추[24]와 유사하게)? 푸리에가 맞다면 분명 아이는 황제와 맞닥뜨렸다고 해도 잃을 게 별로 없었을 것이다. 깨끗한 아이들만 보려고 하는 황제는 그가 방문한 집에서 옹졸한 순종적 아이들밖에 보지 못할 것이다.

---

24) 『1900년경 베를린의 유년시절』에 나오는 단편 「꼽추 난쟁이」 참조. 이 단편은 꼽추가 나오는 옛 민요를 인용하고 있다. 『발터 벤야민 선집』 제3권, 149쪽 이하 참조.

「자두나무」주해

「자두나무」[25)]

자두나무 한 그루가 뜰에 서 있네
너무나 작아 자두나무라고 믿기 어렵네.
나무 주위에는 울타리가 쳐 있어
아무도 다가가지 못하네.

그 작은 나무는 더 클 수가 없네
크는 것이야 나무 역시 바라지만.
그것은 말이 되지 않네
이 나무는 햇빛을 너무 적게 받으니.

이 나무를 자두나무라고 믿는 사람은 거의 없네
한 번도 자두가 열린 적이 없으니
그래도 틀림없이 자두나무라네
잎사귀를 보면 알 수 있네.

이 서정적인 시의 내적 통일성과 풍부한 시각은 다양한 연작시들
에서 풍경이 어떻게 그려지는지를 보여준다. 『가정기도집』에서 풍경

---

25) Bertolt Brecht, *Svendborger Gedichte*, London, 1939, p. 19f.

은 무엇보다 깨끗이 씻어낸 것 같은 정화된 하늘의 형태로 나타난다. 그 하늘에는 종종 부드러운 구름이 지나가고, 하늘 아래에는 딱딱한 석필로 윤곽이 그려진 식물들이 보인다. 『노래 · 시 · 합창』에 풍경은 더 이상 나오지 않는다. 풍경은 이 연작시집을 관통하는 "겨울의 눈 폭풍"[26)]에 덮이기 때문이다. 『스벤보르 시집』에서 풍경은 가끔 나타난다. 하지만 빛바래고 수줍은 모습으로 그려진다. "아이들의 그네를 위해 마당에"[27)] 박은 말뚝을 풍경이라고 할 정도로 그것은 빛바랜 풍경이다.

『스벤보르 시집』의 풍경은 브레히트의 한 이야기에 나오는 코이너 씨가 총애한 풍경과 유사하다. 코이너 씨가 자신이 사는 임대 아파트 단지 마당에서 근근이 살아가는 나무를 사랑한다는 사실을 동료들이 알았다. 그래서 동료들은 코이너 씨에게 숲에 가자고 한다. 그러나 코이너 씨가 거절해서 동료들은 놀란다. "당신은 나무를 사랑한다고 하지 않았습니까?" 이 물음에 코이너 씨는 다음과 같이 대답한다. "나는 **내 마당에 있는** 나무를 사랑한다고 했습니다." 이 나무는 『가정 기도집』에 나오는 그린이라는 이름의 나무와 동일한 나무일지도 모른다. 그린이라는 나무는 아침마다 시인이 인사를 건넬 정도로 존중받는다.

---

26) Bertolt Brecht, "Die Mutter", *Versuche 15/16* 〔Heft 7〕, Berlin, 1933, p. 5("Bürste den Rock") 참조.

27) Bertolt Brecht, *Svendborger Gedichte*, London, 1939, p. 82("Zufluchtstätte").

그렇게 높이 솟아오르는 것은 대단한 일이었다.
집들 사이에서
그렇게 높이 솟아오르는 것은
그린, 폭풍이 그대에게 닿을 정도로, 오늘 밤처럼?[28]

폭풍에 우듬지를 내어주는 나무 '그린'은 '영웅적 풍경'에서 유래한
다. (나무한테 '그대'라는 호칭을 부여함으로써 시인은 이러한 풍경과 어쨌
든 거리를 유지한다.) 세월이 흐르면서 이 나무에 대한 시인의 서정적
관심은 평범하고 구부러진 모습, 즉 나무가 서 있는 마당 쪽으로 창
문이 나 있는 집의 주민들과 닮은 모습을 향한다. 더 이상 아무런 영
웅적 요소도 지니지 않는 나무가 『스벤보르 시집』에 나오는 자두나무
이다. 울타리는 나무가 발에 밟혀 꺾이지 않게 보호해준다. 그 나무
에는 자두가 열리지 않는다.

이 나무를 자두나무라고 믿는 사람은 거의 없네
한 번도 자두가 열린 적이 없으니
그래도 틀림없이 자두나무라네
잎사귀를 보면 알 수 있네.

(첫 행의 압운은 세 번째 행 마지막 단어가 압운으로는 부적합한 것이 되

---

28) *Bertolt Brechts Hauspostille mit Anleitungen, Gesangnoten und einem Anhange*, Berlin,
     1927, p. 25("Morgendliche Rede an den Baum Green").

게 한다. 첫 행의 압운은 자두나무의 성장이 시작하자마자 그것이 끝났음을 알려준다.)[29]

코이너 씨가 사랑하는, 마당의 나무는 그런 모습이다. 풍경 중에 서, 평소에 풍경이 시인에게 보여준 모든 것 중에서 오늘 시인 눈에 띈 것은 잎사귀 한 장뿐이다. 오늘은 그 이상을 얻으려 하지 않는 시 인이라면 그는 위대한 서정시인임이 틀림없다.

「노자가 망명길에 『도덕경』을 쓰게 된 경위에 관한 전설」 주해

「노자가 망명길에 『도덕경』을 쓰게 된 경위에 관한 전설」[30]

1
나이 칠십이 되고 노쇠해졌을 때,
선생은 쉬고 싶은 마음이 절실했다.
나라에서는 다시 선이 쇠약해지고
악이 다시 득세하게 되었기 때문이었다.
그래서 그는 신발 끈을 매었다.

---

29) 첫 번째 행과 세 번째 행은 각각 다음과 같다. "(1) Den Plaumen**baum** glaubt man ihm **kaum**./(2) ……/(3) Doch er ist ein Pflaumen**baum**"(압운은 각각 굵은 글씨로 표시된 부분).

30) Bertolt Brecht, *Svendborger Gedichte*, London, 1939, pp. 32~34.

2

그는 필요한 것들을 챙겼다.

별것은 없었지만 이것저것 몇 가지를.

저녁이면 언제나 피우는 담뱃대와

항상 읽는 작은 책 따위.

눈대중으로 흰 빵도 챙겼다.

3

산골짜기에 들어서면 즐거워했고

산길로 접어들면 그 사실을 이내 잊곤 했다 .

그의 황소는 싱싱한 풀을 반기며

노인을 태운 채 천천히 씹으며 갔다.

그래도 노인에게는 충분히 빠른 걸음이었으니까.

4

하지만 넷째 날 돌길에서

세리 한 명이 그의 길을 막았다.

"세금 매길 귀중품은 없소?" ─ "없어요."

황소를 몰고 가던 동자가 말했다. "이분은 가르치는 분이셨어요."

이렇게 사연까지 밝혀졌다.

5

그런데 그 남자는 들뜬 기분에 또 물었다.

"저분이 터득하신 바는 무엇이냐?"
동자가 말했다. "흘러가는 부드러운 물이
시간이 흐르면 단단한 돌을 이긴다는 것이오.
단단한 것이 진다는 것을 아시겠어요?"

6

저물기 전에 서둘러야 해서
동자는 황소를 몰았다.
그들 셋이 흑송나무를 돌아 막 사라졌을 때
갑자기 이 남자 머리에 무언가 떠올랐다.
그래서 그가 외쳤다. "어이 여보시오! 좀 멈추시오!"

7

"그 물이 어찌 됐다는 겁니까, 노인?"
노인이 멈췄다. "흥미가 있소?"
남자가 말했다. "저야 그저 세리일 뿐입니다.
하오나 누가 누구를 이기는지는 제게도 흥밋거리지요.
그걸 아시면 말해주시오!

8

그것을 제게 써 주시오! 이 동자에게 받아쓰게 해주시오!
그런 것을 혼자 알면서 가버리시면 안 되지요.
저기 우리 집에 종이와 먹도 있소.

밤참도 있소. 저곳이 제가 사는 집이오.

자, 그러면 약속하신 거죠?"

9

어깨 너머로 노인이 그 남자를 내려다보았다

기운 저고리. 신발은 신지 않았다.

이마에는 한 줄기 주름.

아아, 노인과 마주친 이 사람은 승자가 아니다.

노인은 중얼거렸다. "당신도 흥미 있다고?"

10

공손한 청을 물리치기엔

노인이 너무 늙은 듯했다.

그래서 큰 소리로 이렇게 말했다. "무언가 묻는 자는

대답을 얻어 마땅하지." 동자도 말했다. "날씨도 곧 추워져요."

"좋다. 잠시 머무르도록 하자."

11

그리고 현인은 황소에서 내렸다.

그들은 한 짝이 되어 이레 동안 글을 썼다.

세리는 음식을 가져왔다(그 기간 내내 그는

밀수꾼들에게 욕을 할 때도 나직이 말했다).

그렇게 일이 끝났다.

12

어느 날 아침 세리에게 동자는

여든한 가지의 격언을 건네주었다.

약간의 노잣돈에 감사하면서

그들은 예의 그 흑송나무를 돌아 돌길로 들어섰다.

말해 보라. 누가 이보다 더 공손할 수 있겠는가?

13

그러나 우리가 찬양하는 사람은

책에서 그 이름이 찬란히 빛나는 현인만이 아니다!

사람들은 먼저 현인에게 그의 지혜를

캐묻지 않으면 안 된다.

그러니 그 세리(稅吏)에게도 감사하자.

그가 현인에게서 지혜를 달라고 요구했던 것이니

이 시는 시인의 표상세계에서 친절함이 담당하는 특별한 역할을 보여주는 계기가 될 수 있다. 브레히트는 친절함에 높은 위상을 부여한다. 그가 이야기하는 전설을 한번 떠올려보자. 한편에는 노자의 지혜가 — 시에서 그의 이름을 밝히고 있지 않지만 — 있다. 이 지혜 때문에 노자는 망명을 떠나던 참이었다. 다른 한편에는 세리의 지적 호기심이 있다. 이 지적 호기심이 지혜를 가진 자로부터 지혜를 이끌어 냈기에 시는 마지막에 감사를 표한다. 하지만 세 번째 요소가 없다면 이 모든 일은 성사되지 못했을 것이다. 세 번째 요소는 **친절함**이다.

『도덕경』의 내용이 친절함에 대한 것이라고 말하면 맞지 않겠지만, 전설에 따르면 『도덕경』이 친절함의 정신 덕분에 전승되었다는 주장은 어쨌든 옳다. 이 친절함에 대해서 시는 여러 가지를 알게 해준다.

첫째로, 친절함은 무분별하게 발휘되지 않는다는 점이다.

어깨 너머로 노인이 그 남자를 내려다보았다.
기운 저고리. 신발은 신지 않았다.

세리의 부탁은 공손했을 것이다. 노자는 소명 받은 자가 부탁하고 있음을 먼저 확인한다.

둘째로, 친절함은 소소한 것을 곁다리로 베푸는 것이 아니라 최대한을 마치 최소한인 듯이 베푸는 데 있다. 일단 세리가 물어볼 자격을 가진 자인지를 알아본 후 세리를 위해 갈 길을 멈추고 보낸 세계사적인 그 며칠을 노자는 다음과 같은 모토로 표현한다.

"좋다, 잠시 머무르도록 하자."

셋째로, 친절함에서 사람들은 친절함이 사람과 사람 사이의 거리를 지양하는 것이 아니라 오히려 그 거리를 생생하게 만든다는 점을 알게 된다. 현자는 세리를 **위해** 그렇게 큰 것을 행한 다음 더 이상 세리**와** 상관하지 않는다. 세리에게 81개의 격언을 전달한 것도 그가 아니라 그의 동자였다.

"대가들은 피비린내 나고 암울한 시대에 살면서도 일찍이 본 적이 없을 정도로 친절하고 명랑한 사람들이었다"라고 어느 연로한 중국 철학자가 말한 바 있다. 이 전설에 나오는 노자는 쉬엄쉬엄 가는 곳곳에 명랑함을 퍼뜨리는 것처럼 보인다. 그의 소도 명랑하다. 소는 노인의 무게에도 불구하고 신선한 풀을 즐기는 데 방해받지 않는다. 그의 동자는 노자의 빈궁함을 기어이 다음과 같은 무뚝뚝한 말로 변명하면서도 명랑하다. "이분은 가르치는 분이셨어요." 차단기 앞에 선 세리도 명랑한 상태이다. 노자의 탐구 결과를 제때 문의하도록 북돋아준 것도 그러한 명랑함이다. 마지막으로 현인 자신도 어찌 명랑하지 않을 수 있겠는가? 그를 즐겁게 해준 골짜기를 다음 산길로 돌아서자 이내 잊고, 다가올 일에 대한 걱정도 거의 느끼지 않고 곧 잊어버리는데 말이다. 만약 그렇게 하지 못한다면 그의 지혜가 어디에 쓸모가 있겠는가?

『가정기도집』에서 브레히트는 세상의 친절함에 대한 발라드 한 편을 썼다. 친절함에는 세 가지가 있다. 어머니가 기저귀를 채워주는 일, 아버지가 손을 내미는 일, 사람들이 무덤 위에 흙을 뿌려주는 일이 그것이다. 그걸로 충분하다. 시의 끝부분에 다음과 같이 적혀 있기 때문이다.

> 거의 누구나 세상을 사랑했으리
> 사람들이 그에게 두 손 가득 흙을 뿌려준다면야.[31]

---

31) *Bertolt Brechts Hauspostille* ……, 앞의 책, p. 48("Von der Freundlichkeit der Welt").

세상에서 친절함의 표지(標識)는 인생의 아주 가혹한 지점에서 나타난다. 태어날 때, 인생으로 첫발을 내디딜 때, 삶에서 물러나는 마지막 걸음에. 이것은 휴머니즘의 최소 프로그램이다. 이 프로그램이 노자의 시에 다시 나타나는데, 그것은 다음과 같은 문장의 형태로 표현된다.

단단한 것이 진다는 것을 아시겠어요?

시는 이 문장이 메시아적 약속 못지않게 사람들의 귓전을 울리던 시절에 쓰였다.[32] 그런데 이 시는 오늘날의 독자에게는 약속뿐 아니라 교훈을 담고 있다.

흘러가는 부드러운 물이
시간이 흐르면 단단한 돌을 이긴다는 것이오.

---

32) 「후손들에게」라는 시에서 브레히트는 "친절함을 베풀 수 있는 기반을 만들고자 하는 우리 자신은 친절할 수 없다"라고 한탄한다. 벤야민은 「노자가 망명길에 『도덕경』을 쓰게 된 경위에 관한 전설」에서 반(反)나치즘을 위해 동원할 수 있는 희망의 메시지인 친절함을 읽어낸다. 이 시의 메시지는 브레히트에게 회의적이던 벤야민 지인들에게까지 감동을 줄 정도로 대단한 힘을 발휘했다. 느베르 수용소에 수감된 1939년에 벤야민은 브레히트의 이 시를 자신의 주해와 함께 수용소 사람들에게 전해주었다고 한다. 한나 아렌트는 다음과 같은 회고를 남겼다. "그 시는 수용소에서 들불처럼 퍼져나갔고 기쁜 소식처럼 입에서 입으로 전해졌다. 절망으로 채워진 그 지푸라기 매트리스 위에서보다 그러한 소식이 더 절박한 곳이 어디 있었겠는가?"(Hannah Arendt, *Walter Benjamin, Bertolt Brecht. Zwei Essays,* München, 1971, p. 102f.)

이러한 교훈은 사물들에서 부단히 변하는 것과 무상한 것을 시야에서 놓치지 않는 한편, 물처럼 눈에 띄지 않고 냉정하지만 결코 마르지 않는 것의 편에 서는 게 좋다는 것을 가르쳐준다. 유물론적 변증가는 여기서 억압받는 자들과 관련된 것을 떠올릴 것이다. (그것은 지배자들에게는 눈에 띄지 않는 것이고, 억압받는 자들에게는 냉정한 것이며, 그 일의 결과를 두고 보자면 결코 마르지 않는 것이다.) 시에서 약속과 이론 외에 세 번째로 분명하게 눈에 띄는 것은 도덕이다. 단단한 것을 굴복시키려는 자는 친절을 베풀 어떤 기회도 지나가게 놔두어서는 안 된다.

브레히트의 서푼짜리 소설[1]
(1935)

Walter Benjamin, *Gesammelte Schriften*, Frankfurt a. M., 1972~89, Bd. III, pp. 440~49. (Brechts Dreigroschenroman)

8년

서푼짜리 오페라와 서푼짜리 소설 사이에 8년의 시차가 있다. 이 새 작품[소설]은 옛 작품[서푼짜리 오페라]에서 발전한 것이다. 그러나 이것은 사람들이 예술작품이 숙성되는 상황에서 흔히 떠올리듯이 어떤 기발한 착상을 펼치는 방식으로 이루어지지는 않았다. 왜냐하면 이 8년이라는 세월은 정치적으로 결정적인 해들이었기 때문이다. 저자는 이 세월에서 배운 바가 있었고 그동안 이루어진 범행들을 하나하나 적시했으며, 그 범행의 희생자들을 살펴봤다. 그는 큰 규모의

---

1) [원주] Bertolt Brecht, *Dreigroschenroman*, Amsterdam: Verlag Allert de Lange, 1934, p. 494.

풍자소설 한 편을 썼다.

이 책을 쓰기 위해 그는 멀리 거슬러 올라갔다. 토대가 되는 오페라의 줄거리에서 넘겨받은 것은 별로 없다. 주요 등장인물들만 똑같을 뿐이다. 이 인물들은 우리가 보는 앞에서 이 8년의 세월이 흐르면서 성장하기 시작했고, 그렇게 성장하는 과정에서 피로 얼룩진 자리를 만들어냈다. 서푼짜리 오페라가 독일에서 처음 무대에 올랐을 때 갱단은 아직 낯선 얼굴이었다. 그사이 갱단은 독일에서 친숙한 현상이 되었고 야만적 상황을 조성했다. 나중에 가서야 착취자 편에서 드러나는 이 야만은 자본주의 초기 단계에 착취당한 사람들의 참상을 특징짓는 노골성을 드러낸다. 브레히트는 이 두 양상을 모두 다룬다. 그래서 그는 두 시대를 한데 모으고, 자기가 그린 갱들을 위해 디킨스 시대의 리듬과 외양을 보여주는 런던에 거주지를 마련한다. 개인적 삶의 상황은 예전 모습이고, 계급투쟁의 상황은 오늘날의 모습이다. 이 런던의 인물들은 아직 전화는 갖고 있지 않지만 그들의 경찰은 이미 탱크를 갖고 있다. 사람들은 자본주의가 어떤 면에서 발달이 덜 된 모습을 보존하고 있다면 그것은 자본주의를 위해서 좋다는 점이 오늘날의 런던에서 드러나고 있다고 말한다. 이런 상황이 브레히트에게 진가를 발휘했다. 그는 통풍이 열악한 사무실들, 더운 증기로 인해 축축한 목욕탕들, 안개 낀 거리들을 자신의 등장인물들로 채우는데, 이들은 거동이 고풍스럽긴 하지만 이들이 내리는 조치들은 늘 현대적인 그런 유형들이다. 그런 식으로 전치(轉置)해놓는 작업은 풍자의 시각에 적합하다. 브레히트는 런던의 지형을 그릴 때 스스로에게 그런 자유를 허용함으로써 그와 같은 풍자의 시각을 강조한다. 인물들의 태도는 현실에서 취하긴 했지만 브레히트가 아마 머릿속에서 구상했을 브롭딩낵[2]이나 런던의 모습보다 많은 점에서 더 기묘한 모습을 보여주는데, 풍자작가라면 그것을 정당화해도 될 것이다.

나이 든 아는 여자

이렇게 옛 인물들이 다시금 작가 앞에 등장했다. 피첨은 늘 모자를 쓰고 다니는데, 그 이유는 모든 지붕이 그의 머리 위로 무너져 내릴 것 같기 때문이다. 그는 자기가 운영하던 악기점을 내팽개치고 수송 선박으로 운영하는 전쟁사업에 뛰어드는데, 이 사업을 진행하면서 위기가 닥칠 때면 그의 거지부대를 '흥분한 민중'으로 동원한다. 선박들은 보어전쟁[3] 기간에 필요한 수송을 위해 투입될 참이다. 선박들은 낡았기 때문에 템스강 하구에서 멀리 떨어지지 않은 곳에서 선원들과 함께 침몰한다. 익사한 수병들을 위한 장례식에 기꺼이 참석한 피첨은 장례식장에서 많은 사람들과 함께 주교의 설교를 듣는다. 그

---

2) Brobdingnag : 조너선 스위프트(Jonathan Swift)의 풍자소설 『걸리버 여행기』에서 북아메리카에 붙어 있는 반도로 거인들이 사는 땅이다.

3) 1899~1902년에 영국과 트란스발 공화국이 벌인 전쟁으로 남아프리카전쟁이라고도 한다. 보어인은 남아프리카 공화국의 네덜란드계 백인으로서 부르인이라고 하며, 네덜란드어로 '농민'을 뜻한다. 이들은 17세기 중엽에 네덜란드가 식민지를 개척하면서 유럽에서 이주한 사람들의 후예이다. 1852년에 트란스발 공화국, 1854년에는 오렌지 자유국 등을 세웠고 농업과 목축을 경영했다. 유럽에서의 세력 교체로 18세기 말부터 영국이 남아프리카에 식민을 시작하는데, 나중에 다이아몬드 광산과 금광맥이 발견되면서 보어인들과 충돌하고 전쟁이 발발한다.

들 중에 퓨쿰베이라는 사람도 있다. 설교는 다른 사람이 맡긴 파운드화로 고리대금을 하지 말라는 성서의 경고에 관한 것이었다. 이 시점에 피첨은 자기 납품사업의 걱정스러운 결과를 피해 안전을 확보하기 위해 자기 파트너를 제거했다. 그러나 그가 직접 살해한 것은 아니다. 그의 딸 예쁜이도 범죄에 연루되는 상황을 잠깐 동안 겪게 된다. 그러나 여성이 할 수 있는 방식으로, 즉 임신중절과 간통을 통해 겪는다. 우리는 이 딸이 수술 요청을 하게 될 의사를 알게 되고, 이 의사의 입에서 앞의 주교의 연설과 짝을 이루는 연설을 듣게 된다.

서푼짜리 오페라에서 주인공 맥히스는 자신의 수업시대가 열리기 직전의 단계에 있었다. 소설은 그 시대를 짧게 요약할 뿐이다. 즉 소설은 '일단의 세월' 전체에 대한 침묵, 즉 "여러 장에 걸친 우리의 위대한 사업가들의 이력을 빈약하게 다루는" 그 침묵을 존중하며, 목재상 베켓이 거상 맥히스가 된 변신과정의 벽두에 '메서'로 불리는 강도 살인범 스탠퍼드 실스가 있었는지는 밝히지 않고 내버려둔다. 분명한 것은 합법적으로 뭔가 해보려는데 그 길을 찾지 못한 예전의 몇몇 친구들을 이 사업가가 충실하게 대한다는 점 정도이다. 이런 태도는 보답을 받게 되는데, 왜냐하면 그 친구들이 맥히스의 체인점 콘체른이 아무런 경쟁 없이 저렴하게 팔 수 있는 상품들을 도둑질을 통해 구해주기 때문이다.

맥히스의 콘체른은 이등품 체인점들로 이루어져 있는데, 이 체인점의 소유주인 독자적인 점주들은 그가 제공하는 상품을 받고 가게 월세를 그에게 지불할 의무만 진다. 몇몇 신문 인터뷰에서 그는 "그가 결정적으로 발견한 인간의 자립 욕망"[4]에 대해 언급한다. 그렇지만 이 자립한 점주들의 상황은 어렵다. 그리고 점주들 중 한 명이 템스강에 뛰어든다. 왜냐하면 맥히스가 사업상의 이유로 상품 공급을 일시적으로 중단했기 때문이다. 살해됐을 것이라는 의혹이 제기되고 이 사건은 형사사건이 된다. 그러나 이 형사사건은 단절 없이 풍자적인 비난으로 넘어간다. 자살한 그 여자 점주를 살해한 범인을 찾는 사회는 결코 그 살해범이 맥히스임을 받아들이지 못할 것이다. 맥히스는 계약상의 권리를 행사했을 뿐이기 때문이다. '작은 가게 점주 메리 스웨이어의 살해'는 이 소설 줄거리의 중심에 있을 뿐만 아니라 이 줄거리의 핵심 메시지를 내포하기도 한다. 쇠약해진 점주들, 물이 새는 배에 꾸역꾸역 실린 군인들, 경찰서장에게 돈을 주는 자의 청부를 받은 도둑들 — 서푼짜리 오페라에서 합창단이 있던 자리를 차지하고 있는 소설 속의 이 잿빛 군중이 지배자들에게 자신들의 희생을 바친다. 지배자들은 이 군중에게 범죄를 저지른다. 그런 군중의 한 사람이 메리 스웨이어이다. 사람들은 그녀를 물속으로 들어가게 강요한 것이다. 그리고 퓨쿰베이도 그 군중의 중심에서 나온 인물이다. 그는 스스로 놀랍게도 스웨이어를 살해한 혐의로 교수형에 처해진다.

새로운 인물

서막에서는 피첨이 제공한 방에 '거처'를 얻고 에필로그에서는 꿈

---

4) Bertolt Brecht, *Dreigroschenroman*, p. 58.

속에서 "가난한 자들의 파운드"[5]라는 계시를 받는 군인 퓨쿰베이는 새로운 인물이다. 아니면 오히려 새로운 인물이라기보다 임대주택단지와 지하실 집들을 가득 메우며 살아가는 수백만 명의 사람들이 그렇듯이 '투명하고 얼굴 없는' 자라고 할 수 있다. 틀에 꽉 끼는 모습으로 등장하는 그는 이 작품의 메시지를 알려주는 실물 크기의 인물이다. 그는 중경(中景)에 위치한 부르주아 범죄사회를 가리킨다. 이 사회에서 그가 최초로 발언하는데, 왜냐하면 그 없이는 이 사회가 이윤을 만들어내지 못하기 때문이다. 그렇기 때문에 퓨쿰베이가 서막에 등장한다. 그리고 에필로그에서 재판관으로 등장하는데, 그렇지 않으면 그 범죄사회가 최종 발언권을 쥐게 될 것이기 때문이다. 이 서막과 에필로그 사이에 반년이라는 짧은 시간이 흘러가고, 그 시간을 그는 허송하며 보낸다. 그러나 그동안 상류층에서는 어떤 일들이 유리하게 진행되는데, 이 일들은 〔서푼짜리 오페라에서처럼〕 '말을 탄 왕의 사신'으로 중단되지 않은 채 퓨쿰베이의 처형으로 끝맺음하게 된다.

앞서 말했듯이 처형 직전에 그는 꿈을 꾼다. 그것은 어떤 '특수한 범죄'를 둘러싸고 벌어지는 재판심리에 관한 꿈이다. "꿈꾸는 자가 승리하는 것을 막을 사람은 없기 때문에 우리의 친구는 온 시대를 통

---

5) 퓨쿰베이는 꿈속에서 재판관이 되어 「가난한 자들의 파운드」(Das Pfund der Armen)라는 계시를 받는다. 그는 지금 살고 있는 자들뿐만 아니라 과거의 망자들을 모두 증인으로 불러내어 각자 1파운드를 받았는지, 받았다면 그것을 증식했는지를 심문한다. 그는 그 1파운드로 누가 재산을 늘렸고 누가 그렇지 못했는지, 왜 그렇게 되었는지 등을 판단하려고 한다.

틀어 가장 큰 법정, 유일하게 현실적으로 필요하며, 포괄적이고 정당한 법정의 재판관이 되었다. …… 숙고하는 데만 수개월이 걸렸는데, 익사한 군인들을 위한 장례식을 주관하던 한 주교의 진술에 따르면 그 긴 숙고 끝에 최고재판관은 어떤 비유를 고안해낸 사람에 대한 이야기로 시작하기로 한다. 그 비유는 2천 년 동안 온갖 설교단에서 사람들을 설교하는 데 활용되었고, 최고재판관의 견해에 따르면 어떤 특수한 범죄를 나타내는 비유였다."[6] 재판관은 그 비유의 결과들을 적시하고 **자신들의** 파운드에 대해 진술하게 될 긴 행렬의 증인들을 청취하는 가운데 이 견해를 입증한다.

"'너희의 파운드는 증식되었는가?'라고 최고재판관이 엄중하게 물었다. 그들은 놀란 표정으로 '아니오'라고 말한다. '그는 — 여기서 피고를 가리킨다 — 파운드가 증식되지 않은 것을 보았는가?' 이 물음에 대해 그들은 무엇을 말해야 할지 바로 알 수 없었다. 그러나 한 사람, 작은 소년이 한동안 숙고한 끝에 나섰다. …… '그자는 우리의 파운드가 증식되지 않은 것을 본 게 틀림없습니다. 왜냐하면 우리는 추울 때는 떨었고, 밥을 먹기 전에도 먹고 난 뒤에도 굶주렸기 때문입니다. 사람들이 그걸 우리에게서 알아볼 수 있는지 없는지를 직접 보십시오.' 소년은 손가락 두 개를 입에 넣고는 휘파람 소리를 냈다. 그러자 …… 어떤 여자가 나왔는데 그 여자는 작은 가게 점주 메리 스웨이어와 똑같이 생겼다."[7] 매우 불리한 증언 청취에 직면하여 이제

---

6) Bertolt Brecht, *Dreigroschenroman*, p. 478f.

7) Bertolt Brecht, *Dreigroschenroman*, p. 482f.

피고에게 변호인이 할당되고 ─ "그[변호인]는 당신과 틀림없이 잘 맞을 것입니다"[8]라고 퓨쿰베이가 말한다 ─ 피첨이 자신의 신분을 밝히자 이 의뢰인[피첨]의 죄가 분명하게 드러난다. 피첨은 방조죄를 추궁당해야 한다. 그가 자기 고용인들에게 역시 1파운드짜리의 이 비유를 손에 쥐어줬기 때문이라고 최고재판관은 말한다. 이어서 재판관은 그에게 사형을 언도한다. 그러나 교수대로 끌려가는 것은 그 꿈꾸는 자뿐이다. 그는 자기, 그리고 자기와 같은 부류의 사람들을 희생하게 된 범죄의 흔적들이 얼마나 멀리까지 소급되는지를 깨어 있는 순간에 깨달았다.

맥히스의 당

범죄학 안내서들에서 범죄자들은 반사회적 분자들로 특징지어진다. 이것은 대다수의 경우 들어맞을지 모른다. 그러나 몇몇 사람의 경우 시대사가 그것을 반박한다. 이들은 많은 이들을 범죄자로 만드는 가운데 스스로 사회적 모범들이 되었다. 맥히스의 경우가 그러하다. 그는 새 학교 출신이다. 반면에 그와 대등하면서 오랫동안 척진 장인은 아직 구식 학교 출신이다. 피첨이라면 당당하게 나설 줄 모른다. 그는 자신의 탐욕을 가족의 의미 뒤에 숨기는가 하면, 자신의 무능력을 금욕적 태도 뒤에, 자신의 협박활동을 가난한 이들을 돌본다

---

8) Bertolt Brecht, *Dreigroschenroman*, p. 483.

는 명목 뒤에 숨긴다. 그는 자기 사무실에 칩거하기를 제일 좋아한다. 맥히스의 경우는 사정이 다르다. 그는 지도자의 천성을 지녔다. 그가 하는 말들은 고위정치가들의 특성을 띠고, 그가 하는 행동들은 상인적인 특성을 띤다. 그가 수행해야 할 과제들은 그야말로 무척 다양하다. 한 지도자에게 그 과제들이 오늘날처럼 어려운 적이 없었다. 소유관계를 유지하기 위해 폭력을 동원하는 것으로 충분치 않다. 재산을 몰수당한 이들을 스스로 그런 폭력을 행사하게끔 사주하는 것으로 충분치 않다. 이 실제적 과제들은 해결할 필요가 있다. 그러나 사람들이 발레를 추는 무용수에게 춤출 줄 아는 것만 요구하는 것이 아니라 용모도 예쁠 것을 요구하듯이 파시즘은 자본을 구제할 사람을 요구할 뿐만 아니라 그가 고귀한 사람일 것도 요구한다. 이것이 바로 맥히스와 같은 유형이 이 시대에 대단히 소중한 이유이다.

그는 위축된 소시민이 한 인물에 대해 상상하는 바를 과시할 줄 안다. 수백 개의 심급에 의해 지배받고 물가가 등귀할 때면 노리갯감이 되며, 위기가 닥치면 희생되는 자가 되는 이 통계학의 단골고객〔소시민〕은 자신이 믿을 수 있는 단 한 사람을 찾는다. 아무도 이 소시민에게 해명하려고 하지 않는다. 한 사람이 그것을 해야 한다. 그리고 그 한 사람이 바로 그 일을 한다. 왜냐하면 이것이 이 사안의 변증법이기 때문이다. 즉 그 한 사람이 책임을 지고자 하면 소시민들은 그에게서 그 어떤 해명도 요구하지 않을 것을 약속하면서 그에게 감사한다. 뭔가를 요구하는 것을 그들은 거부한다. "왜냐하면 그런 것은 맥히스 씨에게 우리가 그를 신뢰하지 않음을 드러낼 것이기 때문이다." 그의 지도자적 천성은 그들의 만족감의 이면이다. 맥히스는 지칠 줄 모르게 그들을 만족시킨다. 그는 자기가 나설 수 있는 어떤 기회든 놓치는 법이 없다. 그는 은행장들 앞에 나설 때와 이등품 체인점 점주들 앞에 나설 때, 법정에 나설 때, 자기 조직의 조직원들 앞에 나설 때 각각 다른 사람이 된다. 그는 "사람들은 흔들리지 않는 의지만 갖고 있다면 무엇이든 말할 수 있다"라는 것을 증명한다. 이를테면 다음과 같이 말한다.

"내 견해로는, 물론 이것은 진지하게 일하는 사업가의 견해지만, 우리에게는 국가의 수뇌부에 올바른 사람들이 없다. 수뇌부의 사람들은 모두 어느 정당에 속해 있고, 정당들은 이기적이다. 정당들의 입장은 편파적이다. 우리는 사업가들인 우리처럼 정당을 초월한 사람들을 필요로 한다. 우리는 우리의 물건을 가난한 자와 부자 모두에게 판다. 우리는 인물의 외모를 보지 않고 모두에게 50킬로그램의 감자를 팔고, 전깃줄을 설치해주며, 집을 칠해준다. 국가를 이끄는 일은 도덕적인 과제이다. 기업가가 좋은 기업가가 되고, 사무원은 좋은 사무원이 되는 것이 우리가 도달해야 할 목표이다. 요컨대 부자는 좋은 부자가 되어야 하고 가난뱅이는 좋은 가난뱅이가 되어야 한다. 나는 그와 같이 국가를 운영하는 시대가 올 거라고 확신한다. 그렇게 운영되는 국가는 나를 자신의 추종자로 여길 것이다."[9]

9) Bertolt Brecht, *Dreigroschenroman*, p. 427f.

투박한 사유

맥히스의 프로그램과 그 밖에 관찰한 많은 것을 브레히트는 이탤릭체로 표기해서 그것들이 텍스트의 서사 부분에서 도드라지게 했다. 이로써 그는 연설과 금언, 고백과 변론을 모은 모음집, 가히 유별나다고 할 수 있는 모음집을 만들어냈다. 그것만으로도 이 작품의 긴 수명을 보장해줄 것이다. 거기 쓰여 있는 것은 아직 아무도 언명한 적이 없고, 그러면서 사람들은 모두 그렇게 말한다. 그 구절들은 텍스트를 중단한다. 그 구절들은 — 이 점에서 삽화에 비견되는데 — 독자에게 가끔씩 환영(幻影)을 포기할 것을 권하는 역할을 한다. 풍자소설에 이보다 너 어울리는 것도 없다. 이 가운데 몇몇 구절은 브레히트의 말이 지닌 설득력을 뒷받침해주는 전제조건들을 지속적으로 비춰준다. 예를 들어 이런 구절이 있다. "중요한 것은 투박하게(plump) 사유하는 법을 배우는 것이다. 투박하게 사유하기, 이것이 위대한 자들의 사유이다."[10]

변증가를 섬세한 것들을 좋아하는 사람으로 이해하는 이들이 많다. 여기서 변증법이 자체의 대립물로서 만들어내고 자체 속에 포함하며 또 필요로 하는 '투박한 사유'를 브레히트가 눈에 띄게 강조하는 것은 대단히 유용하다. 투박한 생각들이야말로 변증법적 사유의 가계(家計)에 속하는데, 왜냐하면 그 생각들은 다름 아닌 실천을 촉구하는 이론의 지시[명령]를 나타내기 때문이다. 실천에 전하는 지시가

---

10) Bertolt Brecht, *Dreigroschenroman*, p. 211.

아니라 실천을 하라는 지시이다. 즉 행동은 물론 사유처럼 섬세하게 나타날 수 있다. 그러나 생각은 행동 속에서 권리를 보장받으려면 투박해야 한다.

투박한 사유의 형식들은 천천히 바뀐다. 왜냐하면 그것들은 대중에 의해 만들어졌기 때문이다. 사멸해버린 형식들에서 아직 배울 게 있다. 그 가운데 하나가 속담이다. 속담은 투박한 사유의 학교이다. "맥히스 씨는 메리 스웨이어에게 양심의 가책을 느끼고 있는가?"라고 사람들은 묻는다. 브레히트는 사람들이 분명히 알도록 다음과 같이 대답하면서 이것을 위의 단락 위에 이렇게 적는다. "어떤 망아지가 익사한 곳에는 물이 있었지."[11] 또 다른 단락 위에는 이런 제목을 쓸 수도 있을 것이다. "대패질 하는 곳에 대팻밥이 떨어지기 마련이다." 그것은 피첨이 '비참함의 영역에서 최고권위자'로서 거지사업의 토대를 눈앞에 그려보는 대목이다.

피첨은 이렇게 말한다. "왜 사람들이 적선하기 전에 거지들의 불구 상태를 그다지 날카롭게 살펴보지 않는지는 내게도 분명하다. 그들은 자기들이 두들겨 팬 부위에 상처가 있다고 확신하는 것이다! 그들이 사업을 벌인 곳에서 파산한 자들은 떠나가지 않겠는가? 그들이 자기 가족들을 걱정하고 있을 때 많은 가족들이 다리 아치 아래로 기어 들어 가지 않았겠는가? 모든 사람이 처음부터 확신하는 것은, 그 자신의 생활방식을 두고 볼 때 도처에 치명적으로 상처 입은 자들과 말할 수 없을 정도로 도움이 절실한 자들이 기어 다니고 있음이 틀림없

---

11) Bertolt Brecht, *Dreigroschenroman*, p. 312.

다는 것이다. 어째서 살펴보는 수고를 한단 말인가. 사람들이 적선할 용의가 있는 몇 펜스 때문에 말이다!"[12]

범죄자들의 사회

피첨은 서푼짜리 오페라 이후 성장했다. 현혹되지 않는 그의 눈앞에 자기가 성공적으로 투기한 부분의 조건들과 실패한 투기의 실수들이 드러난다. 그 어떤 베일로도, 그 어떤 환영으로도 그가 착취의 법칙을 볼 수 없게끔 가리지 못한다. 이로써 시대에 뒤처졌고 세상을 등지며 살아가는 이 작은 인간이 지극히 현실적으로 사유하는 자라는 사실이 드러난다. 오스발트 슈펭글러[13]는 부르주아 계급의 초기로부터 유래한 인도주의적이고 박애주의적인 이데올로기들이 오늘날의 기업가들에게는 얼마나 쓸모없는 것이 되었는지를 보여줬는데, 피첨은 그런 슈펭글러와 충분히 견줄 만하다. 기술이 이루어내는 성과들은 우선 지배계급에 도움이 된다. 이것은 현대적인 이동 형식들에 적용되는 것만큼 가장 진보한 사유 형식에도 적용된다. 서푼짜리 소설에 등장하는 신사들은 자동차는 갖고 있지 않지만 모두 변증법적으로 사유하는 머리만큼은 갖고 있다. 예를 들어 피첨은 살인을 하면 처벌이 뒤따른다고 스스로 말한다. 그러면서 이렇게 말한다. "그

---

12) Bertolt Brecht, *Dreigroschenroman*, p. 207.
13) Oswald Spengler, 1880~1936 : 독일의 문화철학자. 그의 대표작인 『서구의 몰락』
     (제1권: 1918; 제2권: 1922)은 제1차 세계대전 이후의 사상계에 큰 영향을 끼쳤다.

러나 살인하지 않는데도 처벌이 따르고, 그것도 더 끔찍한 처벌이 따
른다. …… 나와 내 가족에 닥쳐왔듯이 영락한 채 슬럼가로 흘러든다
는 것은 교도소에 들어가는 것과 다를 바 없다. 슬럼가는 평생을 지
낼 교도소이다!"[14]

범죄소설은 초기에 도스토옙스키[15]의 경우 심리학 분야에서 많은
성과를 냈는데, 그것이 발전하여 정점에 이르렀을 때는 사회비판을
위해 이용된다. 브레히트의 책이 이 장르를 도스토옙스키보다 더 철
저하게 활용하는데, 그것은 거기서는 — 현실에서와 마찬가지로 —
범죄자가 자기의 생계수단을 사회 속에 가지고 있고, 사회는 — 현실
에서와 마찬가지로 — 그가 약탈한 것에서 자기 몫을 챙긴다는 점 때
문이다. 도스토옙스키에게는 심리학이 중요했다. 그는 인간 안에 숨
어 있는 범죄자의 부분을 드러냈다. 브레히트에게 중요한 것은 정치
이다. 그는 사업 안에 숨어 있는 범죄라는 부분을 드러낸다.

부르주아 법질서와 범죄, 이 둘은 범죄소설의 게임규칙에 따르면
대립관계에 있다. 브레히트의 방식은 범죄소설의 고도로 발전된 기
술을 유지하되 그것의 게임규칙은 작동하지 않게끔 하는 데 있다. 부
르주아 법질서와 범죄의 관계는 **그의** 범죄소설에서 사실적으로 묘사
된다. 범죄는 부르주아 법질서에 의해 인가(認可)되는 착취의 특수한
경우임이 드러난다. 때때로 그 둘이 서로 자유롭게 넘나드는 경우도
생겨난다. 사려 깊은 피첨은 깨닫는다. "어떻게 해서 복잡해진 사업

---

14) Bertolt Brecht, *Dreigroschenroman*, p. 399.

15) Fyodor Mikhailovich Dostoevskii, 1821~81 : 19세기 러시아 문학을 대표하는 소
    설가. 대표작으로 『죄와 벌』과 『카라마조프 씨네 형제들』이 있다.

들이 종종 매우 단순하고 또 태곳적부터 사용되어온 행동방식들로 넘어가는지! …… 계약과 정부의 도장으로 시작했는데, 끝에 가서는 강도살인이 필요하게 됐지! …… 그런데 나야말로 얼마나 살인에 반대하느냔 말이다! …… 그리고 우리는 단지 서로 거래를 했을 뿐이라는 점을 생각하면 말이다!"[16]

범죄소설의 극단적 경우인 이 소설에서 탐정이 할 일이 없다는 것은 당연하다. 게임규칙에 따라 법질서의 관리자인 탐정에게 떨어지는 역할은 여기서 경쟁이 떠맡는다. 맥히스와 피첨 사이에 벌어지는 것은 두 패거리 사이의 어떤 싸움이며, 노획물의 분배를 공중을 통해 확정하는 해피엔드는 일종의 신사협정이다.

풍자와 마르크스

브레히트는 우리가 살아가는 상황에서 법 개념들로 장식되어 있는 부분을 걷어낸다. 그 상황으로부터 인간적인 것이 후세에 전해질 적나라한 모습으로 드러난다. 유감스럽게도 그것은 탈인간화된 모습이다. 그러나 그것은 이 풍자작가 탓이 아니다. 더불어 살아가는 동료 시민을 벌거벗기는 일이 그의 과제이다. 그가 그 시민을, 마치 세르반테스가 베르간사라는 개[17]를, 조너선 스위프트가 휴이넘의 말[18]

---

16) Bertolt Brecht, *Dreigroschenroman*, p. 399.

17) Berganza : 미겔 데 세르반테스(Miguel de Cervantes)의 모범소설인 『개들의 대화』(*Coloniquio de los perros*)에서 양 떼를 지키는 개로 등장한다.

을, 에테아 호프만이 고양이[19]를 소개하듯이 새로 옷을 입혀 꾸밀 때 그에게 근본적으로 중요한 것은 그 시민이 자신의 두 의상 사이에 벌거벗은 채 서 있는 포즈 하나뿐이다. 이 풍자작가가 중시하는 것은 그 시민의 알몸이며, 작가는 그에게 거울 속에 비친 자신의 모습을 보여준다. 이 이상으로 그가 하는 일은 없다.

이처럼 브레히트는 동시대인의 옷을 살짝 바꿔 입히는 것으로 만족한다. 게다가 그 작업이야말로 19세기와의 연속성을 만들어내기에 충분하다. 19세기는 제국주의뿐만 아니라 제국주의를 향해 필요한 물음들을 던질 줄 아는 마르크시즘도 출현시켰다. "독일 황제가 크뤼거 대통령에게 전보를 쳤을 때[20] 어떤 주식 가격이 올랐고 또 어떤 주식 가격이 떨어졌을까?" "물론 그것은 공산주의자들만 묻는다." 굴욕을 당하는 인간과 자본주의 경제의 안개 낀 상태 사이의 관계를 비판적으로 조명하는 작업을 처음 시도한 마르크스는 그로써 풍자를 가르치는 교사가 되었다. 마르크스는 이 풍자 분야의 장인이 되는 데 그다지 손색이 없었다. 브레히트가 바로 이 마르크스에게서 배웠다. 언제나 유물론적인 기술인 이 풍자는 브레히트에 이르러서는 변증법

---

18) Houyhnhnm : 『걸리버 여행기』에 나오는 말이 지배하는 나라. 스위프트가 생각한 이상국가인 이 휴이넘 나라에 사는 말도 휴이넘이라고 한다.

19) 『수고양이 무어의 인생관』(Lebens-Ansichten des Katers Murr) : 독일 낭만주의 시대의 작가인 E. T. A. 호프만(E. T. A. Hoffmann)의 동물우화이자 환상소설·풍자소설로 제1권은 1819년에, 제2권은 1821년에 발표되었다.

20) 1896년 독일의 황제 빌헬름 2세가 오늘날 남아프리카 공화국의 대통령 파울루스 크루거(Paulus Kruger)에게 보낸 전보. 이 전보에서 황제는 크루거가 트란스발 지역을 영국군의 침입으로부터 성공적으로 막아낸 공적을 치하했다. 크루거는 독일어권에서는 옴 크뤼거(Ohm Krüger)로 알려졌다.

적인 기술이 되기도 했다. 마치 계몽주의 시대의 풍자작품들에서 자기들 주변의 프랑스인들을 살펴보는 중국 관료와 터키 파샤의 배후에 공자와 조로아스터가 숨어 있듯이, 브레히트 소설의 배경에 마르크스가 숨어 있다. 마르크스는 여기서 위대한 작가 일반이, 그러나 특히 위대한 풍자작가가 자신의 대상과 유지하는 간격의 넓이를 규정한다. 후세가 어떤 작가를 고전적이라고 칭할 때 그 후세가 그 작가에게서 배워 자기 것으로 만든 것이 언제나 이 간격이었다. 추측하건대 그 후세가 서푼짜리 소설에서 꽤 쉽게 길을 찾을 것이다.

스벤보르의 여름 일기 1934

Walter Benjamin, *Gesammelte Schriften*, Frankfurt a. M., 1972~89, Bd. VI, pp. 523~32. (Notizen Svendborg Sommer 1934: Materialien zu einem Selbstporträt)

7월 4일

어제 스벤보르의 브레히트 병실에서 「생산자로서의 작가」라는 내 논문을 둘러싸고 긴 대화가 있었다. 이 논문은 문학의 혁명적 기능을 결정하는 기준이 예술 형식 및 정신적인 생산수단의 기능전환을 가져올 기술적 진보에 있다고 보는데, 이 논문의 이론을 브레히트는 오직 한 유형, 자신도 속한 대 부르주아 작가 유형에만 해당된다고 보았다. 그는 다음과 같이 말했다. "이러한 작가 유형은 사실상 한 지점에서 프롤레타리아의 이해관계와 연대하는데, 그것은 자신이 갖고 있는 생산수단의 지속적 발전입니다. 이 지점에서 프롤레타리아트의 이해관계와 연대하면서 그는 생산자로서 프롤레타리아가 됩니다. 그것도 완전히 말입니다. 한 지점에서 프롤레타리아화가 완전히 이루어지면 전 노선에서 프롤레타리아트와 연대하게 됩니다." 베허 부류의 프롤레타리아트 노선 작가들에 대한 나의 비판은 너무 추상적이라고 브레히트는 보았다. 내 비판을 교정하고자 브레히트는 한 프롤레타리아트의 공식 문학잡지 최근호에 실린 「아주 솔직히 말하자면 ……」이라는 베허의 시[1]를 분석해보았다. 브레히트는 베허의 시를 한편에서 카롤라 네어를 위해 연기술에 대해 쓴 자신의 교육시[2]와 비교하고, 다른 한편에서 「술 취한 배」[3]와 비교했다. 브레히트는 "카롤라 네어에게 여러 가지를 가르쳐 주었습니다"라고 하면서 다음과 같이 말했다. "그녀는 연기하는 법만 배운 것이 아닙니다. 예를 들면 그녀는 어떻게 씻는지를 내게 배웠습니다. 그녀가 몸을 씻는 것은 더 이상 더러운 상태로 있지 않기 위해서였습니다. 물론 그것은 당연했죠. 나는 그녀에게 얼굴 씻는 법을 가르쳤습니다. 그녀가 아주 완벽하게 해냈기 때문에 나는 그녀의 얼굴 씻는 모습을 영화로 찍으면 어떨까 생각한 적도 있습니다. 하지만 당시 나는 영화 촬영을 꺼렸기 때문에 그렇게 하지는 않았습니다. 그녀도 다른 사람 앞에서 영화 찍는 일을 하고 싶어 하지 않았습니다. 이 교육시는 하나의 모델이었습니다. 누구나 자신의 '자아'의 자리에 학습하는 사람을 대신 세워야 합니다. 베허는 '나'라고 말하면서 ― 프롤레타리아트 혁명작가 연합 회장으로서의 ― 자신을 모범적이라고 생각합니다. 다만 아무도 그

---

1) Johannes R. Becher, *Gesammelte Werke*, Bd. 3: *Gedichte 1926~1935*, Berlin: Weimar, 1965, pp. 473~75("Es gibt keine Zeit, in der es besser wäre, geboren zu sein").

2) "Rat an die Schauspielerin C. N.", in: Bertolt Brecht, *GW* in acht Bänden, Frankfurt a. M., 1967, Bd. 4, p. 331.

3) "Bateau Ivre" : 1871년에 발표된 아르튀르 랭보(Arthur Rimbaud)의 시.

를 흉내 내고 싶어 하지 않습니다. 그냥 베허가 자신에 대해 만족한다고만 짐작합니다." 이 말을 하면서 브레히트는 오래전부터 다양한 직업 — 엔지니어, 작가 등 — 을 위한 견본 시 몇 편을 쓸 계획이었다고 말했다. 다른 한편, 브레히트는 베허의 시를 랭보의 시와 비교했다. 브레히트에 따르면 마르크스와 레닌도 랭보의 시에서 — 만약 그들이 그 시를 읽었더라면 — 위대한 역사적 운동이 표현되고 있다는 사실을 감지했을 것이다. 랭보의 시가 묘사한 것은 한 남자의 기행이 아니라 크림전쟁이나 멕시코 모험에서처럼 이국의 영토를 상업적인 이익을 위해 개척하기 시작한 계급의 벽을 더 이상 참을 수 없었던 한 인간의 도피와 방랑이었다는 것이다. 아무 데에도 구속되지 않고, 모든 일을 우연에 맡기며 사회에 등을 돌린 방랑자를 프롤레타리아트 투사의 모형에 포함시키는 것은 불가능하지만 말이다.

7월 6일

어제 대화에서 브레히트는 이렇게 말했다. "나는 종종 내가 심문을 받게 될 법정을 상상해봅니다." "무슨 뜻입니까? 진지하게 생각하시는 겁니까?" "전적으로 진지한 것은 아니라고 해야겠지요. 그런 생각을 진지하게 하기에는 나는 기교와 관련된 것, 연극에 도움이 되는 것에 대한 생각을 너무 많이 합니다. 하지만 당신의 중요한 질문에 내가 아니라고 대답한 이상 더 중요한 주장을 하겠습니다. 나의 이러한 태도는 말자하면 허락된 것입니다." 이 주장은 대화가 진행되면서 나중에 나왔다. 브레히트는 자신의 방식이 지니는 합법성이 아니라 그 방식의 호소력에 대해 의혹을 제기하면서 시작했다. 내가 게르하르트 하우프트만⁴⁾에 대해 몇 가지 언급을 하자 그는 이렇게 말했다. "이따금 나는 그들이 무언가를 실지로 이룬 유일한 작가들이 아닐까 자문하곤 합니다. 실체적인 작가(Substanz-Dichter)들 말입니다." 브레히트는 이러한 작가들은 전혀 진지하지 않은 작가들이라고 이해했다. 이 생각을 설명하기 위해 그는 공자가 비극을, 혹은 레닌이 소설을 쓴다는 허구에서 출발한다. 사람들은 그것은 부적당한 일이고, 그들에게 어울리지 않는 태도라고 느낄지 모른다고 브레히트는 해명한다. "당신이 어떤 훌륭한 정치소설을 읽었는데 나중에 그 소설을 레닌이 쓴 것임을 알았다고 가정해봅시다. 당신은 소설과 레닌 양자에 대한 당신의 의견을 바꿀지 모릅니다. 그것도 양자 모두에게 불리하게요. 공자 또한 에우리피데스가 쓴 것과 같은 작품을 써서는 안 되겠지요. 사람들은 그것이 어울리지 않는 일이라고 보았을 겁니다. 공자의 비유들은 그 반대지만요." 요컨대 이 모든 말은 문학가 유형을 두 가지로 나누는 데로 귀착한다. 한편에서는 진지한 예언가 유형, 다른 한편에서는 그다지 진지하지 않지만 신중한 유형이 그것이다. 여기서 나는 카프카에 대한 질문을 던졌다. 카프카는 두 유형 중 어디에 속합니까? 이 질문에 대해 대답을 결정할 수 없음을 나는 안다. 그런데 위대한 작가라고 간주된 카프카가 클라이스트나 뷔히너와 마찬가지로 실패한 작가라는 징후가 여기에 있다고 브레히트는 생각한다. 사실 카프카의 출발점은 우화이다. 우화는 이성 앞에서 해명되는

---

4) Gerhart Hauptmann, 1862~1946 : 독일의 극작가·소설가. 고향인 슐레지엔 지방에서 1844년에 일어난 직조공들의 봉기를 드라마로 만든 『직조공들』(*Die Weber*, 1892)은 자연주의적 드라마의 대표작으로 알려져 있다. 1912년 노벨 문학상을 수상했다.

것이기 때문에 우화에서는 텍스트에 관한 한 그다지 진지할 필요는 없다. 그런데 우화는 형상화에 지배된다. 우화가 확대되면 한 편의 소설이 된다. 자세히 보면 우화는 처음부터 소설로 성장할 싹을 자체 속에 지니고 있다. 완전하게 해명된 우화는 한 번도 없었다. 한편 브레히트의 확신에 따르면 카프카는 『카라마조프가의 형제들』에 나오는 도스토옙스키의 대종교재판관, 성자 스타레츠의 시신이 썩기 시작하는 우화적 장면 등이 없었다면 자신만의 고유한 형식을 발견하지 못했을 것이다. 카프카에서 우화적 요소는 예언적 요소와 반목한다. 브레히트가 말하듯이 예언가로서 카프카는 존재하는 것은 보지 못하고 다가오는 것을 보았다. 브레히트는 카프카의 작품에는 예언적인 측면이 있다고 강조했다.[5] 이것은 예전에도 르 라방두에서 말한 사항인데 이번에 그는 내게 더 분명하게 말했다. 카프카는 하나의 문제, 어쩌면 단 하나의 문제만을 갖고 있는데, 바로 조직의 문제가 그것이다. 그를 사로잡은 것은 개미왕국에 대한 불안이었다는 것이다. 그것은 인간이 어떻게 공존의 형식들로 인해 자신으로부터 소외되는가라는 문제이다. 카프카는 이러한 소외의 특정 형식들, 예컨대 소련의 국가비밀경찰(GPU)의 방식에서 볼 수 있는 형식을 예견했다. 하지만 그는 해결책을 찾지 못했고 자신의 악몽으로부터 깨어나지 못했다. 브레히트는 카프카의 꼼꼼함에 대해 언급했는데, 그것은 부정확한 자, 꿈꾸는 자의 꼼꼼함이라는 것이다.

---

5) Bertolt Brecht, *GW* in acht Bänden, Frankfurt a. M., 1967, Bd. 4, pp. 432~34 참조.

7월 12일

어제 체스 게임이 끝난 후에 브레히트가 말했다. "자, (카를) 코르쉬[6]가 오면 우리는 그와 새로운 게임을 만들어야 할 것입니다. 판의 배치가 항상 똑같지 않은 그런 게임 말입니다. 〔예컨대〕 체스의 말들은 한자리에 잠시 머무는 동안 그 기능이 달라집니다. 더 강해지거나 더 약해지면서요. 하지만 지금 식대로 하면 발전하지 못합니다. 너무 오랫동안 똑같은 상태로 머물러 있습니다."

7월 23일

러시아 여행에서 어제 막 돌아와서 아직 들떠 있는 카린 미하엘리스[7]가 방문했다. 브레히트는 (세르게이) 트레차코프[8]가 자신을 안내해주었던 때를 떠올렸다. 트레차코프는 브레히트에게 모스크바를 보여주면서 손님에게 구경시켜준 모든 것에 자부심을 가졌다고 한다. 그럴 수 있을 것이다. "나쁘다는 것이 아닙니다"라고 브레히트는 말했다. "그 모든 것은 그것이 트레차코프에게 속한 것임을 보여줍니다. 그런데 우리는 다른 사람들의 물건에는 자부심을 갖게 되지 않습

---

6) Karl Korsch, 1886~1961 : 마르크스주의 이론가로 활동한 독일의 사상가이자 정치가.

7) Karin Michaelis, 1872~1950 : 덴마크의 여성작가.

8) Sergei Tretjakow, 1892~1939 : 소련의 작가이자 러시아 미래파의 대표자. 이론가이자 활동가로서 세르게이 에이젠슈타인, 마야코프스키, 브레히트 및 1920~30년대 아방가르드 예술의 대표자들과 교류했다. 그는 프롤레타리아가 역사의 주체가 되었으면서도 예술 분야에서는 아직도 수동적 소비자에 머물고 있음을 지적하면서 프롤레타리아들이 예술 생산에 능동적으로 참여해야 한다는 생산자 예술론을 주장했다. 1937년 스탈린 치하에서 숙청되었다.

니다." 잠시 후 그는 덧붙였다. "네, 물론 나는 무엇보다 좀 피곤했습니다. 나는 모든 것에 경탄을 보낼 수도, 보낼 의향도 없었습니다. 그렇습니다. 그것은 그의 군인들이고, 그의 트럭들이었으니까요. 유감스럽게도 나의 것들이 아니라는 말입니다."

7월 24일

브레히트의 작업실 천장을 떠받치고 있는 긴 대들보에 글씨가 칠해져 있다. "진리는 구체적이다." 창문턱 위에는 고개를 끄덕거릴 수 있는 작은 나무당나귀가 있는데, 브레히트는 그 당나귀 목에 작은 표지판을 걸어 다음과 같이 썼다. "나도 그것을 이해해야 해."

8월 5일

3주일 전에 브레히트에게 카프카에 대해 쓴 내 논문을 주었다. 아마 그는 그것을 읽긴 했을 텐데 먼저 말을 꺼내지는 않았다. 내가 두 번이나 화제로 삼아도 회피성 발언을 할 뿐이었다. 결국 나는 아무 말도 하지 않고 원고를 그냥 다시 가져왔다. 그런데 어제 저녁 그가 갑자기 그 논문 이야기를 꺼냈다. 약간 급작스럽고 위험한 발언으로 말문을 돌린 것이다. 나 또한 니체식의 일기체 글을 쓴다는 비난에서 자유롭지 못하다는 것이다. 예를 들어 내 카프카 논문은 단지 현상적 측면에서 카프카를 다루면서 작품도 사람도 마치 저절로 성숙해진 것처럼 취급하고, 그러면서 그것을 모든 연관관계로부터, 심지어 저자 자신과의 연관관계로부터도 떼어놓는다는 것이다. 나는 늘상 **본질**에 대한 질문으로 돌아간다고 한다. 그렇다면 이와는 달리 사태를 어떻게 파악해야 할 것인가? 카프카의 경우 사람들은 다음과 같은 물음을 던지며 접근해야 한다고 본다. 그는 무엇을 하는가? 그는 어떻게 처신하는가? 일단 특수한 것보다는 일반적인 것에 접근해야 한다. 그러면 다음과 같은 사실이 드러난다. 즉 카프카는 프라하에서 저널리스트들과 잘난 체하는 문인들로 구성된 나쁜 환경에서 살았다. 이러한 세계에서 문학은 유일한 현실이 아니나 중요한 현실이었다. 카프카의 강점과 약점, 즉 그의 예술적 가치, 심지어 여러 모로 쓸데없는 측면까지 이러한 현실관과 관계가 있다. 그는 유대인 출신 청년이고 — 우리가 아리안 청년이라는 개념을 사용할 수 있는 것처럼 — 궁색하고 불쾌한 인간이며 프라하 문화의 늪에 떠오른 거품일 뿐 그 이상도 그 이하도 아니다. 하지만 아주 흥미 있는 특정한 측면들도 있다. 우리는 그 측면들을 드러낼 수 있다. 이를테면 노자가 제자 카프카와 나누는 대화를 상상해볼 수 있다. 노자가 말한다. "이보게, 카프카 학생. 자네가 살고 있는 조직, 법과 경제의 형태가 자네한테는 으스스하게 느껴지지? — 그렇습니다 — 그 안에서 어떻게 해야 할지를 더 이상 모르겠지? — 그렇습니다 — 한 장의 주식도 으스스하지? — 네 — 그렇다면 자네는 자네가 따를 수 있는 한 사람의 지도자를 요구하는 것이네, 카프카 학생." 이것은 물론 비난받을 만한 일인데, 그래서 자신은 카프카를 거부한다고 브레히트는 말했다. 그는 '쓰임새의 고통'에 대한 중국 철학자의 비유를 들었다. "숲속에는 여러 종류의 나무줄기가 있습니다. 제일 굵은 나무에서는 배의 대들보감을 베어내고, 그보다 덜 굵지만 그런대로 쓸 만한 나무로는 상자 뚜껑이나 관을 만듭니다. 아주 가는 나무로는 회초리를 만듭니다. 그러나 구부러진 나무로는 아무것도 만들지 않습니다. 이 나무는 쓰임새의 고통을 벗어난 것입니다. 숲속에서처럼 카프카가 쓴 것도 둘러보아야 합니다. 그러면 거기서 제법 쓸 만한 것들을 찾아내게 될 것입니다. 이미지들은 훌륭합니다. 나머지는 비밀주의를 표방할 뿐입니다. 이 나머지가 난센스입니다. 그것은 무시해야 합니다. 깊이로는 앞으로 나아가지 못합니다. 깊이는 그 자체가 하나의 차원이지만, 깊이에서는 어떠한 것도 모습을 드러내지 못합니다." 브레히트의 이 말에 이어 나는 다음과 같이 마무리 발언을 했다. "깊이로 파고들어가는 것은 대척점에 도달하기 위한 내 나름의 방식입니다. 크라우스에 대한 논문에서는 실제로 대척점에 도달했습니다. 카프카에 대한 논문에서 그렇게까지 성공하지 못한 것은 인정합니다. 그래서 일기식 기록이 되었다는 비난을 반박할 수는 없습니다. 사실 내 관심은 크라우스가 설정한 한계 공간, 카프카가 다른 방식으로 설정한 이 공간 내에서의 논쟁에 있습니다. 카프카의 경우 나는 이 공간을 아직 다 살펴보지 못했습니다. 카프카 작품에 상당한 잔해와 쓰레기, 진짜 비밀주의가 들어 있음은 내게도 분명합니다. 하지만 결정적인 것은 그러한 것들과는 다른 것이고, 내 논문은 이 중 몇 가지를 다룬 것입니다." 나는 브레히트의 문제제기가 개별적인 것에 대한 해석에서 실증되어야 할 거라고 했다. 나는 「이웃 마을」[9]을 예로 들었다. 그러자 이 제안으로 인해 브레히트가 갈등에 빠지는 것을 볼 수 있었다. 이 이

---

9) Franz Kafka, *Erzählungen* (*Gesammelte Werke*, hg. von Max Brod), Frankfurt a. M., 1946, p. 168f.

야기에 대해 '무가치하다'라고 한 (한스) 아이슬러[10]의 단언을 그는 단호하게 거부했다. 그러나 다른 한편으로 그는 이 이야기의 가치를 드러내는 데는 성공하지 못했다. 브레히트는 "면밀하게 검토해 보아야 할 사항"이라는 의견이었다. 그러고는 대화가 끊겼다. 10시가 되었고 빈에서 보내는 라디오 뉴스가 들렸다.

8월 31일

그저께 내 카프카 논문에 대한 길고 열띤 논쟁이 있었다. 이 논쟁의 근본은 내 논문이 유대 파시즘을 부추긴다는 비난이었다. 내 논문이 카프카라는 인물을 둘러싼 어둠을 분산시키는 대신 오히려 더 증가시키고 확산시켰다는 것이다. 이와는 달리 카프카로부터 쓸모없는 것을 쳐내는 것, 즉 그의 이야기에서 끄집어낼 수 있는 실질적인 제안들을 제시하는 것이 중요하다는 것이다. 카프카의 이야기로부터 제안을 끄집어낼 수 있다고 충분히 추측해 볼 수 있는데, 그 이야기들의 태도를 이루는 뛰어난 평정심 때문에라도 그럴 만하다는 것이다. 그렇지만 오늘날의 인류가 일반적으로 처한 커다란 곤경과 관련된 방향에서 이러한 제안들을 찾아야 한다는 것이다. 이러한 발언에 이어 브레히트는 그러한 곤경이 카프카의 작품에 남긴 자국을 드러

---

10) Hanns Eisler, 1898~1962 : 독일의 작곡가로 가곡, 관현악, 실내악곡, 영화음악을 작곡했다. 빈 음악원에서 아르놀트 쇤베르크(Arnold Schoenberg)에게 사사하고 처음에 12음기법으로 작곡했으나, 그 뒤 대중을 위한 음악에 몰두한다. 1933년 나치의 탄압을 피해 미국으로 이주했다가 1947년 귀국해 동베를린에서 국립음악원 교수를 지냈다.

내보고자 했다. 그는 주로 『소송』을 예로 들었다. 무엇보다 거기에는 끝날 것 같지 않은, 또 부단히 진행되는 대도시의 성장에 대한 불안이 숨어 있다고 한다. 그는 이러한 생각이 인간에게 일으키는 악몽을 자신의 고유한 체험을 통해 알고 있다고 주장한다. 사람들이 오늘날의 삶의 형식들을 통해 휩쓸려 들어가는 무수한 매개, 의존, 교착이 이들 도시에서 표현된다. 다른 한편으로 그러한 상황은 '지도자'(총통)에 대한 열망에서 표현된다. 누군가 다른 사람을 탓하면서 그 사람을 외면해버리는 그런 세상에서 지도자는 소시민들에게는 모든 불행에 대한 책임을 전가할 수 있는 사람을 나타낸다. 브레히트는 『소송』을 예언적인 책이라고 부른다. "소련 비밀경찰의 미래는 게슈타포를 보면 알 수 있지요." 카프카의 전망, 그것은 바퀴에 깔린 인간의 전망이다. 그러한 전망을 특징적으로 보여주는 것이 '오드라데크'[11] 이다. 브레히트는 이 가장의 근심을 관리인의 근심으로 해석한다. 소시민인 이 사람에게 일은 실패할 수밖에 없다. 그의 상황이 곧 카프카의 상황이다. 그러나 오늘날 전형적인 소시민 유형 — 파시스트가 바로 그러한 유형이다 — 은 이러한 상황에 직면하여 자신의 강철 같고 억제할 수 없는 의지를 발동하기로 결심한 반면에, 카프카는 그러한 상황에 거의 저항하지 않는다. 그는 현명하기 때문이다. 파시스트가 영웅주의로 대처하고 있는 반면에, 카프카는 질문들로 대처한다.

---

11) 오드라데크는 카프카의 단편소설 「가장의 근심」에 나오는 이상한 존재를 일컫는 이름이다. 사물이기도 인간이기도 한 오드라데크는 그들 가족 안에 적응시키려는 가장의 가장 큰 근심의 대상이 된다. Franz Kafka, *Erzählungen* (*Gesammelte Werke*, hg. von Max Brod), Frankfurt a. M., 1946, pp. 170~72.

그는 자신의 상황을 무엇이 보증해줄지를 묻는다. 하지만 그러한 보증은 일체의 이성적인 척도를 넘어설 수밖에 없다는 점이 이 상황의 특징이다. 어떠한 보증도 취약하다〔쓸모없다〕고 확신하는 그 사람이 바로 보험회사 직원이라는 사실은 일종의 카프카식의 아이러니이다. 더구나 그의 끝없는 비관주의에는 운명이라는 일체의 비극적 감정이 배제되어 있다. 왜냐하면 카프카에게 불행에 대한 예상은 오직 경험으로만 — 물론 완성된 형태로 — 뒷받침되며, 그 최종 결과를 가늠하는 기준을 카프카는 고집스러울 정도로 순진한 태도를 가지고 아주 하찮고 일상적인 업무, 예를 들면 출장 중인 사람의 방문 혹은 관청에 문의하는 등의 업무에 두기 때문이다.

대화는 한동안 「이웃 마을」이라는 이야기에 집중되었다. 브레히트는 다음과 같이 설명한다. 이 이야기는 아킬레스와 거북이 이야기[12]와는 정반대이다. 말 타기의 행위를 아주 작은 부분들로 — 우발적 사건들은 차치하고라도 — 이루어진 것으로 본다면 어느 누구도 이웃 마을에 도달하지 못한다. 이러한 말 타기를 하기에는 인생이 너무 짧다. 하지만 여기서 잘못은 '어느 누구도'에 있다. 말 타기가 세분화되듯이 말 탄 사람도 세분화되기 때문이다. 인생의 통일성이 사라지듯이 인생의 짧음 또한 사라진다. 인생이 짧으면 짧은 대로 두어도 된다. 그래도 상관없다. 왜냐하면 길을 떠난 사람은 아니지만 다른 사람이 마을에 도착하기 때문이다. 나는 내 나름대로 다음과 같은 해석

---

12) 그리스 신화에 나오는 트로이 전쟁의 영웅 아킬레스는 발이 빠른 영웅으로 알려져 있지만, 달리기 시합에서 앞서 출발하는 거북이를 결코 따라잡을 수 없다고 주장한 그리스 철학자 제논(Zenon)의 역설을 말한다.

을 제시했다. 인생의 진정한 척도는 기억이다. 기억은 뒤돌아보면서 인생을 섬광처럼 죽 훑고 지나간다. 책장 몇 장을 넘기듯이 순식간에 기억은 말 탄 자가 길을 떠날 결심을 한 그 자리에 도달한다. 노인들에게 그렇듯이 인생이 문자로 변한 자들은 이 문자를 거꾸로밖에는 읽을 수 없을 것이다. 그렇게 해서만 그들은 자기 자신과 만나고, 그렇게 해서만 ─ 현재로부터 도피하면서 ─ 이러한 만남을 이해할 수 있다.

9월 27일 드라고르

며칠 전 저녁 대화에서 브레히트는 계획을 세울 때 방해가 되는 유별난 우유부단을 드러냈다. 그가 스스로 강조하듯이 이러한 우유부단의 일차적 원인은 그의 개인적 처지가 대부분의 다른 망명객들에 비해 갖는 이점에 있다. 그에 따라 일반적으로 그는 망명이 그의 시도나 계획의 토대라고 거의 보지 않는다. 그럴수록 자기 자신에서조차 망명과의 관계가 결정적으로 끊어진다. 그의 계획은 좀더 먼 범위를 포괄한다. 그는 여기서 양자택일의 기로에 있다. 한편에는 산문적 소재들이 있다. 우이(Ui) 〔소설〕[13]의 짧은 소재 ─ 르네상스 역사서술가 스타일의 히틀러 풍자 ─ 와 투이(Tui) 소설의 긴 소재가 그것이다. 투이 소설은 투이(Tellektual-Ins)〔지식인(Intellektuelle)〕들의 어리석음을 백과사전식으로 개관할 작정이다. 이 소설은 적어도 부분적으로 중

---

13) "*Die Geschichte des Giacomo Ui*", in: Bertolt Brecht, *GW* in acht Bänden, Frankfurt a. M., 1967, Bd. 5, pp. 252~62.

국을 무대로 하는 것으로 보인다. 이 작품에 대한 짧은 초안은 이미 써놓은 상태이다. 이러한 산문 기획 외에 브레히트가 신경 쓰는 것은 아주 예전의 연구와 숙고에서 비롯된 프로젝트들이다. 이중에서 서사극과 관련된 생각은 『시도들』의 각주와 서문에 겨우 담을 수 있었다. 반면에 그와 동일한 관심사에서 나온 다른 생각들은 한편에서 레닌주의 연구와, 다른 한편에서는 경험론자들의 자연과학적인 경향과 결합하면서 원래의 좁은 틀을 넘어서게 되었다. 몇 년 전부터 그러한 생각들이 이런저런 표제어 아래에 분류되었는데, 바로 비(非)아리스토텔레스적인 논리, 태도에 관한 이론, 새로운 백과사전, 표상들에 대한 비판이라는 표제어들이 브레히트가 경주하는 노력 한가운데에 번갈아 등장했다. 이처럼 다양한 과제들이 요즈음 철학적 교육시에 대한 생각 속에 하나로 합쳐지고 있다. 브레히트에게 드는 회의감은 다음 의문에서 출발한다. 그가 쓴 전 작품, 특히 풍자적인 부분과 『서푼짜리 소설』을 두고 볼 때 과연 그러한 식의 서술이 관객의 신뢰를 얻을 수 있을 것인가라는 의문이 그것이다. 그러한 회의감에는 두 가지 상이한 생각이 합쳐지고 있다. 첫째, 브레히트가 프롤레타리아트 계급투쟁의 문제와 방법에 진지하게 임할수록 풍자적인 태도, 특히 반어적인 태도 자체에 대한 의구심이 생긴다. 실천의 차원과 관련된 이러한 의구심을 그보다 더 깊숙이 자리 잡은 다른 의구심과 동일한 것으로 본다면 그것을 제대로 이해한 것이 아니다. 이 다른 의구심은 예술의 기교적이고 유희적 요소, 특히 때때로 예술로 하여금 오성에 부분적으로 반항하도록 만드는 요소들에 대한 것이다. 예술을 오성에 맞서 정당화하려는 지속적인 노력 속에서 브레히트가 참조하는 우화는 궁극적으로는 예술의 요소들이 떨어져나감으로써 기교적인 숙달을 입증한다. 우화를 향한 이러한 노력이 지금은 더 급진적인 형태로 결실을 맺고 있는데, 이는 교육시를 향한 성찰에서이다. 대화를 이어가면서 나는 브레히트에게 그러한 교육시가 자신을 입증해 보여야 할 상대는 부르주아 관객이 아니라 프롤레타리아 관객이며, 이 관객은 부분적으로 부르주아들을 지향하던 예전의 브레히트의 작품보다 교육시의 교조적이고 이론적인 내용에서 자신의 판단 기준을 취한다는 사실을 분명히 하고자 했다. 나는 그에게 말했다. "이 교육시가 마르크스주의의 권위를 동원할 수 있다면 당신이 예전에 쓴 작품 때문에 그 권위가 흔들리지는 않을 것입니다."

10월 4일

어제 브레히트가 런던으로 떠났다. 브레히트가 스스로 자기 사고의 선동적인 태도라고 부른 태도가 예전보다 훨씬 더 분명하게 대화에서 감지된다. 가끔 나 때문에 특별히 그러한 욕구를 느끼는 것인지, 아니면 요사이 그러한 그런 태도가 예전보다 더 그에게 절실해진 것인지 모르겠지만. 이러한 태도에서 나온 특별한 어휘가 내 눈에 띈다. 그는 '한심한 것'이라는 어휘를 그와 같이 선동적인 의도에서 즐겨 사용한다. 드라고르에 있을 때 나는 도스토옙스키의 『죄와 벌』을 읽은 적이 있다. 먼저 브레히트는 이러한 종류의 독서가 내 병의 주된 원인이라고 주장했다. 이 말을 뒷받침하기 위해 그는 자기 안에 오래전부터 잠재되어 있던 만성병이 언제 발병하게 되었는지 이야기해주었다. 그것은 한 학교 친구가 피아노에 앉아 쇼팽을 연주하던 어느 날 오후였는데, 그 친구가 원하는 것을 반대하기에 자신은 너무 심약했다고 했다. 브레히트는 자신의 상태에 매우 치명적인 영향을 쇼팽과 도스토옙스키 탓으로 돌렸다. 그 밖에도 그는 나의 독서에 대해 가능한 모든 방식으로 입장을 표명했다. 또한 그는 같은 시기에 『슈베이크』(*Schweyk*)[14]를 읽었기 때문에 두 작가의 가치를 비교할 기회를 놓치지 않았다. 도스토옙스키는 하셰크와 비교 대상도 되지 못한다는 것이다. 여기서 도스토옙스키는 일고의 여지 없이 '한심한 것'으로 분류되었다. 조금만 더 나아갔더라면 브레히트는 그 표현을 아마 자신의 작품들에까지도 사용했을 것이다. 최근에 브레히트는 계몽적 성격이 결여되거나 그러한 성격이 없다고 여겨지는 모든 작품에 그 표현을 쓰고 있다. 그는 그러한 작품들을 '고물'이라고 부른다.

자화상을 위한 자료[15]

프리드리히 하인레가 「수많은 경배와 드높은 소명을 받아」(Vielgeehrt und Hochberufen)[16]라는 자신의 시 첫 행을 내 제안대로 고쳤을 때 느낀 자부심. 아마도 이 사실보다는 나중에 다방면으로 입증된 예감, 즉 내가 협력에 필요한 재능을 갖고 있다는 예감에서 나의 자부심이

---

14) 체코 작가 야로슬라브 하셰크(Jaroslav Hašek, 1883~1923)가 제1차 세계대전을 소재로 쓴 반전 풍자소설인 『세계대전 중의 용감한 병사 슈베이크의 모험』을 말한다. 브레히트는 이 소설을 각색해 희곡 「슈베이크」(Schweyk, 집필: 1943, 초연: 1957, 폴란드 바르샤바)를 썼다.

15) 출처는 Walter Benjamin, *Mittleres Programmheft*, p. 55.

16) Friedrich Heinle, *Ein Traumspiel* ("Tief geehrt und hoch berufen"), in: *Akzente* 31, 1984, pp. 3~5(Heft 1, Februar '84).

설명될 것이다.

최초의 사람이 되기란 상당히 어렵긴 하지만, 그렇게 되면 여러 가지 기회가 생긴다. 다른 식으로 최후의 사람에 대해서도 마찬가지가 적용되는데, 내가 바로 그 경우이다.

X가 쓴 황당하기 짝이 없는 허튼 글을 읽으면서 나는 나의 글에 대해 그가 내린 높은 평가는 도대체 어떤 가치를 지닐 수 있겠는가라고 스스로에게 말한다. 그러고 나서 다음과 같은 생각을 하면 안심이 된다. 나의 글은 아무짝에도 쓸모없는 글이지만, Y의 글에 대한 나의 높은 평가는 의심의 여지 없이 정당한 것이라는 생각 말이다.

내가 왜 사람들을 잘 알아보지 못하고 혼동하는지 이 수수께끼의 답은 다음과 같다. 나는 누구도 나를 알아보지 못하고 다른 사람과 혼동하기를 바라기 때문이다.

1938년 일기

Walter Benjamin, *Gesammelte Schriften*, Frankfurt a. M., 1972~89, Bd. IV, pp. 532~39. (Tagebuchnotizen 1938)

3월 6일

　지난 며칠 동안 밤에 꿈을 꾸었는데, 꿈들이 생생하게 기억나면서 내 일상 한가운데 깊숙이 들어와 있다. 어젯밤 꿈에서 나는 어떤 연회에 참석했다. 사람들이 내게 친절을 베풀어주었다. 여성들이 나한테 관심을 보이면서 내 외모를 공공연하게 칭찬해준 일이 특히 그렇다. 나는 내 자신을 돌아보고는 내가 더 이상 오래 살지 못해 나와 헤어지는 사람들이 마지막으로 표시하는 친절임을 퍼뜩 알아차린 것 같다.

　그 후 꿈에서 깨기 직전에 나는 아드리엔 모니에[1]의 가게에서 어

---

1) Adrienne Monnier, 1892~1955 : 프랑스 출신의 서적상이자 작가, 출판업자로서 1920년대와 1930년대 파리 문단에서 영향력 있는 인물이었다.

떤 여성과 함께 있었다. 그 안에는 지금은 생생하게 묘사하기 힘든 어떤 물건들이 전시되고 있었다. 그중에는 세밀화가 그려진 책, 음반, 에나멜을 씌운 것처럼 착색된 아라베스크 장식도 있었다. 방들은 거리에 면한 1층에 있어서 거리에서 큰 유리창을 통해 안을 들여다볼 수 있었다. 나는 안에 있었다. 같이 있던 여성은 이 가게에서 전시되는 기술을 홍보하기 위해 이미 오래전에 자신의 치아를 이용했다. 그녀는 자신의 치아에 유광 코팅을 해 치아가 칙칙한 초록색과 파란색으로 변해 있었다. 나는 그것은 재료의 올바른 사용법이 아니라는 점을 그녀에게 최대한 공손하게 알려주고자 했다. 내 생각을 앞질러 그녀는 자신의 치아 안쪽이 죽 붉게 물들어 있는 것을 보여주었다. 진짜 내가 하고 싶었던 말은, 치아에는 아무리 강한 색을 입혀도 그저 그런 정도가 된다는 말이었다.

나는 내 방에서 들리는 소리 때문에 아주 힘들었다. 어젯밤 꿈에는 이러한 상태가 그대로 포착되었다. 나는 지도 앞에 있었는데 동시에 그 지도가 재현하는 풍경 속에 들어가 있었다. 그 풍경은 경악스러울 정도로 황량하고 민숭민숭했는데 그것이 바위투성이 황무지의 황량함인지, 아니면 인쇄활자로만 채워진 텅 빈 잿빛 바탕의 황량함인지 확언할 수는 없을 것이다. 이 활자들은 지면(紙面) 위에 구불구불하게 늘어서 있어 흡사 산맥을 따라 나 있는 것 같았다. 활자들로 이루어진 단어들은 서로 약간씩 떨어져 있었다. 나는 내가 내이도(內耳道)의 미로 속에 있다는 사실을 알아챘다. 그런데 그 지도는 지옥의 지도였다.

6월 28일

나는 계단으로 된 미로 안에 있었다. 이 미로는 지붕이 다 덮여 있지는 않았다. 위로 올라갔는데, 다른 계단들은 깊은 곳으로 이어져 있었다. 층계참에 섰을 때 나는 내가 정상에 올라와 있음을 알았다. 사방이 멀리 내려다보이는 시야가 열렸다. 나는 다른 사람들이 다른 쪽 정상에 서 있는 것을 보았다. 그런데 이들 중 한 명이 갑자기 현기증으로 추락했다. 이 현기증이 퍼져 다른 정상에 있던 사람들도 깊은 곳으로 추락했다. 나 역시 이러한 느낌에 사로잡혔는데, 바로 그때 잠에서 깼다.

6월 22일에 브레히트 집에 도착했다. 브레히트는 베르길리우스[2]와 단테[3]의 태도에 나타난 우아함과 느긋함을 언급했는데, 우아함과 느긋함이 베르길리우스의 훌륭한 제스처를 돋보이게 하는 바탕이라고 했다. 그는 두 사람을 '산책자'(Promeneure)라고 부른다. 그러면서 『지옥』의 고전적인 지위를 강조했다. "사람들은 그 책을 자연 속에서 읽을 수 있습니다."

브레히트는 속물 성직자들에 대한 증오를 자신의 할머니로부터 물려받았다고 말한다. 그는 마르크스의 이론적 학설들을 자기 것으로 소화해 이를 다루는 사람들은 언제나 일종의 속물 성직자 같은 고문관 집단을 형성하게 된다고 암시했다. 마르크스주의는 '해석'에 너무

---

2) Publius Vergilius Maro, 기원전 70~기원전 19 : 고대 로마의 시인. 라틴 문학에서 가장 뛰어난 시인으로 불리고 국가 서사시 『아이네이스』(*Aeneis*)를 썼다.

3) Alighieri Dante, 1265~1321 : 13세기 이탈리아의 시인, 작가. 거작 『신곡』을 남겼으며 중세 문예부흥의 선구자로 평가된다.

쉽게 문을 엽니다. 마르크스주의는 100년이 되었고, …… 이 입증되었습니다(이 대목에서 우리의 대화가 끊겼다). "'국가는 사라져야 한다.' 이 말을 누가 했을까요? 국가가 했습니다"(이 말에서 그가 염두에 둔 국가는 다름 아닌 소비에트 연방이다). 브레히트는 노회한 태도로 삐딱하게 내가 앉아 있는 소파 앞에 서서 '국가'를 흉내 냈다. 그는 소송의뢰인을 상상하면서 얕보는 듯한 곁눈질로 다음과 같이 말했다. "나도 내가 사라져야 한다는 것을 압니다."

소비에트 연방의 최근 소설문학에 관한 대화가 있었다. 우리는 소설문학의 현황을 더 이상 알지 못한다. 소설문학 다음으로 서정시에 대해, 또 잡지 『말』에 넘쳐나게 실려 아주 다양한 언어로 번역된 소비에트 러시아의 서정시에 대해 이야기를 나누었다. 브레히트는 저쪽 작가들이 작금에 어려움을 겪고 있다고 말했다. "시에 스탈린의 이름이 나오지 않으면 이미 그것을 의도적이라고 해석합니다."

6월 29일

브레히트가 서사극에 대해 이야기했다. 그는 아동극을 언급했다. 아동극에서 연기의 실수는 낯설게 하는 효과를 낳으면서 공연에 서사적 특징을 부여한다. 시골 극장에서도 비슷한 효과가 생길 수 있다. 나는 「시드」의 제네바 공연이 떠올랐다. 이 공연에서 머리에 삐딱하게 얹혀 있는 왕관을 보면서 9년 뒤에 『독일 비애극의 원천』에 담게 될 내용에 대한 최초의 착상이 떠올랐다. 브레히트 자신도 서사극의 이념이 확정된 순간을 떠올렸다. 그것은 「에드워드 2세」[4]의 뮌헨 공연 연습 때였다고 한다. 각본에 나오는 전투는 무대에서 45분 간 진행될 예정이었다. 브레히트는 군인들 장면이 마음에 들지 않았다 (그의 조감독인 아샤 〈라치스〉도 그랬다). 결국 그는 당시 그와 친했던, 예행연습에 참가한 〈카를〉 발렌틴에게 자포자기의 심정으로 다음과 같이 물었다. "뭘까요? 군인들은 원래 어떤가요?" "공포심으로 핼쑥 해진 얼굴을 하고 있지요"라고 발렌틴이 대답했다. 이 대답이 결정적 이었다. 브레히트가 덧붙였다. "그들은 지쳐 있지요." 그래서 군인들 의 얼굴에 석회를 두텁게 발랐다. 공연 스타일이 발견된 날이 바로 이 날이었다.

그러고 나서 얼마 안 있어 '논리실증주의'라는 주제가 나왔다. 내가 상당히 비타협적임을 드러내는 바람에 대화가 불쾌한 방향으로 전환 될 뻔했다. 그러한 전환을 피하게 된 것은, 브레히트가 처음으로 자 신의 표현이 지닌 피상성을 인정했기 때문이다. 그것도 다음과 같은 아름다운 공식으로. "욕구는 깊은 곳에서 유래하는데 대처는 피상적 이다." 이 대화는 내 방에서 이루어졌다. 나중에 우리가 그의 집으로 건너갔을 때 그가 말했다. "반동적인 시대가 닥쳤을 때에 극단적인 입장을 취하는 것은 괜찮습니다. 나중에는 보다 중도적인 입장으로 바뀌게 되니까요." 바로 그가 그런 상황에 처하게 됐다는 것이다. 즉 그는 부드러워졌다고 한다.

저녁 시간. 나는 아샤[5]를 위한 작은 선물로 장갑을 인편으로 보내 고 싶었다. 브레히트는 그것이 어렵다고 했다. 그녀의 스파이 활동에

---

4) Bertolt Brecht, *GW*, Bd. 1, pp. 195~296.
5) Asja Lacis, 1891~1979 : 라트비아 출신의 배우이자 연극감독으로 벤야민의 연인이 기도 했다.

대한 보상을 얀(Jahnn〔 Jehne?〕)이 두 켤레 장갑으로 치렀다는 주장이
나올 수도 있다는 것이다. "최악은 언제나 선발대 전원이 제거되는
사태입니다. 하지만 그들의 배치도는 그대로일 것입니다."

7월 1일

내가 러시아 상황을 언급할 때면 자주 매우 회의적인 대답이 나왔
다. 최근에 내가 〈에른스트〉 오트발트[6]가 아직 〔수용소에〕 갇혀 있냐
고 묻자, 대답은 다음과 같았다. "〔수용소에서〕 버틸 수 있다면 아직
있겠죠." 어제 〈마르가레테〉 슈테핀[7]은 트레차코프가 아마 살아 있지
않을 거라고 말했다.

7월 4일

어제 저녁. 브레히트가 (보들레르에 대한 대화에서) 한 말. "나는 반
(反)사회적인 것을 반대하지 않습니다. 내가 반대하는 것은 비(非)사
회적인 것입니다."

7월 21일

〈게오르크〉 루카치, 〈알프레트〉 쿠렐라[8] 등의 저작들은 브레히트에

---

6) Ernst Ottwalt, 1901~43 : 독일의 소설가이자 희곡작가.
7) Margarete Emilie Charlotte Steffin, 1908~41 : 브레히트의 가장 가까운 협력자 중
   하나로 배우이자 작가.
8) Alfred Kurella, 1895~1975 : 1918년 독일공산당에 가입한 독일의 작가. 1934년부터
   모스크바에 살다가 1954년 동독으로 돌아와 독일사회주의통일당(SED)에서 활동
   했다.

게 상당히 부담이다. 브레히트는 이론 영역에서는 이들과 맞서지 말아야 한다고 생각한다. 나는 질문을 정치 분야로 돌려보았다. 이 분야에서도 브레히트는 자신의 입장에서 물러서지 않았다. "사회주의 경제는 전쟁을 필요로 하지 않습니다. 따라서 사회주의 경제는 전쟁을 감당할 수 없는 것입니다. '러시아 민중'의 평화 사랑은 이 점을, 아니 오로지 이 점만을 분명하게 표현하고 있습니다. 일국 사회주의 경제란 존재할 수 없습니다. 어쨌든 군비로 인해 러시아 프롤레타리아트는 심각하게 뒤처지게 되었습니다. 역사적 발전에서 부분적으로 이미 오래전에 추월된 단계, 무엇보다도 군주정 단계로 내쳐진 겁니다. 러시아에는 사설 군대가 지배하고 있습니다. 물론 이 사실을 부인하는 사람은 정세에 둔한 사람뿐입니다." 이번의 짧은 대화는 바로 중단되었다. — 그런데 이와 관련해 브레히트는 다음의 사실을 강조했다. 제1인터내셔널이 해체되자 마르크스와 엥겔스는 노동운동과의 실천적인 연결을 끊었고, 그 후로는 지도자 개개인에게 조언을 해주었는데 그것은 출판을 목적으로 하지 않은 사적인 조언이었다는 것이다. 유감스러운 일이긴 하지만 엥겔스가 마지막에 가서 자연과학에 관심을 기울였던 것도 우연은 아니라는 것이다.

벨러 쿤[9]은 러시아에서 브레히트를 가장 칭송하는 사람이다. 그가 읽어보려고 생각한 유일한 독일 서정시인은 브레히트와 하인리히 하이네[10]였다(가끔 브레히트는 공산당 중앙위원회에 자신을 지지하는 사람

---

9) Béla Kun, 1886~1939 : 헝가리에서 공산당을 조직한 정치가. 1920년부터 소련에 거주한 코민테른 간부였으나 1939년에 처형되었다.

10) Heinrich Heine, 1797~1856 : 낭만주의 시대 독일의 서정시인. 혁명과 자유를 노래

이 있다고 암시하곤 했다).

7월 25일

어제 오전에 브레히트가 자신이 쓴 스탈린 시를 주려고 내 집에 건너왔다. 「농부가 황소에게 하는 인사말」(Der Bauer an seinen Ochsen)[11]이라는 제목의 시였다. 처음에 나는 무엇을 다루는지 알지 못했다. 다음 순간 내 머리에 스탈린에 대한 생각이 스쳤지만 그 생각을 확실히 할 엄두를 내지 못했다. 이러한 효과는 브레히트의 의도에 근접했다. 이어진 대화에서 그는 그 효과에 대해 설명해주었다. 이 대화에서 그는 무엇보다도 이 시의 긍정적인 요인들을 강조했다. 사실 그시는 브레히트가 보기에 엄청난 공로가 있는 스탈린에 대한 숭배를 나타낸다. 스탈린이 아직 살아 있는데 말이다. 그보다 더 열정적인 형식의 숭배는 브레히트의 권한 밖이다. 그는 망명 중이고 적군(赤軍)을 기다리고 있는 처지이기 때문이다. 그는 러시아의 발전 상황을 지켜보고 있고 트로츠키의 저술도 살펴보았다고 한다. 트로츠키의 글들은 의혹이 존재하고 있음을 증명한다. 러시아에서 일어나는 일을 회의적으로 관찰하도록 요구하는 근거 있는 의혹 말이다. 이는 고전이 말하는 바와 같은 회의주의라는 것이다. 언젠가 그러한 회의가 입증되는 날이 오면 체제에 맞서 싸우지 않으면 안 될 것이다. 그것도 **공식적으로** 싸워야 할 것이다. 하지만 '유감스러운 일인지 아니면 다

한 정치적 시인이자 저널리스트이기도 하다.

11) Bertholt Brecht, *GW*, Bd. 4, p. 683f.(『브레히트 선집』 제6권, 연극과인간, 2015, 73쪽 참조).

행한 일인지' 오늘날 이러한 의혹은 아직 확실하지 않다고 한다. 그러한 의혹에서 트로츠키식의 정치를 도출하는 것은 무책임한 일이라는 것이다. "다른 한편 러시아에도 일종의 범죄적 도당들이 활동 중이라는 사실에는 의심의 여지가 없습니다. 그들이 저지르는 범죄에서 시시때때로 이러한 사실을 알 수 있습니다." 그러한 퇴보를 접하면서 우리는 특히 심리적으로 충격을 받게 된다고 브레히트는 마지막으로 강조했다. "우리는 우리가 취한 입장의 대가를 치렀습니다. 우리는 흉터로 뒤덮여 있습니다. 우리 역시 상당히 민감해지는 것이 당연합니다."

저녁 즈음에 브레히트는 정원에서 내가 『자본』(Das Kapital)을 읽고 있는 것을 보았다. "당신이 지금 마르크스를 공부하는 것은 아주 고무적입니다. 더구나 점점 더 사람들이 그를 접하지 않는 요즘에 말입니다. 특히 우리 쪽 사람들이 더 그렇지요." 많이 거론된 책은 유행이 지난 뒤에 읽는 걸 선호한다고 내가 대답했다. 우리는 러시아의 문학 정책에 대해 이야기하기에 이르렀다. 루카치, 〈안도르〉 가르보, 쿠렐라를 언급하면서 나는 "이 사람들과는 정작 어떠한 국가도 만들 수 없습니다"라고 말했다. 그러자 브레히트가 말했다. "아니면 **오직** 국가만 만들 수 있을 뿐 공동체는 만들 수 없을 것입니다. 그들은 생산의 적입니다. 생산은 그들의 마음을 불편하게 만듭니다. 생산을 믿을 수 없기 때문입니다. 생산은 예측할 수 없는 것입니다. 생산에서 어떤 결과가 나올지 사람들은 결코 알지 못합니다. 그들 자신은 생산할 생각이 없습니다. 그들은 교조적인 당 간부 역할을 하면서 다른 사람을 통제하고 싶어 할 따름입니다. 그들이 하는 비평에는 모두 그런 위협이 담겨 있습니다."

어떻게 해서 그렇게 되었는지 모르지만 우리는 괴테의 소설을 화제로 삼게 되었다. 브레히트는 『친화력』밖에 모르고 있었다. 그는 그 소설에 나오는 젊은 남자의 우아함을 보고 경탄했다고 한다. 괴테가 이 책을 60세 때 썼다고 내가 말하자 브레히트는 깜짝 놀랐다. 그는 이 책이 속물적인 데가 전혀 없으며 엄청난 작품이라고 했다. 또 독일 드라마는 아무리 중요한 작품이라고 해도 속물근성의 흔적을 담고 있기 때문에 그는 할 말이 많다고 했다. 내가 『친화력』의 수용 역시 변변찮았다고 말하자 브레히트는 다음과 같이 대답했다. "그 말을 들으니 기쁘군요. 독일인들은 개똥 같은 국민입니다. 히틀러를 보고 독일인이 어떻다고 추론해서는 안 된다는 말은 진실이 아닙니다. 나를 두고 보더라도 내 안의 독일적인 것은 모두 나쁩니다. 독일인들에게서 참을 수 없는 것은 그들의 고루한 자립심입니다. 신성로마제국의 자유제국도시, 예컨대 이 개똥 같은 아우크스부르크 같은 도시는 세상 어디에도 없었습니다. 리옹은 한 번도 자유도시였던 적이 없습니다. 르네상스의 자립적 도시들은 도시국가였습니다. 루카치는 스스로 선택해서 독일인이 된 사람입니다. 그는 거의 녹초가 된 상태입니다."

(안나) 제거스의 『도적 보이녹에 대한 매우 아름다운 전설들』[12]을 읽어보면 제거스가 위탁을 받고 일을 하는 타입이 아님을 알 수 있다

---

12) Anna Seghers, *Erzählungen*, Bd. 1, Neuwied / Berlin, 1964, pp. 147~66.
Anna Seghers, 1900~83 : 독일공산당에 가입하고 '프롤레타리아혁명 작가동맹'의 회원이기도 한 여성작가. 대표작으로 1942년에 쓴 『제7의 십자가』가 있다.

고 브레히트는 칭찬했다. "제거스는 위탁을 받고 창작하는 사람이 아닙니다. 나 같은 사람은 위탁을 받지 않고는 도대체 어디서부터 집필을 시작해야 할지 모르는데 말입니다." 제거스의 이야기들에서 심술꾸러기와 외톨이가 핵심인물로 등장한다는 점도 브레히트는 높이 샀다.

7월 26일

어제 저녁 브레히트가 한 말: "더 이상 의심할 수 없는 사실 — 이데올로기에 대한 투쟁이 하나의 새로운 이데올로기가 되었다."

7월 29일

브레히트가 내게 루카치를 다룬 몇 가지 논쟁적 대목을 읽어주었다. 『말』에 실을 예정인 그의 논문 시론에 해당하는 부분이었다. 그것은 격렬한 공격을 위장된 형태로 담은 글이었다. 브레히트는 그것의 출판과 관련해 내 조언을 구했다. 현재 루카치가 '저쪽에서' 상당한 위치에 있다는 브레히트의 설명을 듣고 나로서는 어떠한 조언도 할 수 없다고 대답했다. "여기서 중요한 것은 권력 문제입니다. 그 문제에 대해 저쪽에서 누군가 의견을 밝혀야 합니다. 당신은 그곳에 친구들이 있지 않습니까." 이에 대해 브레히트가 말했다. "사실 나는 그곳에 친구들이 없습니다. 그런데 모스크바 사람들 역시 친구들이 없습니다. 죽은 자들처럼 말입니다."

8월 3일

7월 29일 저녁 때쯤 정원에서 '동요' 연작의 일부를 새 시집[13]에 실을 것인가라는 문제에 대해 대화를 나눴다. 나는 찬성하지 않았다. 정치적 시와 개인적 시의 대비가 망명의 경험을 더 분명하게 표현할 텐데, 합치될 수 없는 것을 나란히 두어 그러한 대비를 약화해서는 안 되기 때문이다. 어떤 것을 성취하자마자 다시 그것을 의문시하는 브레히트의 파괴적 성격이 위의 제안에 다시 작동하고 있지 않느냐고 내 의견을 내비쳤다. 브레히트의 대답. "나도 압니다. 나중에 사람들은 내가 마니아였다고들 말하겠지요. 하지만 이 시대가 어떤 시대였는지가 전해진다면 나의 광기에 대한〔세상의〕의견도 같이 전해질 것입니다. 이 시대가 마니아적인 것에 대한 배경이 될 것입니다. 하지만 내가 원래 원하는 것은 이렇습니다. 사람들이 언젠가 '그는 **중도적인** 마니아였지'라고 말하게 되는 것입니다." 중도적인 사람의 인식, 즉 삶은 히틀러에도 불구하고 계속될 것이고, 아이들은 언제나 존재할 거라는 인식이 이 시집에서도 등한시되어서는 안 된다는 것이다. 브레히트는 조형 예술가들에게 보내는 그의 시[14]에서 그려낸 역사 없는 시대의 이미지를 떠올리면서 그와 같은 역사 없는 시대가 등장할 개연성이 파시즘에 승리할 개연성보다 더 크다고 보았다. 그

---

13) Bertolt Brecht, *Svendborger Gedichte*, London, 1939; *GW*, Bd. 4, pp. 631~725.

14) 「조형 예술가들에게 보내는 충고, 다가올 전쟁에서 그들이 만든 예술작품의 운명과 관련하여」(Rat an die bildenden Künstler, das Schicksal ihrer Kunstwerke in den kommenden Kriegen betreffend), in: *GW*, Bd. 4, p. 682f.(『브레히트 선집』 제6권, 71쪽 참조).

말이 끝나고 나서 「동요」를 『망명 시집』에 수록할 다른 근거가 떠오른 브레히트가 내 앞의 풀밭에 서서 평소에 보기 힘든 격렬한 어조로 다음과 같이 말했다. "그들에 대한 투쟁에서는 어떤 것도 빠뜨려서는 안 됩니다. 그들은 소소한 것을 의도하는 것이 아닙니다. 그들은 3천 년 넘는 기간을 기획하고 있습니다. 엄청난 것, 엄청난 범죄 말입니다. 그들은 어떤 것 앞에서도 멈춰 서지 않습니다. 그들은 모든 것에 타격을 가합니다. 그들의 타격을 받고 모든 세포가 놀라서 움찔합니다. 따라서 어떤 세포도 우리는 잊어서는 안 됩니다. 그들은 엄마 뱃속에 있는 아이까지 기형으로 만들어버립니다. 우리는 아이들을 어떤 경우도 놓쳐서는 안 됩니다." 그가 이 말을 하는 동안 나는 파시즘의 힘에 필적하는 어떤 힘이 내 안에 작용하는 것을 느꼈다. 파시즘의 힘 못지않게 역사의 깊은 심층에서 비롯된 힘 말이다. 그것은 아주 신기한 감정이었고 처음 느끼는 감정이었다. 그러한 감정에 상응해서 브레히트는 사고의 전환을 꾀했다. "그들은 엄청난 규모의 초토화를 기획합니다. 그렇기 때문에 그들은 교회와 합의할 수 없습니다. 교회 역시 수천 년을 내다보는 조직이기 때문입니다. 그들은 나 또한 프롤레타리아로 만들었습니다. 그들은 내게서 집과 물고기 연못과 자동차만 빼앗아간 것이 아닙니다. 그들은 내게서 무대와 관객 또한 훔쳐갔습니다. 내 입장에서는 셰익스피어가 근본적으로 나보다 더 나은 재능을 가졌다고 인정하기 어렵습니다. 그 역시 비축한 것만 가지고는 글을 쓸 수 없었을 것입니다. 그것 말고도 그는 실제 인물들을 면전에 두고 있었죠. 그가 묘사한 사람들은 여기저기 눈앞에서 돌아다니고 있었으니까요. 그들의 태도로부터 셰익스피어는 겨우 몇몇 특징들을 뽑아냈습니다. 그 못지않게 중요한 많은 다른 특징들을 그는 빠뜨렸습니다."

8월 초

"러시아에 프롤레타리아트 **위에 군림하는** 독재가 지배합니다. 이 독재가 프롤레타리아트를 위한 실제적 임무를 수행하는 동안, 즉 이 독재가 프롤레타리아트의 이익을 우선적으로 살피면서 프롤레타리아트와 농민층 간의 균형을 세우는 데 기여하는 동안에는 이 독재와의 결별을 선언할 생각은 하지 말아야 합니다." 그로부터 며칠 뒤에 브레히트는 '노동자 군주제'를 언급했다. 나는 이러한 조직체를 심해에서 끄집어 올린 뿔 달린 물고기, 혹은 또 다른 괴물의 그로테스크한 자연현상과 비교했다.

8월 25일

브레히트의 격언: "좋은 옛것에서 시작하지 말고 나쁜 새것에서 시작하라."

제 2 부

유물론
관련 글들

프롤레타리아 아동극의 프로그램
(1929)

Walter Benjamin, *Gesammelte Schriften*, Frankfurt a. M., 1972~89, Bd. II/2, pp. 763~69. (Programm eines proletarischen Kindertheaters)

서문

의회 토론의 도식을 벗어난 프롤레타리아 운동이 아무 준비도 없이 갑자기 맞닥뜨리게 되는 많은 세력 중에서 가장 강하면서 가장 위험한 세력은 신세대이다. 의회의 둔감함에 따른 자신감은 바로 성인들이 자기들끼리만 지내는 데서 생겨난다. 그에 반해 아이들에게는 상투어가 먹히지 않는다. 1년 뒤 우리는 전국 곳곳에서 아이들이 그 상투어를 따라 말하는 상황에는 이를 수 있다. 그러나 문제는 어떻게 하면 10년이나 20년이 지난 뒤에 사람들이 당의 강령에 따라 행동하게끔 하느냐이다. 그러한 것은 상투어들로는 전혀 이룰 수 없다.

프롤레타리아 교육은 당의 강령으로부터, 더 정확히 말해 계급의식으로부터 구축되지 않으면 안 된다. 그러나 당의 강령은 아이들을 계급의식적으로 기르는〔교육하는〕 도구가 아니다. 왜냐하면 그 자체가 아무리 중요한 이데올로기라고 해도 그것은 아이들에게 상투어로 와닿을 뿐이기 때문이다. 우리는 프롤레타리아 아이들을 계급의식적으로 교육하는 수단들에 대한 매우 단순한 물음을 던지고 있지만, 그 물음을 그만둘 수도 없을 것이다. 여기서 학문적인 수업은 앞으로 논외로 할 것이다. 왜냐하면 아이들을 (기술, 계급의 역사, 웅변술 등) 프롤레타리아적으로 〔수업을 통해〕 가르칠 수 있기 훨씬 전에 프롤레타리아적으로 길러내야 하기 때문이다. 우리는 네 살부터 시작한다.

어린아이들을 부르주아적으로 길러내는 일은 부르주아지의 계급 상황이 그렇듯이 아무런 체계도 없이 이루어진다. 물론 부르주아지는 그들의 교육체계를 갖고 있다. 그 교육체계의 내용들이 비인간적이라는 점은 그것들이 이른 나이의 아이들에게는 작동하지 않는 것만 보아도 확연히 알 수 있다. 그 나이에는 진실한 것만이 생산적으로 작용할 수 있다. 어린아이들을 부르주아적으로 기르는 것은 프롤레타리아적으로 기르는 것과 제일 먼저 체계를 통해 구분된다. 체계란 여기서 틀을 뜻한다. 부르주아지의 유치원에서 흔히 볼 수 있듯이 최신의 심리학적 정교함을 갖춘 새로운 방법이 6개월에 한 번씩 교육학에 도입된다면 그것은 프롤레타리아트로서는 무척 견디기 어려운 상황일 것이다. 도처에서 '방법'에 관심을 기울이는 것은 그야말로 부르주아적 입장으로 교육학도 예외가 아닌데, 이 입장은 구습을 답습하고 나태에 빠진 이데올로기이다. 즉 프롤레타리아 교육에 필요한 것은 어떤 경우라도 우선 교육이 그 **안에서** 이루어질 어떤 틀, 어떤 실제적인 영역이다. 부르주아지처럼 교육을 통해 이끌어갈 **목표**로서의 어떤 이념이 아니다.

우리는 이제 어째서 네 살에서 열네 살 사이에 이루어질 프롤레타리아 교육의 틀이 프롤레타리아 아동극인지 그 근거를 제시하고자 한다.

아이들 교육에서 요구되는 것은 **아이의 삶 전체를 포착해야 한다**는 점이다.

프롤레타리아 교육에서 요구되는 것은 **아이는 어떤 제한된 영역에서 교육받아야 한다**는 점이다.

이것이 문제의 긍정적인 변증법이다. 그런데 삶 전체가 그 끝없는 풍요로움을 갖고 어떤 틀 속에서, 그리고 영역으로서 나타나는 곳은 오로지 연극뿐이기 때문에 프롤레타리아 아동극은 프롤레타리아 아이에게 변증법적으로 규정된 교육 장소이다.

긴장의 도식

이제 여기서 이야기하게 될 아동극이 연극사의 정점에 있던 위대한 연극과 매우 엄밀한 연관관계를 맺고 있는지, 아니면 그렇지 않은지의 여부는 차치하고자 한다. 그 대신에 우리는 이 아동극이 오늘날 부르주아지의 연극과는 아무런 공통점도 지니지 않는다는 점을 단호하게 확인해야 한다. 오늘날 부르주아지의 연극은 경제적으로는 이윤이라는 동기로 규정되고, 사회학적으로는 무대 위에서나 무대 뒤에서나 무엇보다 센세이션의 도구이다. 그런데 프롤레타리아 아동극은 이와는 다르다. 볼셰비키가 제일 먼저 붉은 깃발을 움켜쥐고 치켜들었듯이 그들은 본능적으로 가장 먼저 아이들을 조직했다. 이 조직의 중심에서 프롤레타리아 아동극, 즉 볼셰비키적 교육의 기본 동기가 발전했다. 이 사실을 검증해주는 반대 증거가 있다. 이 증거는 잘 맞는다. 부르주아지가 보기에는 아이들에게 연극만큼 위험한 것도 없다. 아이들을 유괴하는 유랑 희극배우 같은 옛 도발자의 해묵은 효과만 위험한 것이 아니다. 여기서는 오히려 아이들 속에 잠재된 미래의 가장 강력한 힘이 연극을 통해 깨어나지 않을까 하는 불안감에 휩싸인 의식이 발동하고 있는 것이다. 그리고 이러한 의식은 부르주아 교육학에 연극을 배척하도록 명한다. 아이들에게 현실과 놀이가 융해되어 하나가 되고, 연기한 고통이 진짜 고통으로, 연기한 매질이 실제의 매질로 넘어가게 되는 활활 타오르는 현장이 가까이에서 느껴진다면 부르주아 교육학은 이 상황에서 우선 어떻게 반응할까.

그렇지만 이러한 연극의 공연은 거대한 부르주아 연극의 공연과는 달리 아이들 동아리에서 이루어지는 긴장에 찬 공동작업의 본래 목표가 아니다. 여기서 공연은 곁다리로 이루어진다. 그것은 실수로 일어난다고도 말할 수 있고 거의 아이들의 장난이라고까지 말할 수 있다. 아이들은 근본적으로 결코 종결될 수 없는 연구를 이런 식으로 중단한다. 감독은 이러한 종결[공연]에 별로 가치를 두지 않는다. 감독에게는 그와 같은 공연 상황에서 해소되는 긴장이 중요하다. 공동작업에서 생기는 긴장들이 바로 교육자 역할을 한다. 부르주아 감독이 부르주아 배우에 대해 행하는 성급하거나 너무 때늦은 작업, 설익은 교육작업은 이 체제에서는 찾아볼 수 없다. 왜 그럴까? 그것은 어디에선가 아이들에게 '윤리적 인물'로서 직접 영향을 끼치려는 진짜 부르주아적 시도를 꾀하는 그 어떤 연극 단장도 아이들의 동아리에서는 배겨날 수 없을 것이기 때문이다. 여기서는 도덕적 영향이라는 것이 없다. 직접적인 영향이라는 것은 여기서 찾아볼 수 없다. (그런데 부르주아 연극에서 지휘·감독은 바로 이러한 영향에 바탕을 둔다.) 중요한 것은 오로지 단장이 소재, 과제, 행사 등을 통해 아이들에게 끼치는 간접적 영향이다. 불가피한 도덕적 조정작업과 교정작업은 아이들의 집단 자체가 스스로 수행한다. 여기서 아동극의 공연이 성인들에게 진정한 도덕적 심급으로 작용해야 한다는 말이 성립한다. 아동극 앞에서는 우월한 관객이 존재할 수 있는 입지라는 게 없다. 아직 완전히 바보가 되지 않은 사람은 아마도 스스로 부끄러워하게 될 것이다.

그러나 이것만으로는 진척되지 못한다. 프롤레타리아 아동극은 생산적으로 영향을 끼치기 위해 관중집단을 매우 냉엄하게 요구한다. 한마디로 계급을 요구하는 것이다. 다른 한편, 노동자계급만이 집단들의 삶을 위한 확실한 기관(器官)을 소유하고 있다. 민중집회, 군대, 공장이 그와 같은 집단들이다. 아이도 그와 같은 집단이다. 부르주아지의 눈에 보이지 않는 아이들 집단을 가장 편견 없이 바라보는 눈을 가진 것은 노동자계급의 특권이다. 이 아이들 집단은 가장 강력한 힘을 발산할 뿐만 아니라 가장 현재적인〔시의성 있는〕 힘을 발산하기도 한다. 실제로 아이들처럼 형태를 만들고 몸짓을 취하는 일이 지닌 힘의 현재성은 아직 인지되지 못하고 있다. (아이들의 최근 그림을 보여주는 잘 알려진 전시회들을 참조하기 바란다.)

단장 속에 들어 있는 '도덕적 인물'을 제쳐둠으로써 교육의 본래적
인 천재가 발휘될 수 있는 엄청난 힘들이 방출되는데, 관찰이 바로
그 천재이다. 관찰만이 감상적(感傷的)이지 않은 사랑의 핵심이다. 아
는 척하고 잘난 척하고 싶어 하는 성향은 십중팔구 아이들의 삶에 대
한 관찰 속에서 그 용기와 욕구가 꺾인다. 그런데 그렇게 꺾이지 않
는 교육자의 사랑은 아무 쓸모가 없다. 그런 사랑은 감상적이고 공허
하다. 그러나 관찰하는 사람에게는 아이들의 모든 행위와 제스처가
신호가 되고 여기서 비로소 교육이 시작한다. 그러나 이 신호는 심리
학자들이 좋아하듯이 무의식, 잠재성, 억압, 검열의 신호라기보다는
아이들이 살아가고 명령하는 세계에서 온 신호이다. 러시아 아이들
의 동아리에서 훈련받는 아이에 대한 새로운 인식은 다음과 같은 명
제를 낳았다. 즉 아이는 자신의 세계에서 독재자로 살아간다는 것이
다. 그렇기 때문에 '신호들에 관한 이론'은 빈말이 아니다. 아이들의
거의 모든 제스처는 천재적인 사람들만 드물게 알아볼 수 있었던 어
떤 환경에서 이루어지는 명령과 신호이다. 그런 사람들 가운데 장 파
울(Jean Paul)이 단연 으뜸이다.

아이의 신호들을 단순한 상상력이라는 위험한 마법의 나라에서 구
해내 소재들을 다루는 집행기관으로 만드는 것이 단장의 과제이다.
이 작업은 여러 분과에서 이루어진다. 우리는 — 회화의 경우만 두고
말하자면 — 회화와 같은 아이들의 활동 형식에서도 가장 본질적인
것이 제스처라는 것을 안다. 콘라트 피들러[1]는 『예술론』[2]에서 화가

---

1) Konrad Fiedler, 1841~95 : 19세기 독일의 예술이론가. 이름을 'Conrad'로 쓰기도

란 다른 사람들보다 더 자연주의적이거나 더 시적이거나 더 도취한 상태로 보는 사람이 아니라는 사실을 최초로 증명했다. 화가는 오히려 눈이 마비된 곳에서 손으로 더 가까이 보는 사람, 시각기관 근육의 수용적 신경감응(Innervation)을 손의 창조적 신경감응 쪽으로 전달하는 사람이라는 것이다. 창조적 신경감응이 수용적 신경감응과 정확하게 연결된 모습을 바로 모든 아이들의 제스처가 보여준다. 이 아이들의 제스처를 다양한 표현 형식으로, 즉 소도구의 제작, 회화, 음송, 음악, 춤, 즉흥 등으로 발전시키는 것이 여러 분과에 할당된 과제이다.

이 모든 형식 가운데 즉흥이 중심에 있다. 왜냐하면 결국 공연이라는 것은 이 형식들로부터 만들어낸 즉흥적인 종합일 뿐이기 때문이다. 즉흥이 지배한다. 즉흥은 그로부터 신호들과 신호화된 제스처들이 떠오르는 심신 상태이다. 그리고 공연이나 연극은 이러한 제스처들의 종합이 되어야 하는데, 그것은 공연만이 아이들의 제스처가 그것의 진짜 공간 속에 있게 되는, 실수가 아닌 일회성을 지니기 때문이다. 사람들이 원만한 '성과'로 아이들에게서 짜내는 것은 그 진정성의 측면에서 결코 즉흥과 겨룰 수 없다. 가련한 학생들에게서 그와 같은 '예술적 성과'를 노렸던 귀족적인 딜레탕티슴은 아주 소중하게 보관된 잡동사니들로 그 학생들의 서랍과 기억을 가득 채움으로써

한다.

2) Conrad Fiedler, *Schriften über Kunst*, hg. von Hans Marbach, Leipzig, 1896. 또한 Konrad Fiedler, *Schriften über Kunst*, hg. von Hermann Konnerth, 2 Bde., München, p. 1913f.

결국 자신들의 청소년기에 대한 기억 속에서 자기 아이들을 또다시 괴롭힌다. 산물들의 '영원함'이 아니라 제스처들의 '순간'에 모든 아이들의 성과가 맞춰져 있다. 무상한 예술로서의 연극이 바로 아이들의 예술이다.

해결의 도식

각 분과에서의 작업을 교육적으로 구축하는 일과 공연 사이의 관계는 극적 긴장과 그 해결 사이의 관계와 같다. 공연 앞에서 단장은 완전히 물러난다. 왜냐하면 그 어떤 교육학적인 명민함도 어떻게 아이들이 훈련받은 몸짓과 기량들을 수없이 놀라운 변형을 통해 연극적인 총체성으로 아우르게 될지 예측할 수 없기 때문이다. 직업 배우에게 초연이 그동안 연습해온 배역에서 가장 성공한 변형을 만들어 내는 계기가 되는 경우가 드물지 않다면 아이에게 초연은 변형의 천재를 마음껏 발휘하게끔 해주는 계기가 된다. 공연은 그동안 해왔던 교육적 훈련에 대비해볼 때 연기의 급진적 방출에 해당하는데, 성인들은 그 연기를 단지 지켜볼 따름이다.

부르주아 교육학이 느끼는 당혹감, 그리고 자라나는 부르주아지가 느끼는 당혹감은 최근에 "청소년 문화"[3]를 위한 운동에서 출구를 찾

---

3) 여기서 벤야민은 구스타프 비네켄의 청년문화론을 암시한다(Gustav Wyneken, *Schule und Jugendkultur*, Jena, 1913; *Was ist "Jugendkultur"?*, München, 1913).

고 있다. 이 새로운 경향이 얼버무리며 덮어둘 수밖에 없는 모순은 바로 모든 정치 사회와 마찬가지로 부르주아 사회가 청소년들의 에너지, 즉 직접적으로 정치적으로는 결코 활성화할 수 없는 에너지에 대해 제기하는 요구들 속에 있다. 이는 특히 소년기에 해당한다. 그런데 '청소년 문화'는 전망 없는 타협을 시도한다. 즉 그 문화는 청소년들의 열정을 자기 자신에 대한 관념론적인 성찰로 해소해버린다. 그것은 독일 관념론의 형식적 이데올로기들을 은근슬쩍 부르주아 계급의 내용들로 대체하기 위해서이다. 프롤레타리아트는 자신의 계급적 관심을 후속 세대에게 전달할 때 아이들의 감수성을 옥죄는 데 쓰는 어떤 이데올로기의 정갈하지 못한 수단들을 사용해서는 안 된다. 부르주아지가 **아이들**에게서 요구하는 규율은 그 부르주아지의 치명적인 오점이다. 프롤레타리아트는 이미 성장한 프롤레타리아들만을 규율로 훈련한다. 그들의 이데올로기적 계급교육은 사춘기에 시작한다. 프롤레타리아 교육학은 아이들에게 아이들의 아이다움을 실현하는 것을 보증함으로써 자체의 우월성을 입증한다. 이러한 일이 일어나는 영역은 그렇기 때문에 계급투쟁이 이루어지는 공간으로부터 고립되어 있을 필요가 없다. 계급투쟁의 공간의 내용과 상징들은 그 영역에서 마치 놀이하듯이 자리를 찾을 수 있고, 어쩌면 찾아야 할 것이다. 그러나 계급투쟁은 아이를 형식적으로 지배하는 일을 떠맡을 수는 없다. 계급투쟁은 그러한 것을 요구하지 않을 것이다. 그렇기 때문에 프롤레타리아트에게는 부르주아지가 자신들 교육학의 계급적 이해관계를 위장하는 수많은 말들이 필요치 않다. '편견 없고' '이해심 깊으며' '공감하고' '아이를 사랑하는' 교육자들은 없어도 될 것이다.

공연은 교육작업 중에 주어지는 커다란 창조적 휴식시간이다. 아이들의 나라에서 공연은 옛 제의들에서 카니발이 지녔던 의미를 지닌다. 제일 상위에 있던 것이 제일 밑바닥으로 내려온다. 그리고 로마에서 사투르누스 축제 때 주인이 노예들을 시중들었던 것처럼 공연이 펼쳐지는 동안 아이들은 무대 위에 서서 주의 깊은 교육자들을 가르치고 교육한다. 단장이 작업하는 동안 전혀 예상치 못했던 새로운 힘들과 새로운 신경감응이 나타난다. 단장은 이처럼 아이들의 상상력이 거칠게 방출되는 가운데 아이들을 비로소 알게 된다. 그렇게 연극을 한 아이들은 바로 그 공연 속에서 자유롭게 된다. 연기하는 가운데 그들의 아이다움이 실현된다. 아이들은 훗날 애절한 유년기 기억으로 감상적이지 않은 활동을 방해하거나 할 뿐인 남은 물건들을 챙겨가지 않는다. 이 연극은 어린이 관중에게도 유일하게 쓸모 있는 연극이기도 하다. 성인들이 아이들을 위해 연기한다면 겉멋이나 부리는 연기만 나올 것이다.

이 아동극 속에 바로 부르주아지의 최근 연극이 보여주는 사이비 혁명적인 몸짓을 파괴하게 될 힘이 들어 있다. 왜냐하면 진정으로 혁명적으로 작용하는 것은 어떤 이념들의 프로파간다, 즉 여기저기서 사람이 수행할 수 없는 행동이나 하도록 자극하고 연극이 끝난 시점의 첫 냉철한 자각이 오기 전에 소멸되어 버리는 그런 프로파간다가 아니기 때문이다. 진정으로 혁명적으로 작용하는 것은 아이들의 제스처에서 울려나오는 도래하는 것의 **은밀한 신호**이다.

공산주의적 교육학의 사례
(1929)

Walter Benjamin, *Gesammelte Schriften*, Frankfurt a. M., 1972~89, Bd. III, pp. 206~09. (Eine kommunistische Pädagogik)

심리학과 윤리학은 부르주아 교육학이 그 주변에 배치하는 양극이다. 우리는 부르주아 교육학이 정체되어 있다고 가정해서는 안 된다. 그 교육학 속에는 열성적이면서 때때로 중요하기도 한 힘들이 작용하고 있다. 다만 그 힘들은 부르주아지의 사고방식이 모든 영역에서와 마찬가지로 여기서도 비변증법적 방식으로 분열되어 있고 내부가 짓찢겨 있다는 점을 어쩌지 못한다. 한편으로 유년기와 청년기의 심리학을 펼치며 학생의 천성에 관해 물음이 제기된다면, 다른 한편으로는 완전한 인간, 즉 국민을 키워낸다는 교육목표가 있다. 공식적인 교육학은 추상적인 천성과 괴물 같은 이상이라는 이 두 요인을 서로 접합하는 방식이다. 그리고 여기서 이 교육학은 폭력의 자리에 점차 계략을 집어넣는 노선을 취함으로써 발전한다. 부르주아 사회는 절대적인 어린아이의 존재 또는 젊은이의 존재를 실체화하고는 이것에 반더포겔[1]이나 보이스카우트가 추구하는 열반의 경지를 지시해준다. 또한 마찬가지로 절대적인 인간의 존재와 시민의 존재를 실체화하고는 그것을 관념론 철학의 수식어들로 치장한다. 실제로는 그 둘은 서로에 어울리게 잘 짜 맞춘 유능하고 사회적으로 믿음직스러우며 신분의식을 갖춘 동료시민이라는 마스크들이다. 이것이 이러한 교육의 무의식적 성격이며, 그 성격에 아첨과 감정이입의 전략이 상응한다. "아이들은 우리가 아이들을 필요로 하는 것보다 더 많이 우리를 필요로 한다"라는 것이 이 계급의 감춰진 준칙이다. 이 준칙은 그들의 번식활동의 토대를 이룰 뿐만 아니라 그와 마찬가지로 그들 교육학의 지극히 섬세한 사변의 토대를 이룬다. 부르주아지의 후속세대는 부르주아지에게는 상속자로 등장하고, 무산자들에게는 도와주는 자, 복수하는 자, 해방하는 자로 등장한다. 이것이 충분히 극명하게 드러나는 차이이다. 이 차이가 가져오는 교육학적 결과들은 이루 말할 수 없이 심대하다.

우선 프롤레타리아 교육학은 〔부르주아 교육학에서처럼〕 두 가지 추상적인 자료가 아니라 하나의 구체적인 자료에서 출발한다. 프롤레타리아 아이는 자신의 계급 속으로 태어난다. 더 정확하게는 그 아이가 속한 계급의 후속세대 속으로 태어나는 것이지 가족 속으로 태어나는 게 아니다. 그 아이는 처음부터 이 후속세대의 한 요소이며, 그 아이가 무엇이 될지는 어떤 교조적인 교육목표가 아니라 계급이 처

---

1) Wandervogel : 1900년경 독일에서 생겨난 '철새'라는 뜻의 청년들의 집단 도보운동 또는 그 집단을 가리킨다. 철새처럼 산과 들을 돌아다니면서 심신을 다지며 자연에 대한 사랑과 조국애를 함양하고자 했다.

한 상황이 결정한다. 이 상황은 첫 순간부터, 심지어 이미 어머니 뱃속에서부터 생명 자체처럼 그 아이를 사로잡으며, 그 상황과의 접촉은 일찍부터 고난과 고통의 학교에서 아이의 의식을 날카롭게 벼리기에 매우 적합하다. 이 의식은 계급의식이 된다. 왜냐하면 프롤레타리아 가족은 혹독한 겨울바람을 막아주는 해진 여름 외투만큼도 아이를 혹독한 사회적 인식으로부터 막아주지 못하기 때문이다. 에드빈 회른레[2]는 혁명적인 아이들 조직, 자발적인 학교 파업, 감자를 추수할 때의 아이들 파업 등에 관한 사례를 충분히 보여준다. 그가 전개하는 사고들을 부르주아 진영의 가장 정직하고 훌륭한 사고들로부터 구별하는 것은 그것들이 아이와 아이의 천성만을 진지하게 여기는 것이 아니라 '학교 개혁가'는 실제로 문제 삼지 않는 아이의 사회적 상황 자체를 진지하게 여긴다는 점이다. 그런 개혁가를 위해 회른레는 그의 책의 인상적인 마지막 단락을 할애했다. 이 단락에서 그는 "아이를 정치화하는" 데 항의하는 "오스트리아의 마르크스주의적 학교 개혁가들"과 "겉으로만 혁명적인 교육학적 이상주의"를 다룬다. 그러나 초등학교, 직업학교, 군국주의, 교회, 청년단체, 소년단체들은 이들의 숨겨져 있으면서 정밀한 기능을 두고 볼 때 프롤레타리아들을 반프롤레타리아적으로 훈련하기 위한 도구들이 아니고 무엇이냐고 회른레는 반문한다. 하지만 공산주의 교육은 이들에 방어적 태도로 맞서는 것이 아니라 계급투쟁의 기능으로 맞선다. 그 교육에 속

---

2) 〔원주〕 Edwin Hoernle, *Grundfragen der proletarischen Erziehung*, Berlin: Verlag der jugendinternationale, 1929, p. 212.

하는 아이들이자 그 교육이 존재하는 이유인 아이들을 위한 계급투쟁이라는 기능 말이다.

교육은 계급투쟁의 기능이기는 하지만 그것만은 아니다. 공산주의적 신념에 따르면 교육은 주어진 환경을 혁명적 목표들에 맞게 남김없이 활용하는 일이다. 이 환경이 투쟁만이 아니라 노동이기도 하기 때문에 교육은 동시에 혁명적인 노동교육이기도 하다. 이 노동교육의 프로그램 속에서 이 저술은 자신이 지닌 최상의 것을 제시한다. 이 저술은 그로써 매우 결정적인 한 지점에서 볼셰비키들의 프로그램으로 안내한다. 러시아에서는 레닌의 시대에 단수(單數)기술 교육이냐 아니면 종합[다수]기술 교육이냐를 두고 의미심장한 논쟁이 벌어졌다. 노동의 전문화인가, 아니면 노동의 보편주의인가? 마르크시즘의 답변은 보편주의 쪽이다. 인간은 스스로 지극히 다양한 환경 변화를 경험하는 가운데, 그리고 각각의 환경에서 새로이 자신의 역량을 계급에 동원하는 가운데 공산주의 프로그램이 '옛 부르주아 사회의 역겨운 특성', 즉 실제와 이론 사이의 괴리라고 레닌이 지칭한 것에 맞세우는 보편적인 활동에 뛰어들 태세를 갖추게 된다. 러시아인들의 대담하고 예측을 불허하는 인사정책은 전적으로 이러한 새로운 보편성의 산물이다. 이 보편성은 인간주의적이고 정관적인 성격이 아니라 능동적이고 실천적인 성격을 띤다. 착취당하는 자가 자본에 의해 벌거벗은 인간 노동력의 무한정한 이용 가능성을 매시간 의식하게 되었다면 그러한 이용 가능성이 최고 단계에 이르러 전문화된 훈련과 반대되는 종합기술적 숙달로 다시 등장하는 셈이다. 이것이 대중교육의 기본원칙들이며, 이 원칙들이 지금 자라나는 세대의 교육에 대해 지니는 생산성은 쉽게 파악할 수 있다.

그럼에도 아이들의 교육은 성인 대중들의 교육과 본질적으로 다를 게 하나도 없다는 회른레의 주장을 무조건 받아들이기는 쉽지 않다. 그와 같은 과감한 인식들은 여기 제시된 정치적 보고서를 철학적 보고서로 보충하는 작업이 얼마나 바람직한지, 아니 필요한지를 깨닫게 해준다. 하지만 그럼에도 프롤레타리아 아동의 마르크스주의적이고 변증법적인 인간학을 위한 예비작업은 아직 부족하다. (성인 프롤레타리아에 대한 연구도 마르크스 이래 어떠한 근본적인 성과도 이루지 못했다.) 이 인간학은 다름 아닌 아동심리학과의 논쟁이 될 것이다. 즉 프롤레타리아 유치원, 청년단체, 아동극, 도보여행클럽 등에서 얻은 경험들을 유물론적 변증법의 원칙들에 따라 철저히 파헤친 상세한 기록들이 아동심리학을 대신해야 할 것이다. 이 안내서는 가능하면 조속히 그와 같은 기록들로 보완할 필요가 있다.

사실 안내서이기는 하지만 그 이상이기도 하다. 독일에는 정치적·경제적 저술 외에 정통 마르크스주의적 문헌이 없다. 이것이 마르크스주의적 사안들에 지식인들이 — 좌파 지식인들을 포함하여 — 놀라울 정도로 무지한 주요 원인이다. 회른레의 이 저술은 가장 기초적인 소재들 중 하나라 할 수 있는 교육학에서 무엇이 정통 마르크스주의적 사유이고, 그것이 어디로 이끄는지를 권위 있는 예리한 필치로 보여준다. 마음에 새겨둘 만한 저술이다.

거리산보자의 귀환[1]
(1929)

Walter Benjamin, *Gesammelte Schriften*, Frankfurt a. M., 1972~89, Bd. III, pp. 194~99. (Die Wiederkehr des Flaneurs)

지금까지 발표된 모든 도시 묘사를 저자의 출생지에 따라 두 그룹
으로 나누어보면 향토민에 의해 작성된 도시 묘사가 아주 소수라는
사실이 분명하게 드러나게 된다. 피상적인 계기가 되는 이국적인 것,
그림처럼 아름다운 것은 이방인에게만 작용한다. 향토민이 고향 도
시에 대한 상을 그리려면 그와는 다른 더 심층적인 동기가 필요하다.
먼 곳이 아니라 과거로 여행하는 사람들이 갖는 동기 말이다. 향토민
이 쓰는 도시 책은 회고록과 유사성을 지니며, 그러한 책의 저자는
고향 도시에서 유년기를 헛되지 않게 보낸 것이 된다. 베를린에서 유
년기를 보낸 프란츠 헤셀도 그렇다. 문 밖으로 나가 베를린을 산보하

---

1) Franz Hessel, *Spazieren in Berlin*, Leipzig und Wien: Verlag Dr. Hans Epstein,
   1929, 300 S.

는 그는 도시를 묘사하는 사람들이 흔히 대상에 대해 갖는 흥분된 인상주의와는 거리가 먼 태도를 보인다. 헤셀은 묘사하는 것이 아니라 이야기하기 때문이다. 더구나 그는 자신이 들었던 것을 또다시 이야기한다. 『베를린에서의 산보』는 도시가 아이에게 어릴 적부터 들려주었던 것의 메아리이다. 그것은 전적으로 서사적인 책, 느릿느릿 걸으면서 쓴 회고록, 기억이 원천이 아니라 뮤즈인 책이다. 기억은 거리들을 앞서간다. 모든 거리가 기억에 대해 급경사를 이룬다. 기억은 어머니들의 나라로 내려가는 것이 아니라면 적어도 과거를 향해, 즉 작가 자신의 사적인 차원을 넘어설수록 그만큼 더 사로잡는 힘을 가진 과거를 향해 내려간다. 작가가 걷는 아스팔트에서는 걸음마다 놀라운 반향이 일어난다. 도로의 포석 위에 비추는 가스등 불빛은 이처럼 이중적인 바닥 위에 중의적인 빛을 던진다. 고독한 산보자에게 기억술의 도우미로서 도시가 환기하는 것은 산보자의 유년기나 청년기도 넘어서고 도시 자신의 역사도 넘어선다.

도시가 열어 보여주는 것, 그것은 우리가 최종적으로 끝났다고 믿었던 산보의 광대한 드라마이다. 그렇다면 그러한 드라마가 한 번도 제대로 꽃핀 적이 없던 이곳 베를린에 그것이 부활한 것일까? 여기에 덧붙여 알아야 할 것은 베를린 사람들이 달라졌다는 사실이다. 수도의 건설자라는 그들의 의심스러운 자부심은 고향 베를린을 향한 애착에 서서히 자리를 비켜주기 시작했다. 이와 동시에 유럽에는 연대기, 문서, 디테일에 대한 감각과 현실감각이 날카로워졌다. 이러한 상황 속에 등장한 한 사람, 그는 이러한 변화를 함께 경험할 만큼은 젊고 기욤 아폴리네르[2]와 폴 레오토[3] 같은 거리 산보의 마지막 대가들에게 개인적으로 친밀감을 느낄 만큼은 나이를 먹은 편이다. 거리 산보자의 유형을 만든 것은 바로 파리이다. 그것이 로마가 아니라는 것은 놀라운 일이다. 로마에서는 심지어 꿈꾸기조차 이미 너무 잘 닦인 거리들을 끌어오지 않는가? 또한 로마는 도처에 사원과 담을 두른 광장, 민족성지로 차 있어 도로 포석, 간판, 계단, 성문 길마다 방해받지 않고 행인이 꿈에 빠져들기 어렵다. 위대한 회상이나 역사적인 전율들은 진정한 거리산보자에게는 쓸데없는 것들이어서 그는 그 일을 차라리 여행객에게 맡긴다. 그는 예술가가 기거했던 암자나 탄생 장소, 혹은 제후의 거처에 대해 자신이 알고 있는 것일랑 모두 잊고, 그 대신 집에서 기르는 개 중에서도 가장 뛰어난 개가 가짐직한 감각으로 어떤 희귀한 문지방을 알아차리거나 희귀한 포석을 촉감으로 느끼는 일에 집중한다. 어쩌면 대부분은 로마 사람들의 성격 탓인지 모른다. 파리를 거리산보자들의 약속의 땅으로 만들고, 후고 폰 호프만스탈[4]이 언젠가 한 말처럼 파리를 "순전히 삶으로 이루어진 풍경"으로 만든 사람들은 이방인들이 아니라 파리 사람들 자신이기 때문이다. 풍경 — 거리산보자에게 도시는 사실상 풍경이 된다. 더 정확히 말하자면 그에게 도시는 변증법적인 양극으로 나뉜다. 즉 도시는

---

2) Guillaume Apollinaire, 1880~1919 : 프랑스의 입체파 시인이자 초현실주의 선구자. 파리의 센강을 지나면서 지은 시 「미라보 다리」가 유명하다.

3) Paul Léautaud, 1872~1956 : 프랑스의 연극평론가·수필가. 소설 『작은 친구』 등을 썼는데, 특히 『문학 일기』는 19세기 말부터 20세기 전반의 프랑스 문단 이면사에 대한 견문 기록으로 유명하다.

4) Hugo von Hofmannsthal, 1874~1929 : 17세 때 운문극 「여제」를 발표하여 천재성을 주목받은 오스트리아의 시인이자 극작가.

거리산보자에게 풍경으로 나타나기도 하고 그를 감싸는 방이 되기도 한다.

"풍경에 대한 여러분의 사랑을 도시에 약간만 나누어주세요"[5]라고 헤셀은 베를린 사람들에게 말한다. 베를린 사람들은 그냥 그들 도시 안의 풍경을 보면 된다. 티어가르텐 빌라들의 종교적 양식으로 만든 전면이 보이는 산보의 신성한 숲 티어가르텐(Tiergarten), 재즈를 들으며 그 어느 때보다 쓸쓸하게 바닥에 떨어지는 낙엽을 쳐다보면서 머물 수 있는 천막들, 물굽이와 나무섬들(Bauminsel)을 상상 속에서 그려볼 수 있는 노이에 호수,[6] "겨울이면 서로 팔짱을 끼고 스케이트를 지치며 얼음 위에 8자 형을 새겨넣고, 가을이면 보트 대여소가 있는 나무다리에서 보트에 함께 올라타 사랑하는 여자가 노를 젓던 곳"[7] ─ 이 모든 곳을 차치하고라도 도시 베를린은 늘 풍경으로 가득 차 있다. 도시철도가 지나는 아치형 구름다리 위의 하늘이 마치 스위스 엥가딘 협곡 위의 하늘처럼 파랗게 펼쳐져 있고, 부서지는 파도에서 경험하듯이 굉음 한가운데에 정적이 찾아들고, 산속 분지처럼 도시 안의 골목들이 하루의 시간들을 분명하게 비추는 것을 느끼기만 한다면. 물론 도시를 가득 메운 도시민 본래의 삶도 진부한 것이라고 할 수 없다. 베를린에 대한 위에서 언급한 지식들도 도시민의 삶이 빠지면 의미가 없기 때문이다. "우리 베를린 사람들은 더 많이 우리

---

5) Franz Hessel, *Spazieren in Berlin*, p. 295.

6) Neuer See : 베를린 티어가르텐 안에 있는 호수.

7) Franz Hessel, *Spazieren in Berlin*, p. 177.

의 도시 안에 거주해야 한다"[8]라고 헤셀은 말한다. 헤셀은 사람들이 이 말을 문자 그대로의 의미에서 이해하길 원하는데, 그가 염두에 둔 것은 집보다는 거리이다. 개인이 자기 집의 사방 벽 안에서 그렇게 하듯이 집과 집의 담 사이에서 많은 것을 체험하고 경험하고 인식하고 계획하는 존재, 끝없이 불안하고 끝없이 동요하는 존재의 거처가 거리이기 때문이다. 대중에게 — 거리산보자는 대중과 함께 산다 — 반짝이는 에나멜 칠의 상점 간판은 살롱에서 부르주아가 바라보는 유화로, 아니 그보다는 벽걸이 장식으로 여겨지고, 담장은 필기대로, 신문 파는 매점은 도서관으로, 우체통은 동상으로, 벤치는 작은 방으로, 카페테라스는 자기 집을 내려다보는 돌출창으로 여겨진다. 아스팔트 노동자가 상의를 벗어 울타리에 걸어놓는 장소는 그에게 현관이 되며, 이어진 건물 마당들을 지나 야외로 통하는 성문 통로는 도시의 방들로 들어가는 입구가 된다.

주거에 대한 탐구는 이미 헤셀의 탁월한 저작인 『저널리즘의 예비학교』[9]에서 은밀하게 다루어진 모티프라는 것을 알 수 있다. 경험이 믿을 만하고 검증된 것이 되기 위해 그와 반대되는 것을 포괄하는 것처럼 이 책에서도 거리산보자의 완성된 예술은 주거에 대한 지식을 포괄한다. 주거의 원상은 자궁 또는 집이다. 사람들은 거기서 그 안에 거주하는 사람의 형상을 정확하게 읽어낸다. 그런데 사람이나 동물만이 살고 있는 것이 아니라 귀신, 특히 이미지도 거주한다는 사실

---

8) Franz Hessel, *Spazieren in Berlin*, p. 298.

9) Franz Hessel, *Nachfeier*, Berlin: Ernst Rowohlt Verlag, 1929 참조.

을 생각해보면 거리산보자가 몰두하고 또 그가 찾는 것이 무엇인지
가 명백해진다. 바로 터를 잡고 있는 이미지들이 그것이다. 그 이미
지들이 어디에 있든 그는 그것들을 찾아낸다. 거리산보자는 장소의
수호신〔터줏대감〕의 사제이다. 눈에 안 띄는 이 행인은 사제의 위엄
과 탐정의 육감을 지녔다. 떠들썩하지 않은 그의 박식함은 길버트 키
스 체스터턴[10]이 범죄수사의 대가로 그린 브라운 신부님과 닮은 면
이 있다. 그의 이러한 면을 알기 위해서는 베를린 구(舊)서부 지역으
로 그를 따라가 봐야 한다. 그가 문지방 아래에 있는 고대 로마의 집
수호신을 어떻게 찾아내는지, 옛 주거문화의 마지막 기념비들을 어
떻게 칭송하는지를 알기 위해서 그렇다. 마지막 기념비들이라고 말
한 이유는 옛 의미의 주거, 즉 보호받는 느낌을 가장 중시했던 주거
의 시대가 이제 끝났다는 사실에서 세기 전환기의 징표를 엿볼 수
있기 때문이다. 지크프리트 기디온,[11] 에리히 멘델손,[12] 르 코르뷔지
에[13]는 사람이 머무는 장소를 무엇보다 빛과 공기의 상상 가능한 모
든 힘과 파동〔물결〕이 통과하는 공간으로 만든다. 그 결과물은 투명

---

10) Gilbert Keith Chesterton, 1874~1936 : 20세기의 가장 영향력 있는 영국 작가 중
하나로 로마 가톨릭 교회의 사제 겸 탐정인 브라운 신부를 등장시킨 연작이 유명
하다.

11) Sigfried Giedion, 1893~1968 : 20세기 전반에 신(新)건축운동을 이끈 스위스의 건
축가. 그의 대표작 『프랑스에서의 건축』(*Bauen in Frankreich*, Leipzig/Berlin, 1928)
은 벤야민의 『파사주』 프로젝트에 많은 영감을 주었다.

12) Erich Mendelsohn, 1887~1953 : 독일의 건축가로 1920년대 표현주의 건축으로 유
명하다.

13) Le Corbusier, 1887~1965 : 스위스 태생의 프랑스 건축가로 신건축운동에 큰 공헌
을 하였다.

성이라는 특징을 지닌다. 공간의 투명성만이 아니다. 유동적인 교대 근무 비번제를 위해 일요일을 없애기로 기획한 러시아인들의 말을 믿을 수 있다면 일주일의 투명성도 그렇다. 헤셀이 독자들을 이끌고 간 '구서부 지역'의 고대 예술품을 전부 발견하기 위해서 오래된 것에 집착하는 경건한 시선이면 족하다고 생각하면 안 된다. 자신 안에 소리 없이, 하지만 분명하게 새것이 예고되는 사람만이 이제 막 낡아버린 옛것에 대해 신선하고 독창적인 시선을 보낼 수 있다.

헤셀은 구서부 지역에서 여상주(Karyatide)와 남상주(Atlant), 포모나[14]와 푸토[15] 등 평민 신들을 발견하고 그들과 함께 독자를 접견한다. 그는 가정의 수호신이 된 페나테스, 눈에 띄지 않는 문지방 신 등 한때 유행했던 상들을 가장 마음에 들어한다. 그 상들은 층계참에 먼지에 싸인 채, 또는 아무 이름도 없이 복도의 벽감 안에 자리 잡고 있으며, 통과의례를 관장하는 신들로서 예전에 목제 문지방 혹은 비유적인 문지방을 넘어선 모든 발걸음을 동행했다. 헤셀은 아직도 그들을 벗어나지 못한다. 그 상들이 이미 오래전에 없어졌거나 혹은 눈에 안 띄는 곳에 있는데도 그는 그들의 존재를 여전히 느낀다.

베를린에는 성문이 많지 않다. 하지만 이 위대한 문지방 전문가는 도시를 평지로부터 분리하고 도시의 이 구역을 저 구역과 분리하는 소소한 통과지점들을 알고 있다. 공사 현장, 다리, 도시철도의 아치

---

14) Pomona : 로마 신화에 나오는 과수와 원예의 여신.

15) Putto 또는 Putte : 조각과 회화에서 옷을 거의 걸치지 않거나 나체로 등장하는 남자 어린아이(童子)의 형상.

형 구름다리, 그리고 광장, 이 모든 것들이 이 책에서 존중받고 주목을 받는다. 문지방의 시간들, 보잘것없는 삶의 경건한 12분 혹은 12초, 대우주적 차원에서의 12번의 밤에 해당하는, 일견 세속적으로 보일 수 있는 시간들도 마찬가지이다. "프리드리히슈타트에서 열리는 댄스파티 역시 영업이 시작되기 전의 시간이 가장 유용한 시간이다. 아직 덮개를 벗기지 않은 악기들 옆에서 무용수는 희미한 빛 속에서 인스턴트 식사를 하면서 옷보관소 여직원 혹은 웨이터와 이야기를 나눈다"[16]라는 사실을 작가는 안다.

보들레르는 "인간의 심장보다 더 빨리 바뀌는 도시"라는 가혹한 말을 남겼다.[17] 헤셀의 책은 도시의 주민들에게 위안이 되는 작별의 문구로 가득하다. 그것은 이별을 전하는 서간들을 모은 모범적인 문집이다. 헤셀이 마그데부르크 거리에서 찾은 자신의 뮤즈들에게 한 다음과 같은 말처럼 사모의 마음을 담아 베를린에 말을 건넬 수 있다면야 누군들 이별을 감수하지 않겠는가? "그들은 그사이 보이지 않게 되었다. 그들은 깨어진 돌조각이 된 채 거기에 서 있었는데, 아직 손이 남아 있어 얌전히 공이나 연필을 들고 있었다. 그들은 흰 돌 눈으로 우리들이 가는 길을 따라갔다. 이 이교도 소녀들이 우리를 쳐다본다는 사실은 우리의 일부가 되었다." "우리는 우리를 응시하는 것만 본다. 우리는 그렇게 할 수 있을 뿐이지 그것을 위해 무엇인가를 더 할 수 있는 것은 아니다."[18] 헤셀이 한 이 말보다 거리 산보의 철학을

---

16) Franz Hessel, *Spazieren in Berlin*, p. 262.
17) Charles Baudelaire, *Œuvres complètes*, éd. Y.-G. Le Dantec et C. Pichois, Paris, 1961, p. 81("Le Cygne").

더 깊이 파악한 말은 없다. 언젠가 파리를 산보하다 헤셀은 오후가 되면 서늘한 현관에 앉아 뜨개질을 하곤 하는 여자 관리인들을 본 적이 있다. 그는 그들이 마치 그의 유모처럼 자신을 쳐다보고 있다는 느낌을 받았다. 베를린 사람들에게는 이 훌륭한 산보자가 곧바로 눈에 띄면서 수상쩍게 보인다는 사실이야말로 두 도시, 즉 헤셀의 원숙한 제2의 고향 파리와 그의 엄숙한 제1의 고향 베를린의 관계를 특징적으로 드러낸다. 그래서 이 책 첫 장의 제목이 '수상쩍은 사람'이다. 이 첫 장에서 우리는 이 도시에서 거리 산보를 가로막는 저항의 분위기를 가늠할 수 있고, 이 도시의 사물과 사람들이 던지는 탐색하는 시선이 몽상가에게 얼마나 혹독한 위협으로 다가오는지를 가늠할 수 있다. 파리가 아닌 이 도시에서 우리는 거리산보자가 철학적인 산책자와 얼마나 거리가 먼지, 또 그가 어떻게 해서 끊임없이 사회의 황야를 헤매는, 에드거 앨런 포가 「군중 속의 사람」에 영원한 표본으로 남긴 바 있는 저 늑대인간의 면모를 가질 수 있었는지를 알게 된다.

첫 장 '수상쩍은 사람'은 이 정도로 해두자. 둘째 장의 제목은 '나는 배운다'(Ich lerne)이다. 저자가 즐겨 사용하는 말이 여기에 다시 등장한 것이다. 대개 작가들은 도시에 다가가는 법을 '연구한다'(studieren)라고 말한다. 이 두 단어 사이에 하나의 세계가 놓여 있다. 누구나 연구할 수는 있지만 배우는 것은 지속적인 것을 추구하는 사람만이 할 수 있다. 지속적인 것에 경도되는 자신감과 미묘한 차이에 대한 귀족

18) Franz Hessel, *Spazieren in Berlin*, p. 168.

주의적인 반감이 헤셀에 의해 발언권을 얻게 된다. 체험은 일회적인 것과 센세이션을 원하고, 경험은 항상 동일한 것을 원한다. 몇 년 전에 헤셀은 이렇게 쓴 적이 있다. "파리, 그것은 수천 개의 창문 앞 좁은 격자 발코니이고, 수천 개의 담배가게 앞 빨간 금속판 시가이며, 작은 바〔술집〕들 카운터의 양철판이고, 관리소의 고양이이다." 거리 산보자는 어린아이처럼 이렇게 메모하면서 노인처럼 자신의 지혜를 견지한다. 이제 베를린을 위해서도 이러한 식의 색인, 다시 말해 꿈에서 깬 자가 쓴 이집트식 꿈풀이 책이 집대성되었다. 베를린 사람들이 자신들의 도시에서 네온사인 광고의 약속과는 다른 약속을 찾게 될 때 비로소 그들은 이 책을 귀히 여기게 될 것이다.

한 아웃사이더가 주목을 끌다(1930): 지그프리트 크라카우어의 『사무원들』[1]에 대하여

Walter Benjamin, *Gesammelte Schriften*, Frankfurt a. M., 1972~89, Bd. III, pp. 219~25. (Ein Aussenseiter macht sich bemerkbar)

태곳적부터, 어쩌면 문헌 자체만큼 오래전부터 불평가라는 유형이
문헌에 등장한다. 호메로스에 나오는 험구가인 테르시테스,[2] 셰익스
피어가 그린 왕들의 드라마에 나오는 첫 번째, 두 번째, 세 번째 모반
자, 세계대전의 유일하게 위대한 드라마에 나오는 불평꾼[3]이 이러한
유형이 체현된 인물들이다. 그러나 이 장르의 문학적 명성이 장르의

---

1) 〔원주〕 S〔iegfried〕 Kracauer, *Die Angestellten. Aus dem Neuesten Deutschland*,
Frankfurt a. M.: Frankfurter Societätsdruckerei, 1930, 148 S.

2) Thersites : 추악하고 불구이며, 입이 험하고 호전적인 것으로 유명한 그리스인. 트로
이전쟁 때 아가멤논을 욕심꾸러기라 비난하고 아킬레우스를 비겁자라고 욕했는데,
결국 아킬레우스에게 살해되었다.

3) 카를 크라우스의 드라마 『인류 최후의 날들』(*Die letzten Tage der Menschheit. Tragödie
in fünf Akten mit Vorspiel und Epilog*, Wien, 1919)에 등장하는 불평꾼(Nörgler)을 가
리킨다.

살아 있는 표본들의 기를 살려주지는 않은 듯이 보인다. 이들은 이름도 없고 유폐된 채 삶을 헤쳐가곤 한다. 이러한 족속 가운데 한 사람이 어느 날 이목을 끌면서 모두가 보는 가운데 이제 자기는 더는 함께하지 않겠노라고 선언하게 되면 그것은 관상학자에게 하나의 사건이다. 우리가 이번에 논하고자 하는 사람도 이름이 잘 알려진 사람이 아니다. 성 앞에 간명하게 적힌 S.는 이 인물이 누군지 너무 빨리 떠올리지 말라고 경고한다. 다른 방식으로 독자는 이러한 간결한 표현을 내부에서 만나게 된다. 그것은 아이러니의 정신으로부터 인간성의 탄생이다. S.는 노동재판소의 홀을 들여다보는데, 여기서 가차 없는 빛 속에서 그에게 드러난 것은 "본래 가련한 사람들이 아니라 가련하게 만드는 상황들"이다. 어쨌든 분명한 것은 이 사람이 더는 함께하지 않는다는 점이다. 또한 세상이 공연하는 카니발을 위해 가면을 쓰는 것을 거부하고 ─ 그는 심지어 사회학 박사모도 집에 두고 왔다 ─, 무뢰한처럼 대중 사이를 헤집고 다니면서 별나게 뻔뻔한 사람의 가면을 여기저기 들춰본다는 점이다.

그는 자신의 시도를 르포르타주라고 칭하는 것에 반발하는데 그것은 쉽게 이해가 간다. 첫째, 그는 르포르타주의 대부(代父)라고 할 수 있는 신베를린의 급진주의와 신즉물주의를 똑같이 싫어한다. 둘째, 가면을 들춰보는 교란자는 인물 초상을 그리는 자라고 매도당하고 싶어 하지 않는다. 폭로하는 일이 이 작가의 열정이다. 사무원들의 삶 속으로 변증법적으로 파고드는 그는 정통 마르크시스트도 아니고, 실제적인 선동자는 더더욱 아니다. 왜냐하면 변증법적으로 파고든다는 것이 바로 폭로한다는 뜻이기 때문이다. 마르크스는 사회적 존재가 의식을 규정한다고 말했다. 그러나 마르크스는 그와 동시에 계급 없는 사회에서 비로소 의식이 그 존재에 적합하게 된다고도 말했다. 이로부터 여러 다양한 계급의 의식이 사회적 존재에 적합하게 상응하는 게 아니라 지극히 매개된 형태로 내지는 비유적으로, 그리고 전치된 형태로만 상응할 수 있다는 점에서 계급국가에서의 사회적 존재는 비인간적이라는 사실이 도출된다. 그리고 하위계급의 그와 같은 허위의식은 상위계급의 이해관계 속에, 또한 상위계급의 허위의식은 그 계급의 경제적 상황의 모순 속에 그 근거가 있기 때문에 올바른 의식을 유발하는 일이 — 그것도 일단 그 의식으로부터 모든 것을 기대해야만 하는 하위계급에게서 — 마르크스주의의 첫 번째 과제이다. 이러한 의미에서, 그리고 원초적으로 그 의미에서만 저자는 마르크스주의적으로 사유한다. 사무원들의 이데올로기는 프롤레타리아가 처한 현실과 다를 바 없는 주어진 경제적 현실을 부르주아 계급의 기억 이미지들 및 소망 이미지들과 독특하게 중첩시킨 결과인데, 그만큼 더 저자의 의도는 마르크스주의의 전체 구조와 깊숙이 연관된다. 오늘날 그 사유와 감정이 일상의 구체적 현실로부터 소외된 계급으로서 사무원만큼 소외된 계급도 없을 것이다. 이것은 달리 말하면 오늘날 〔사회〕질서의 비인간적인 측면에 적응하는 일은 임금노동자보다 사무원들에게서 더 진척되었다는 것을 뜻한다. 사무원들은 생산과정에 어느 누구보다 간접적인 관계를 맺고 있는 반면, 이 생산과정에 상응하는 인간 상호적 관계의 형식들에는 누구보다 더 직접적으로 포섭되어 있다. 그리고 조직이 인간관계의 물화현상이 펼쳐지는 본래의 매체이기 때문에 — 그 밖에도 그것은 그 물화현상이 극복될 수 있을 유일한 매체이기도 하다 — 저자는 필연적으로 노동조합의 조직을 비판하는 방향으로 나아갈 수밖에 없다.

이러한 비판은 당정치적이거나 임금정치적인 것이 아니다. 저자의 그 비판은 어느 한 구절에서 인용할 수 있다기보다 책 전체에서 읽어내야 한다. 크라카우어는 노동조합이 사무원들을 위해 무엇을 이룩하는지는 다루지 않는다. 그는 노동조합이 사무원을 어떻게 훈련하는지, 또한 사무원들을 옥죄는 이데올로기들의 마력으로부터 사무원들을 해방하기 위해 무엇을 하는지를 묻는다. 이러한 물음들에 대한 답을 찾을 때 그의 일관된 아웃사이더적인 기질이 그에게 매우 도움이 된다. 그는 권위 있는 존재들이 그를 조용히 입 다물게 하기 위해 의기양양하게 들고 나올지 모를 그 어떤 것도 확신하지 않는다. 공동체의 이념? 그는 공동체의 이념이 경제우선주의적 기회주의의 변형이라고 폭로한다. 사무원들의 높은 교육수준? 그는 그것을 착각이라고 부르며, 교육에 대한 허황된 요구가 자신의 권리를 지키고자 하는 사무원들을 얼마나 무력화하는지를 증명한다. 문화재? 문화재에 매달린다는 것은 "기계화가 불러오는 단점들을 약처럼 투입되는 정신적 내용의 도움을 받아 제거할 수 있다"라고 보는 견해를 지지한다는 뜻이다. 이 모든 이데올로기적 구성물은 "그 자체가 물화의 표현이기도 하다. 물화의 영향에 맞서 이데올로기적 구성물이 동원되고 있지만 말이다. 〔정신적〕 내용들은 상품처럼 집으로 배달시킬 수 있는 완제품들이라는 견해가 그런 구성물을 떠받치고 있다."[4] 이러한 문장

---

4) Siegfried Kracauer, 앞의 책, p. 21.

들에서 울려나오는 것은 어떤 문제에 대한 입장만이 아니다. 이 책 전체는 오히려 일상의 한 단면, 사람들이 구축한 여기 이곳, 살아가고 있는 지금과의 대결이다. 현실을 드세게 몰아세우는 바람에 그 현실이 색깔을 드러내고 이름을 밝힐 수밖에 없게 된다.

그 이름은 바로 저자에게 사무원들 도시의 정수로 비치는 베를린이다. 저자는 이 수도의 심리학을 제공하는 데 자신이 중요한 기여를 했다고 자부할 정도이다. "베를린은 오늘날 명백한 사무원 문화의 도시이다. 사무원이 사무원을 위해 만들어내는 문화, 대다수의 사무원들에 의해 하나의 문화로 여겨지는 그런 문화의 도시이다. 출신이나 고향에 대한 애착은 억눌려지고 그만큼 주말 휴가가 대단한 유행이 될 수 있는 베를린에서만 사무원들의 현실을 파악할 수 있다."[5] 이 주말 휴가에는 스포츠도 속한다. 사무원들 사이에 퍼져 있는 스포츠 열풍에 대한 그의 비판을 보면 그가 선량한 사람들이 추구하는 문화적 이상들을 반어법적으로 다루면서 자연으로의 더 내밀한 귀의를 내세우려는 것은 아님을 알 수 있다. 그는 그런 생각과는 거리가 멀다. 여기서 지배계급에 의해 양성되는 본능적 불안함에 맞서 손상되지 않은 사회적 충동을 지키는 자로서 바로 이 문인이 등장한다. 이 문인은 자신의 강점을 자각하고 있다. 그 강점은 부르주아 이데올로기들을 남김없이 꿰뚫어보지 못할지언정 그것들이 소시민계급과 연결되어 있는 모든 지점은 하나도 놓치지 않는 데 있다. 크라카우어는 이렇게 쓰고 있다. "스포츠의 확산은 콤플렉스를 해소하지 못하며 그

---

5) 앞의 책, p. 20.

어떤 것보다 거대한 스타일로 진행되는〔심리적〕억압의 현상 가운데 하나이다. 스포츠의 확산은 사회 상황을 개혁하는 것을 촉진하는 것이 아니라 전체적으로 탈정치화의 주요 수단이 되고 있다."⁶⁾ 또 다른 구절에서 저자는 더 단호하게 말한다. "사람들은 이른바 자연권이라는 것을 오늘날의 경제체제에 맞세운다. 그런데 그들은 자본주의적 탐욕들 속에서도 고스란히 체현되고 있는 바로 그 자연이야말로 그 경제체제의 가장 강력한 동맹자들 가운데 하나이고, 게다가 자연을 끊임없이 찬양하는 것은 경제생활을 계획성 있게 조직하는 일과 상충된다는 사실을 깨닫지 못하고 있다."⁷⁾ 이러한 자연 적대적 태도에 걸맞게 저자는 전통적인 사회학이 말하는 타락현상에 대해 그것이야말로 바로 '자연'이라고 비난한다. 저자에게는 어떤 담배 제조업체의 외판원, 뻔뻔한 태도와 능란함 자체가 자연이다. 경제구조에 대한 철저한 검토를 통해 오늘날 추상적 형태를 띠게 된 생산관계와 교환관계들이 지니는 야만적이라고까지 할 수 있는 원초적인 성격이 밝혀지는데, 이러한 시각에서 보면 사람들 사이에 회자되는 기계화〔자동화〕현상이 항간에 사회를 설교하는 자들에게서와는 전혀 다른 강세를 띤다는 점은 굳이 지적하지 않아도 되겠다. 이 관찰자에게는 미숙련공의 영혼 없이 기계화된 손동작이 한 인사 담당자의 대단한 표현대로 훌륭한 사무원의 안색이 띠어야 할 전적으로 유기적인 "도덕적인 장밋빛"⁸⁾보다 얼마나 더 희망적으로 보일 것인가? 도덕적 장밋빛

---

6) 앞의 책, p. 129.

7) 앞의 책, p. 145f.

은 그러니까 사무원들 삶의 현실이 띠는 색깔인 셈이다.

인사 담당자의 미사여구는 사무원들의 언어가 어느 정도로 저자의 언어와 소통하는지, 이 아웃사이더와 그가 겨냥한 집단의 언어 사이에 어떤 일치점이 있는지를 증명한다. 우리는 블러드 오렌지와 자전거 타는 사람, 가래를 내뱉는 트럼펫, 공주들이 무엇인지를 저절로 알게 된다. 그리고 우리는 이 모든 것을 자세히 알게 되면 될수록 어떻게 해서 인식과 인간성이 노동조합 사무국장들과 교수들이 쓰는 거만한 어휘를 피하기 위해 그만큼 더 별명과 은유로 달아났는지를 보게 된다. 아니면 사람들이 임노동을 개혁하고, 그 속에 영혼을 불어넣고, 임노동을 심화하는 방안에 관해 쓴 논문들에서 문제가 되는 것은 어떤 어휘라기보다는 언어의 도착현상인 것일까? 그러니까 가장 내밀한 단어로 가장 비루한 현실을, 가장 고상한 단어로 가장 야비한 현실을, 가장 평화로운 단어로 가장 적대적인 현실을 덮어서 가리는 그러한 도착현상 말이다. 사정이 어떻든 간에 크라카우어의 분석들, 특히 아카데미풍의 테일러적인 감정서에는 대상의 무한 광대함에 상응하는 서사공간을 확보하기 위해 오래전에 정치적인 풍자잡지에서 사라진 풍자가 매우 생동적인 형태로 첫 선을 보이고 있다. 아, 이 무한 광대함은 다름 아닌 황량함〔위안 없음〕이다. 황량함이 엄습한 계층들의 의식에서 철저하게 〔심리적으로〕 억압되면 될수록 그 황량함은 — 심리적 억압의 법칙에 걸맞게 — 이미지를 만들어내는 일에서는 그만큼 더 창조적인 것으로 드러난다. 견딜 수 없을 정도로

---

8) 앞의 책, p. 32.

긴장된 경제 상황이 허위의식을 만들어내는 과정들은 신경증 환자나 정신질환을 앓고 있는 사람의 경우에 견딜 수 없을 정도로 긴장된 개인적 갈등들로부터 허위의식이 만들어지는 과정들과 비교해볼 만하다. 상부구조에 관한 마르크스주의 이론이 적어도 허위의식의 생성에 관해 긴급하게 요구되는 이론으로 보완되지 않는 한, 어떻게 해서 한 경제 상황의 모순들로부터 그 상황에 적합하지 않은 의식이 생겨나는지의 물음에 대해서는 심리적 억압의 도식에 따라 답할 수밖에 없을 것이다. 허위의식의 산물들은 구름, 나뭇잎, 그림자들 등에서 진짜 대상이 빼꼼히 모습을 드러내는 수수께끼 그림들과 같다. 그리고 저자는 현란함과 청년, 교양과 인물의 판타스마고리아들 속에 수수께끼처럼 묻혀 있는 형태로 나타나는 그 진짜 대상들을 찾아내기 위해 사무원 신문들의 광고란까지 파고 들어갔다. 백과사전과 침구류, 탄성고무 구두창, 서경(書痙)[9] 펜대와 고급 피아노, 젊어지게 하는 약과 흰 치아와 같은 광고들이 그것들이다. 그러나 보다 고차원적인 것은 환상적 존재로 등장하는 데 만족하지 않는다. 그것은 비참함이 오락의 현란함 속에 수수께끼처럼 박혀 있는 것과 똑같이 그것대로 일상에서 가동될 때 수수께끼 같은 모습을 띤다. 그리하여 크라카우어는 무급 초과근무로 귀결되는 신(新)가부장적 사무실 경영에서 일련의 실종된 음들이 솟아오르는 기계식 오르간의 도식을 인지해내거나 속기 타자수의 손재주에서 피아노 연습곡의 소시민적 황량함을 인지해낸다. 이러한 세계의 상징들이 모여 있는 중심이 유흥 단지들

---

9) 직업적으로 글씨를 많이 쓰는 사람에게 오는 마비와 경련 등의 신경증.

이다. 즉 사무원들의 석화된. 아니 석고화한 소망을 담은 꿈의 장소들이다. 이 '집 없는 사람들을 위한 피난처들'을 탐사하는 작업에서 꿈을 적합하게 묘사하는 저자의 언어가 노련함을 유감없이 발휘한다. 저자의 언어가 어떻게 그 모든 정취 넘치는 예술가들의 지하실, 눈에 띄지 않는 성곽궁전, 은밀한 모카커피 항만에 잠입해 밀착하는지, 그리하여 그것들을 수많은 종기와 궤양으로 주조(鑄造)해서 이성의 빛에 비추는지를 보면 놀랍기 그지없다. 여기서 저자는 신동이면서 무서운 아이가 되어 꿈의 학교로부터 입담을 늘어놓는다. 그리고 저자는 이런 기구들을 너무 잘 알고 있기 때문에 그것들을 단지 지배계급의 이해관계에 복무하는 우민화 기구들로 관찰하거나 그 지배계급을 그러한 우민화 기구들에 책임이 있는 유일한 원인으로 지목하지 않는다. 기업에 대한 그의 비판이 한편으로 세부를 깊이 파고드는 모습을 보인다면, 다른 한편 그가 보기에 계급으로서 기업가는 자신에게 종속된 계급과 비자립적인 면을 너무나도 많이 공유하기 때문에 경제적 혼돈 속에서 본래의 추동력이자 책임능력이 있는 두뇌로 그를 인정하기 어렵다.

이 저술은 오늘날 사람들이 이해하는 정치적 영향, 즉 선동적인 영향을 포기할 수밖에 없게 될 텐데, 그것은 저자가 그처럼 기업가를 평가하기 때문만이 아니다. 그에 대한 의식이 — 자아의식까지는 아니더라도 — 저자가 르포르타주와 신즉물주의와 관련된 모든 것에 대해 품고 있는 혐오감을 비춰준다. 이들 급진적 좌파는 원하는 대로 처신하라고 하라. 그러나 지식인의 프롤레타리아트화는 한 사람의 프롤레타리아도 만들어낼 수 없다는 엄연한 사실을 그들은 지워버릴 수 없다. 왜 그럴까? 그것은 부르주아 계급이 지식인에게 교육이라는 형태로 어릴 적부터 하나의 생산수단을, 즉 교육의 특권을 근거로 그가 부르주아 계급과 연대감을 갖게 만들고, 그보다 더 그 계급이 그와 연대감을 갖게 만드는 생산수단을 함께 주었기 때문이다.[10] 이 연대감은 표면에서는 지워지고 심지어 해체될 수 있다. 그러나 그 연대감은 대부분의 경우에 지식인을 진정한 프롤레타리아의 상시적인 경보 태세와 전선에서 싸우는 삶으로부터 엄격하게 배제하기에 충분할 정도로 강력한 상태에 있다. 크라카우어는 이러한 인식들을 진지하게 여겼다. 그렇기 때문에 그의 글은 최근의 유파가 만들어내는 급진적인 유행산물들과는 반대로 지식인을 정치화하는 길 위에 세워진 경계석이다. 그 유행산물들에는 이론과 인식에 대한 공포가 지배하고, 이 공포가 지식인을 센세이션에 대한 속물들의 욕망 쪽으로 몰고 간다면, 크라카우어의 글에서는 건설적인 이론적 훈련, 즉 속물들을 향하지도 노동자를 향하지도 않으며 그 대신 뭔가 현실적인 것과 증명 가능한 것을 지원해줄 수 있는 이론적 훈련이 시도되고 있다. 그것은 작가 자신이 속한 계급을 정치화하는 일이다. 이 간접적 영향력이 바로 부르주아 계급 출신의 혁명적 작가가 오늘날 도모할 수 있는 유일한 영향력이다. 직접적인 영향력은 실천에서만 출현할 수 있다. 그러나 그는 출세한 동료들과는 달리 사상적으로는 레닌을 따를 것인데, 레닌의 저술들은 정치적 실천의 문학적 가치와 직접적 영향력이라는 것이 오늘날 그런 실천을 한다고 자처하는 거친 사실과 보고

---

10) 첫째 줄 "그것은 ……"부터 여기까지 : 「생산자로서의 작가」, 이 책 396쪽 참조.

들의 잡동사니와 얼마나 동떨어진 것인지를 가장 잘 입증해준다.

　이렇게 해서 당연한 일이지만 이 저자는 마지막에 개인으로 서 있다. 지도자가 아니라 불평꾼으로 서 있다. 뭔가를 창립한 사람이 아니라 흥을 깨는 사람으로서. 그리고 우리가 외롭게 자신이 할 일을 하고 노력하는 그를 그 자체로 떠올리고자 한다면 아침 여명 속 새벽의 넝마주이를 보게 된다. 그는 집게로 말 부스러기와 언어 조각을 찌르면서 그것들을 고집스럽게, 약간 얼근한 상태에서 투덜거리며 자기 수레에 던져넣는다. 그러면서 이따금 '인간' '내면성' '침잠' 같은 이런저런 퇴색한 헝겊 조각들을 조롱하듯이 아침바람에 나부끼게 한다. 혁명의 날 아침, 여명 속 새벽의 넝마주이.

〔서평〕
지그프리트 크라카우어,
『사무원들. 최근의 독일로부터』
(1930)

Walter Benjamin, *Gesammelte Schriften*, Frankfurt a. M., 1972~89, Bd. III, pp. 226~28. (S. Kracauer, Die Angestellten)

연구물에 이런저런 집단이나 현상의 '사회학을 위하여'라는 제목을 다는 것이 관례였던 시절을 아직 많은 사람이 기억하고 있을 것이다. 그 당시라면 이 저서는 '사무원들의 사회학을 위하여'라고 불렸을 것이다. 아니 어쩌면 전혀 쓰이지 않았을 저서일 수도 있다. 왜냐하면 이런 유의 제목이 유행했다는 사실이 분명히 말해주는 것은 본래 사람들이 정치적 대상들을 정치적으로 분명하게 밝히는 작업을 무척 꺼렸다는 점이기 때문이다. 그런 작업을 하는 대신 사람들은 그 대상들을 아카데미 세계의 미사여구로 가득한 직물 속에 감싸고, 그 안에서 대상의 모난 부분과 각진 부분들이 아무에게도 더는 아픔을 주지 않게끔 했던 것이다. 크라카우어가 추구했던 것은 그런 것이 아니다. 그러나 그가 대상 주위를 우회해가는 이 옛 방식을 버린 것은 새로운 방식을 택하기 위해서가 아니다. 특히 그는 완곡하게 사회학을 지루하게 늘어놓는 것과 마찬가지로 좌파적 상투어들로 위장하면서 정치적 정황을 우회해가는 현대적 전략인 르포르타주를 혐오했다. 그는 말한다. "현실은 하나의 구성물이다. 물론 그 구성물이 생겨나기 위해 삶이 관찰되어야 한다. 그렇지만 그 구성물은 결코 르포르타주의 다소 우연적인 일련의 관찰 속에 내포되어 있지 않다. 오히려 그 구성물은 오로지 개별 관찰들로부터 그 내용에 대한 인식을 토대로 종합적으로 만들어지는 모자이크 속에 숨어 있다."[1] 따라서 사회학적 지식과 관찰 자료는 이러한 작업방식의 선결사항들에 불과하다. 저자의 이런 작업방식은 그것이 가져온 결과들의 설득력의 측면뿐만 아니라 독창성의 측면에서 자세히 들여다볼 만한 가치가 있다.

여기서 한 사람이 혼자 힘으로 길을 나서고 있다는 점은 언어가 벌써 드러내준다. 그 언어는 완고하게 또 치받듯이 자신의 기준점들을 고집스럽게 찾아가는데, 그것은 시시한 말장난을 늘어놓으며 참회 설교를 한 아브라함 아 상타 클라라[2]가 부러워함직한 고집스러움이다. 다만 『사무원들』에서는 이미지를 갖고서 하는 위트가 말로 하는 위트의 역할을 넘겨받았다. 아브라함의 말장난이 어떤 우연한 것이 아니고 바로크 시대의 언어생활과 관련이 있듯이 이미지로 하는 위트는 우연히 생겨나는 것이 아니라 크라카우어의 경우 초현실주의적

1) Siegfried Krakauer, *Die Angestellten. Aus dem Neuesten Deutschland*, Frankfurt a. M.: Frankfurter Societätsdruckerei, 1930, p. 21.

2) Abraham a Sancta Clara, 1644~1709 : 바로크 시대 독일 아우구스티누스 수도회 소속의 가톨릭 성직자·시인·작가. 본명은 요한 울리히 메게를레(Johann Ulrich Megerle)이다. 기인(奇人)이면서 대중에게 널리 알려진 그는 많은 설교집을 남겼다.

중첩현상을 만들어내는 것을 목표로 삼는다. 이 중첩현상들은 우리가 지그문트 프로이트(Sigmund Freud)로부터 알고 있는 꿈의 세계, 또는 파울 클레(Paul Klee)나 막스 에른스트(Max Ernst)로부터 알고 있는 감각적 세계만이 아니라 사회 현실도 특징짓는다. 크라카우어는 이렇게 쓰고 있다. "놀이공원에는 저녁 무렵에 가끔씩 벵골식 조명으로 비춰진 분수축제가 펼쳐진다. 빛다발이 거듭해 모양을 바꿔가며 빨강, 노랑, 녹색을 띠고 허공의 어둠 속으로 흘러간다. 이 화려한 장면이 끝나면 그 화려함이 몇몇 관의 보잘것없는 연골조직 같은 데서 새어나왔음이 드러난다. 분수축제는 많은 사무원들의 삶과 닮았다. 그들은 척박한 삶을 오락 속으로 구제하며 스스로를 벵골식 조명으로 밝히면서 자신의 근원은 기억하지 못한 채 한밤의 허공 속으로 흩어져버린다."[3] 물론 이것은 비유 이상이다. 왜냐하면 이 벵골식 빛은 사무원들 자신을 위해 타오르기 때문이다. 그로써 어떤 정치적인 밝은 빛이 그와 같은 중첩현상으로부터 뿜어져 나오는지가 분명해진다.

이 정치적 해몽가에게 이 기법들은 어디서 온 것일까? 문학적 영향들은 이번에는 차치하고자 한다. 저자가 『긴스터』를 쓴 무명의 작가[4]에게서 무엇을 힘입고 있는지, 특히 언어적 측면에서 무엇을 힘입고 있는지는 제쳐두기로 하자. 분명한 것은 해석자로서의 그의 활동이 자신의 고유한 경험에 대한 엄밀한 연구에서 자라났다는 사실

---

3) 앞의 책, p. 129.

4) *Ginster, von ihm selbst geschrieben* : 크라카우어가 1928년에 익명으로 발표한 소설. 물론 이 소설의 저자가 크라카우어임을 벤야민은 알고 있다.

이다. (흑주술黑呪術이 결코 영향권과 비의秘儀를 벗어나지 않는 데 반해, 백주술白呪術은 경험한 것에 대한 엄격하고 냉철한 관찰과 함께 가는 것처럼 말이다.) 그러나 여기 바탕에 놓인 경험은 명백히 지식인의 경험이다. 지식인은 소시민의 타고난 적(敵)이다. 왜냐하면 지식인 스스로 소시민성을 자신 속에서 극복해야 하기 때문이다. 여기서 그는 자신의 강점을 자각했다. 그 강점은 부르주아 이데올로기들을 남김없이 꿰뚫어보지 못할지언정 그것들이 소시민계급과 연결되어 있는 모든 지점은 하나도 놓치지 않는 데 있다. 그러나 사무원들에게서는 새롭고 더 획일적이며 더 굳어 있고 더 훈련된 소시민성이 떠오른다. 그 소시민성은 유형 · 원형 · 괴팍하면서도 화해적인 인간의 이미지들 측면에서 보면 이미 흘러간 소시민성에 비해 엄청 빈약하다. 그 대신에 환영(幻影)과 심리적 억압의 측면에서는 엄청 풍부하다. 저자는 바로 이것들과 대결을 벌인다. 그러나 돈키호테가 풍차를 향해 돌진하듯이 '평생의 거짓'에 맞서는 그레거스 베를레5)의 방식으로 대결하지는 않는다. 그의 관심은 개인에 쏠려 있지 않다. 그의 관심은 오히려 균질한 대중의 심리 상태와 이 심리 상태가 반영되는 사회 상태에 쏠려 있다. 이 사회 상태의 총체를 대표하는 것이 베를린이라는 이름이다. "베를린은 오늘날 명백한 사무원 문화의 도시이다. 사무원이 사무원을 위해 만들어내고 대다수의 사무원들에 의해 문화로 여겨지는 그런 문화 말이다."6) 요제프 로트(Joseph Roth)가 얼마 전에 이 지면

---

5) Gregers Werle : 헨리크 입센(Henrik Ibsen)의 연극 「들오리」에 나오는 인물로 과거의 진실을 들춰내어 결국 평범하고 평화롭게 살아가는 가족을 파멸시키는 이상주의자이다.

에서 작가의 과제는 미화하는 데 있는 것이 아니라 폭로하는 데 있다
는 올바른 주장을 제시했는데,[7] 『사무원들』의 저자가 그러한 작가의
태도를 최고도로 발휘해 베를린에 다가갔다. 이 점은 이 중요한 책에
서 결코 하찮은 게 아니다. 수도 베를린에 대한 적극적인 사랑의 최
초 흔적들이 드러나는 순간에 사람들은 처음으로 이 도시의 결함을
추적한다. 베르너 헤게만이 『석조 도시 베를린』[8]이라는 기념비적 저
작에서 베를린의 토지에서 생겨난 임대주택 단지의 정치적 건설의
역사를 최근에 보여줬다면, 이제 그 뒤를 이어 크라카우어는 베를린
의 사무실과 유흥가의 궁전들을 서술하면서 상층의 기업가 집단으로
까지 확대된 사무원 성향이 그 안에 각인되어 있다고 본다. 그와 동
시에 그는 『프랑크푸르터 차이퉁』의 베를린 특파원 직책을 넘겨받았
다. 이러한 적(敵)을 자신의 장벽 안에 둔다는 것은 이 도시로서는 좋
은 일이다. 우리는 이 도시가 그를 침묵케 할 줄 알기를 기대할 뿐이
다. 어떻게 그게 가능할까? 이 도시가 자신의 최상의 목적들을 위해
그를 이용함으로써 가능할 것이다.

---

6) Siegfried Krakauer, "Die Angestellten", 앞의 책, p. 20.

7) Josepf Roth, "Schluß mit der 'Neuen Sachlichkeit'!", in: *Die literarische Welt*, 1930년
   1월 17일(Jg. 6, Nr. 3), p. 3f.

8) Werner Hegemann, *Das steinerne Berlin. 1930: Geschichte der größten Mietkasernenstadt
   der Welt* (Bauwelt-Fundamente 3), Vieweg, Braunschweig, 1988. 벤야민은 이 책에
   대해 「오늘날의 자코뱅 당원」이라는 제목으로 서평을 썼다("Ein Jakobiner von
   heute: Zu Werner Hegemanns 'Das steinerne Berlin'", in: GS, III, 260~65).

독일 파시즘의 이론들(1930)[1]: 에른스트 윙거(편)의 모음집 『전쟁과 전사들』[2]에 대하여

Walter Benjamin, *Gesammelte Schriften*, Frankfurt a. M., 1972~89, Bd. III, pp. 238~50. (Theorien des deutschen Faschismus [Rezension: "Krieg und Krieger", hg. von Ernst Jünger]) 이 서평은 다음 잡지에 처음 발표되었다. *Die Gesellschaft* 7 (1930), Bd. 2, pp. 32~41.
참고로 윙거가 편찬한 『전쟁과 전사들』(*Krieg und Krieger*)에 실린 논문들은 다음과 같다. Ernst Jünger, "Die totale Mobilmachung"; Wilhelm von Schramm, "Schöpferische Kritik des Krieges"; Friedrich Georg Jünger, "Krieg und Krieger"; Albrecht Erich Günther, "Die Intelligenz und der Krieg"; Ernst von Salomon, "Der verlorene Haufe"; Friedrich Hielscher, "Die große Verwandlung"; Werner Best, "Der Krieg und das Recht"; Gerhard Günther, "Die Bändigung des Krieges durch den Staat".

알퐁스 도데(Alphonse Daudet)의 아들이자 그 자신도 중요한 작가
이고 프랑스 왕당파의 지도자인 레옹 도데[3]는 그가 속한 악시옹 프
랑세즈[4]에서 언젠가 자동차 살롱에 관한 보고를 기고한 적이 있다.

---

1) 여기서 '독일 파시즘의 이론들'은 파시즘 성향을 띤 사람들, 즉 에른스트 윙거를 비롯
해 『전쟁과 전사들』에 기고한 사람들이 펼치는 이론들을 가리키며 벤야민이 붙인 제
목이다. 물론 벤야민은 이 서평에서 그것들을 비판적·이론적으로 다루기 때문에 '독
일 파시즘에 관한 이론'을 독특하고 포괄적으로 펼치는 셈이다.

2) 〔원주〕 *Krieg und Krieger*, Hrsg. von Ernst Jünger, Berlin: Junker und Dünnhaupt
Verlag, 1930, 204 S.

3) Léon Daudet, 1867~1942 : 프랑스의 작가. 그가 쓴 소설들은 별로 성공을 거두지는
못했지만 정치적 언론인으로서 특히 프랑스 제3공화국(1870~1940)의 역사에서 반유
대주의자이자 반독일주의자로 명성을 날렸다.

4) L'Action Française : '프랑스의 행동'이라는 뜻으로 로마 가톨릭교회 신도들을 주축
으로 한 반(反)공화주의 단체이자 이들이 발행한 신문(1908~44)의 이름이다. 드레
퓌스 사건 당시에 반(反)드레퓌스 진영에서 드레퓌스의 유죄와 반유대주의를 부르짖

그는 이 보고를 원문과 똑같지는 않지만 대략 다음과 같은 등식으로 끝맺었다. "자동차, 그것은 전쟁이다." 이처럼 엉뚱하게 〔자동차와 전쟁이라는〕 두 개념을 연결한 데는 우리의 사생활에서 남김없이 완전하고 적합하게 이용되지 못하면서도 스스로를 정당화하려고 재촉하는 기술적 보조수단, 속도, 연료 등을 상승시키려는 생각이 바탕에 깔려 있다. 이것들은 조화로운 어울림을 포기하는 가운데 전쟁 속에서 스스로를 정당화한다. 여기서 전쟁은 그 파괴적 양상들을 통해 사회 현실이 기술을 자신의 기관으로 만들 수 있을 정도로 성숙하지 못했고, 기술은 사회적 근원력들을 극복할 만큼 충분히 강하지 못했다는 것을 입증해준다. 전쟁이 발발하게 된 경제적 원인들의 의미를 전혀 살펴보지 않고서도 사람들은 이렇게 주장할 수 있다. 즉 바로 그것의 가장 격렬하고 파국적인 국면을 두고 볼 때 제국주의 전쟁은 엄청난 기술의 수단들과 그 수단들에 대한 초라하기 그지없는 도덕적 해명 사이에 벌어진 격차〔불일치〕에 의해 함께 규정된다는 점이다. 실제로 부르주아 사회는 그 경제적 본성에 따라 볼 때 모든 기술적인 것을 이른바 정신적인 것으로부터 가능한 한 차단하는 일밖에 할 수 없으며, 기술적 사고들을 사회질서에 대한 공동결정권으로부터 가능하면 단호하게 배제하는 일밖에 할 수 없다. 앞으로 도래할 모든 전쟁은 기술이 일으키는 노예반란이기도 하다. 우리는 오늘날 전쟁과 관련된 모든 물음은 바로 이러한 정황과 그와 유사한 정황에 의해 각인되어 있다는 점, 그 물음들이 제국주의 전쟁의 물음들이라는 점을

으며 강한 민족주의를 표방했다.

지금 다루려는 저작의 저자들에게 새삼스럽게 환기할 필요가 없다고
생각한다. 이 점은 이 저자들이 세계대전에 참전했던 군인들이라는
점, 우리가 그들에게서 그 밖에 무엇을 반박하든 간에 그들이 세계대
전의 경험에서 출발하고 있다는 점에서 더욱더 그러하다. 따라서 우
리는 이 책의 첫 페이지에 "어느 세기에 어느 이념을 위해 어떤 무기
로 싸웠는지는 부차적인 역할을 한다"[5]라는 주장을 발견하고서 놀라
지 않을 수 없다. 그리고 가장 놀라운 것은 에른스트 윙거(Ernst
Jünger)가 이런 주장을 통해 평화주의의 한 기본원칙을, 그것도 반박
의 여지가 가장 크고 가장 추상적인 원칙을 전유하고 있다는 점이다.
물론 그와 그의 친구들의 경우 교조주의적인 틀에 박힌 도식보다는
뿌리가 단단한 신비주의, 남성적 사고의 모든 척도에 비추어볼 때 방
탕한 신비주의가 배경에 숨어 있다. 그러나 그가 추구하는 전쟁의 신
비주의와 평화주의의 상투적인 평화의 이상(理想), 이 둘은 서로를 탓
할 게 아무것도 없다. 오히려 현재로서는 가장 심한 소모성 질환을
앓는 평화주의라 해도 간질 발작을 하며 거품을 내뿜는 자기의 형제
〔전쟁의 신비주의〕보다 한 가지는 앞서 있는데, 곧 어느 정도는 현실
에 근거를 둔 생각을 하고 있고 무엇보다 다가올 전쟁에 대한 몇몇
개념을 갖고 있다는 점이 그것이다.

저자들은 '제1차 세계대전'이라고 말하기를 좋아하고, 또 그것을
힘주어 말한다. 그러나 그들의 경험이 그 전쟁의 현실을 장악하는 데
실패했다는 점은 다가올 전쟁의 개념을 포착하려 하면서 아무런 표

---

5) Ernst Jünger (Hrsg.), *Krieg und Krieger*, p. 11.

상도 그 개념과 연결하지 못하는 둔감함이 증명해준다. 그들은 제1차 세계대전의 현실을 가리켜 곧잘 "세속적-현실적인 것"[6]이라고 하면서 그것을 아주 낯설게 고양시킨다. 독일 국방군[7]의 길을 닦는 역할을 하는 이 저자들은 열성을 다해 염원하던 최고의 목표가 그들에게는 유니폼이 아닌가라는 생각을 불러일으키고, 여기서 유니폼의 효과가 나타나게 될 정황 자체는 뒷전으로 밀려나고 있다. 이러한 태도는 저자들이 내세우는 전쟁의 이데올로기가 지금 유럽의 군비(軍備) 상태에 비추어볼 때 이미 시대에 뒤떨어진 것이라는 점을 우리가 분명히 파악하게 되면 더 잘 이해가 된다. 그들 중 몇 명은 물량전〔소모전〕에서 삶의 최고 계시를 보는데, 그 물량전이 여기저기서 세계대전을 넘어 지속된 영웅주의의 초라한 엠블럼들을 무력화한다는 점을 저자들은 어느 구절에서도 말하지 않았다. 이 책의 저자들은 특이하게도 가스전에 대해 거의 관심을 보이지 않는데, 미래의 전쟁은 틀림없이 가스전의 양상을 띠게 될 것이다. 이러한 양상은 군인 관련 범주들을 궁극적으로 폐기하고 스포츠적인 범주들을 대신 들어서게 할 것이며, 군사행동들에서 군대적인 것을 제거하고 그것을 깡그리 기록 경쟁의 양상 아래 배치할 것이다. 그도 그럴 것이 가스전의 가장

---

6) Ernst Jünger (Hrsg.), *Krieg und Krieger*, p. 55.

7) Wehrmacht : 1935~45년까지 있었던 나치 독일의 군대를 지칭한다. 원래는 방위군이라는 뜻으로 한 나라의 군대를 지칭하는 말이었는데, 그와 구별하기 위해 독일군을 지칭할 때는 '라이히스베어'(Reichswehr, 제국군)라는 말을 썼다. 1935년 히틀러가 재무장을 선언하면서 '라이히스베어'는 '베어마흐트'로 개명되었다. 제2차 세계대전 이후에 연합군이 독일을 점령하면서 베어마흐트는 폐지되었다. 1955년 서독이 재무장을 시작했을 때 신설된 서독군은 분데스베어(Bundeswehr, 독일 연방군)로 불렸다.

날카로운 전략적 특성은 단순하면서 가장 과격한 공격전이라는 점이다. 공중에서 가해오는 가스 공격에는 우리가 잘 알다시피 충분한 방어수단이 없다. 개인적인 보호수단인 방독면조차 머스터드 황[8]과 루이사이트[9]의 경우에는 효과가 없다. 가끔 사람들은 매우 멀리 떨어진 곳에서도 프로펠러 소리를 감지하는 예민한 수신기가 발명되었다는 '안심시키는' 소식을 듣기도 한다. 그러고서 몇 달 지난 뒤에는 무음 비행기가 발명되었다는 소식을 듣는다. 가스전은 기록적인 파괴에 바탕을 두게 될 것이며, 미친 듯이 상승하는 도박과 결합하게 될 것이다. 그런 전쟁의 발발이 — 그전에 전쟁 선포를 한 뒤에 — 국제법적 규범 내에서 이루어질지는 의문스럽다. 그 전쟁의 결과는 그와 같은 제약을 더는 고려할 필요가 없게 될 것이다. 잘 알다시피 가스전은 민간인과 전투원 사이의 구분을 없애버리는데, 이런 구분과 함께 국제법의 가장 중요한 토대도 무너진다. 제국주의 전쟁이 수반하는 무질서가 그 전쟁을 종결할 수 없는 것으로 만들 위험을 지닌다는 사실은, 그리고 어떻게 그렇게 되는지는 지난 전쟁이 이미 보여줬다.[10]

---

8) 이페리트(yperite) 또는 머스터드 가스(mustard gas), 겨자탄 등으로 불린다. 세포독성과 수포성이 있는 화학전(化學戰) 약품으로 제1차 세계대전 당시에 1917년 독일군에 의해 처음 투입되었다.

9) Lewisite : 독일어로는 'Lewisit'이며 유기비소화합물, 더 구체적으로 말해 아르신이다. 제1차 세계대전 당시에 미국에서 개발되어 유럽으로 싣고 갔지만 전투에 사용되지는 않았다. 나중에 미국과 일본, 소련에서 화학무기로 제조되기도 했다.

10) 이 단락에는 벤야민이 쓴 다음 글과 유사한 구절들이 많다. Walter Benjamin, "Die Waffen von morgen", GS, IV, 474f.

『전쟁과 전사들』을 다룬 1930년에 나온 글 한 편이 이 모든 것을 간과하고 있다는 점은 희한한 사실을 넘어 하나의 징후이다. 즉 누구보다 빌헬름 폰 슈람(Wilhelm von Schramm)이나 게르하르트 귄터(Gerhard Günther)가 전도하고 있는 전쟁의 제의와 전쟁의 찬양에 도달함으로써『전쟁과 전사들』과 똑같이 철부지 소년들처럼 떠벌리고 있다는 징후이다. 이 새로운 전쟁이론, 그것이 광란의 데카당스에서 유래한다는 점이 이마에 쓰여 있는 이 전쟁이론은 다름 아닌 '예술을 위한 예술'의 테제들을 전쟁에 거리낌 없이 전용한 사례이다. 그러나 이 '예술을 위한 예술'의 이론이 그것이 생겨난 원래의 터전〔프랑스〕에서는 평범한 전문가들 사이에서 조롱거리로 회자되는 편이라면 이 새로운 국면에 이르러 그것의 관점들은 부끄러운 수준을 보여준다. 그 누군들 마른강 전투[11]의 한 전사나 베르됭(Verdun)[12] 앞에 진을 치고 있던 군인을 여기 이어지는 문장들을 읽는 독자로 떠올리고 싶을까. "우리는 이 전쟁을 매우 불순한 원칙에 따라 치렀다."[13] "진정으로 남자 대 남자, 부대 대 부대로 전투가 벌어지는 경우는 점점 드물어졌다."[14] "당연히 최전선의 장교들은 이 전쟁을 참으로 아무 스

---

11) Marneschlacht : 제1차 마른강 전투(1914년 9월 6일~10일)는 파리 근처의 마른강 유역에서 프랑스군이 독일 제국군을 저지한 전투이다. 이 전투로 프랑스는 수도를 잃을 큰 위기에서 벗어났다. 이 전투 이후 전쟁의 조기 종결에 대한 독일의 희망은 무산되었고 참호전으로 이어지는 시작점이 되었다.

12) 베르됭 전투는 1916년 2월 21일에서 12월 18일까지 프랑스와 독일 육군 사이에 벌어진 전투로 제1차 세계대전 당시에 서부전선에서 가장 크고 소모적인 전투 중 하나였다.

13) Ernst Jünger (Hrsg.), *Krieg und Krieger*, p. 44.

14) Ernst Jünger (Hrsg.), *Krieg und Krieger*, p. 39.

타일 없이 치를 때가 많았다."[15] "무엇보다 장교들과 부관들의 무리에 대중, 저급한 피, 실제적이고 부르주아적인 신념, 요컨대 평민을 끌어들임으로써 군인 직업이 지니는 영원히 귀족적인 요소들이 점점 더 파괴되고 말았다."[16] 이보다 더 잘못된 어조로 말할 수 없을 것이고, 이보다 더 미숙한 생각들을 쓸 수 없으며, 이보다 더 절도 없는 말들을 발설할 수 없을 것이다. 그러나 바로 여기서 이 책의 저자들이 이처럼 완전히 실패할 수밖에 없었던 것은 — 영원한 것이나 근원적인 것에 대한 그 모든 언설에도 불구하고 — 점잖지 못하고 전적으로 저널리즘적인 성급함에 그 책임이 있다. 이러한 성급한 태도로 그들은 과거에 있었던 일을 포착하지 못한 채 현재의 것을 장악하려고 덤벼든 것이다. 전쟁의 제의적 요소들을 두고 말하자면 그런 요소들은 물론 있었다. 신권정치적으로 구축된 공동체들이 그런 요소들을 알고 있었다. 오래전에 가라앉아버린 이 요소들을 전쟁의 한끝에서 다시 들어 올리려고 한다는 것이 어처구니없기도 하지만, 그들이 놓치고 있는 방향으로 에리히 웅거(Erich Unger)[17]라는 유대 철학자가 어느 정도까지 나아갔는지를 알게 된다면, 또 그들이 불러낸 피비린내 나는 도식들이 유대 역사에서 웅거가 찾아낸 구체적인 자료들을 근거로 — 물론 부분적으로는 문제성 있는 주장을 하면서 — 확인한 것들을 통해 어느 정도까지 무화되는지를 알게 된다면 사유장애(思惟

---

15) Ernst Jünger (Hrsg.), *Krieg und Krieger*, p. 45.

16) Ernst Jünger (Hrsg.), *Krieg und Krieger*, p. 42.

17) Erich Unger, *Über die staatslose Bildung eines jüdischen Volkes*, Berlin, 1922.

障礙)의 증상을 보이는 이 전사들은 상당히 곤혹스러울 것이다. 그러나 저자들은 뭔가를 분명하게 밝혀내고 사안들을 명백하게 드러내는 작업을 해낼 위인들이 못 된다. 전쟁은 "지성이 수행하는 모든 경제학을 벗어난다. 전쟁의 이성 속에는 뭔가 비인간적인 것, 과도한 것, 엄청난 것이 있고, 화산 폭발과 같은 과정, 근원적인 폭발을 연상시키는 뭔가가 있으며, …… 또 그 속에는 고통스럽게 깊고 강압적이고 통일적인 힘에 의해 지휘되고, 오늘날 이미 신화적인 것이 되고 있는 전장으로 이끌어지며, 현재 파악할 수 있는 영역을 훨씬 넘어서는 과제들을 위해 바쳐지는 엄청난 생명의 파도가 요동치고 있다."[18] 포옹을 잘 하지 못하는 한 구혼자가 이렇게 수다를 늘어놓고 있다. 실제로 이들은 사고를 포용하는 것도 잘 못한다. 따라서 거듭해 이들이 어떤 사고를 하고 있는지를 전해주지 않으면 안 된다. 여기서 우리가 하는 일도 이것이다.

그 사고란 이것이다. 전쟁, 최근의 전쟁뿐만 아니라 여기서 그토록 많이 이야기되는 '영원한' 전쟁이 독일 민족 지고(至高)의 표현이라는 것이다. 영원한 전쟁 뒤에 제의적 전쟁이라는 사고가, 그리고 최근의 전쟁 뒤에는 기술적 전쟁이라는 사고가 숨어 있다는 점, 그리고 이 저자들이 이 둘의 관계를 제대로 파악하지 못한다는 점이 분명하게 드러날 것이다. 그러나 최근의 전쟁에는 또 다른 특수한 사정이 있다. 그 전쟁은 물량전의 성격을 띤 전쟁이기만 한 것이 아니라 실패한 전쟁이기도 하다. 물론 그로써 매우 특수한 의미에서 독일의 전쟁

---

18) Ernst Jünger (Hrsg.), *Krieg und Krieger*, p. 57.

이다. 다른 민족들도 전쟁을 민족 자신의 가장 깊은 내면으로부터 치렀다는 것을 스스로 주장할 수 있을 것이다. 그러나 그 전쟁을 가장 깊은 내면으로부터 패배했다는 것은 주장할 수 없을 것이다. 독일을 1919년부터 심하게 뒤흔들고 있는 패배한 전쟁을 둘러싼 논쟁이 다 다른 현재의 마지막 국면에서 특이한 점은 바로 사람들이 그 패배를 독일 정신을 위해 요구하고 있다는 점이다. 여기서 마지막 국면이라고 말할 수 있는 것은 이 패배한 전쟁을 극복하려는 시도들이 분명한 구성을 보여주기 때문이다. 그 시도들은 히스테리로 보일 정도로 전인적(全人的)인 차원으로 고양된 유죄고백을 통해 패배를 오히려 내적인 승리로 전도하려는 도착적 기도(企圖)에서 시작했다. 몰락해가는 서구에 자신의 선언문을 마련해준 이러한 정치는 독일의 '혁명'에 대한 표현주의 아방가르드의 충실한 반영이었다. 그리고 나서 이 실패한 전쟁을 망각하려는 시도가 출현했다. 부르주아 계급은 숨을 헐떡이며 다른 쪽 귀를 베고 누웠는데, 그때 소설보다 더 부드러운 베개가 있었을까? 전쟁을 체험한 몇 년 동안 받은 공포는 모든 잠꾸러기들이 자신들의 각인을 쉽게 남길 수 있는 오리털 베갯속이 되었다. 그런데 우리가 여기서 다루고 있는 시도들 가운데 마지막 시도를 이전의 시도들과 변별시키는 점은 전쟁의 패배를 전쟁 자체보다 더 진지하게 여기려는 성향이다. 전쟁에서 승리하거나 패배한다는 것은 무엇을 뜻할까? 이 두 말에서 이중적 의미가 눈에 띄게 드러난다. 첫 번째의 명백한 의미는 분명 결말을 뜻한다. 그러나 두 번째 의미는 온전한 의미에서의 결말을 뜻하는데, 이 의미는 두 말[승리와 패배]에 고유한 빈 공간과 반향이 일어나는 바닥을 만들어내며, 전쟁의 결말이 우리에게 전쟁의 존립을 어떻게 변화시키는지를 언명한다. 그것은 승자가 전쟁을 보유하고, 패배한 자에게는 전쟁이 사라진다는 뜻이다. 그것은 또한 승자는 전쟁을 자기 것으로 가져가고 자기 소유로 만드는데, 패자는 전쟁을 더는 소유하지 않고 전쟁 없이 살아야 한다는 뜻이다. 그리고 전쟁 전체, 전쟁 일반만이 아니라 그 전쟁의 하찮은 부침, 세세한 개별 전투, 먼 곳에서 벌어진 전투행위 하나하나가 사라진다. 우리가 이 언어를 따른다면 한 전쟁에서 승리하거나 패배한다는 것은 우리 삶의 구조 깊숙한 곳으로 파고들게 되어 우리는 평생토록 상처, 이미지, 습득물 등을 더 많이 갖게 되거나 아니면 더 적게 갖게 된다는 뜻이 된다. 그런데 우리가 세계사에서 가장 큰 전쟁 가운데 하나이자 민족의 물질적이고 정신적인 실체 전체가 매달려 있던 전쟁에서 패배했기 때문에 이 패배가 무엇을 뜻하는지를 측량할 수 있을 것이다.

물론 우리는 윙거를 비롯한 이 사람들이 그것을 측량하지 않았다고 비난할 수는 없다. 그러나 그들은 그 괴물에 어떻게 대처했는가? 그들은 서로 치받으며 싸우는 일을 멈추지 않았다. 그들은 실제적인 적(敵)이 더는 없는데도 전쟁의 제의를 거행했다. 그들은 마치 한 학생이 잘못 계산한 과제의 자리에 얼룩이 묻기를 염원하듯이 서구의 몰락을 염원했던 부르주아들의 욕망에 부응했다. 그들이 향해 갔던 몰락을 확산시키고 설교하면서 말이다. 그들은 잃어버린 것을 ― 완강하게 붙드는 대신에 ― 한순간이나마 기억에서 생생하게 떠올리고 싶다는 생각이 들지 않았다. 그들은 언제나 제일 먼저, 그리고 언제나 매우 분개하며 그러한 자각에 맞섰다. 그들은 패한 자에게 주어진 커다란 기회, 즉 러시아처럼 전투를 다른 영역으로 전치할 기회를 놓쳐버렸다. 그 순간이 지나가고 유럽에서 여러 민족이 다시 무역협정의 파트너가 되어 잠잠해질 때까지 말이다. "전쟁은 **관리되고** 있지 더는 **지휘되고** 있지 않다"[19]라고 저자들 가운데 한 사람이 불평을 토로한다. 이것이 독일의 전후(戰後)를 통해 교정되어야 한다는 것이다. 이 전후는 선행했던 전쟁에 대한 항의이면서 일반 시민 ─ 사람들은 앞의 전쟁에 이 일반 시민의 인장이 찍혀 있음을 보았다 ─ 에 대한 항의이기도 했다. 무엇보다 증오해 마지않는 합리적 요소가 이 전쟁에서 제거되어야 한다는 것이다. 틀림없이 이 팀은 펜리스 늑대[20]의 목구멍에서 새어나온 김〔증기〕속에서 미역을 감았다. 그러나 이 김은 황십자탄[21]의 독가스와 비교할 만한 것이 못 되었다. 군대 막사에서 치르는 병역과 임대주택 단지에서 피폐한 삶을 살아가는 가족들을 배경으로 이 원초(原初) 게르만적인 운명의 마법은 부패한 빛을 깜빡인다. 그 당시에도 이 운명의 마법을 유물론적으로 분석하지 않고서도 자유롭고 지적인 정신, 진정으로 변증법적인 정신에서 비롯된 부패하지 않은 감각을 지닌 사람이라면 그 저자들에 맞설 수 있었는데, 플로렌스 크리스티안 랑(Florens Christian Rang)이 바로 그런 감각을 보여줬다. 그의 이력은 절망에 사로잡힌 이들 무리 전체보다 더

---

19) Ernst Jünger (Hrsg.), *Krieg und Krieger*, p. 88.

20) Fenriswolf : 북유럽 신화에 등장하는 괴물 늑대로 '펜리르'(Fenrir)라고도 불린다.

21) Gelbkreuzgranat : 머스터드 황으로 제1차 세계대전 당시에 투입된 독가스탄. 황십자라는 명칭은 폭탄 위에 노란색 십자 표시가 되어 있는 데서 유래한다. 성분에 따라 색을 표시했는데, 가령 황이 아니라 염소(鹽素, Chlorine)가 들어 있을 경우에는 청십자와 녹십자로 불린다.

독일 정신으로 각인되어 있는데, 그는 길이 남을 다음 문장들을 그들에 맞서 내세웠다. "인간의 덕은 아무 소용이 없다고 여기는 운명론의 마력, 빛의 힘들이 거둔 승리를 신들의 세계가 몰락하는 불길 속에 활활 태워 없애는 반항심의 어두운 밤, …… 전장에서의 죽음이라는 믿음, 이념을 위해 생명을 거리낌 없이 내던지는 그 믿음이 보여주는 짐짓 장엄한 의지 — 우리 위에 이미 수천 년 동안 쌓여온 구름 가득한 밤, 길을 밝혀주는 별들 대신에 사람을 마비시키고 혼란케 하는 번개만을 내려주는 밤, 번개들이 비친 뒤 밤이 더욱더 어둡게 우리를 질식시키는 그러한 밤. 세계의 생명 대신 세계의 죽음을 보는 섬뜩한 이 세계관은 구름 뒤에 별이 빛나는 하늘이 있지 않느냐는 생각으로 그 섬뜩함을 독일 관념론 철학 속에서 완화하려 했다. 이 독일 정신의 기본 방향은 의지가 지극히 박약하고, 자신이 말하는 것을 의도하지 않는다(말과 생각이 다르다). 그것은 칩거하기이고 비겁함이며 아무것도 알려고 하지 않음이고, 살고 싶지도 않고 그렇다고 죽고 싶지도 않음이다. …… 이게 바로 생명을 어설프게 대하는 독일의 태도이다. 그렇다. 삶이 아무 값어치가 없다면 어떤 도취의 순간에 내다버릴 수 있다는 생각이다. 남겨진 사람들은 걱정으로 가득한데, 이 단명한 희생물(생명)을 영원한 후광으로 에워싸면서." 그러나 랑은 같은 맥락에서 다음과 같이 말한다. "200명의 죽을 각오가 되어 있는 장교들이면 베를린에서 혁명을 진압하는 데 충분할 것이다. 모든 곳에서 상황은 비슷하다. 그러나 단 한 명도 나서지 않는다. 본래 아마도 많은 이들이 기꺼이 구제했을 것이다. 그러나 실제로는 아무도 선뜻 시작하려 하지 않았고, 스스로 지도자로 나서거나 아니면 개

인적으로 앞서가지도 않았다. 차라리 사람들이 길거리에서 그들의
견장을 뜯어내게 했다."[22] 이렇게 쓰인 글은 윙거를 비롯한 저자들
에게 자신들의 언어와 아마도 유사하게 울릴 것이다. 분명한 것은 이
글을 쓴 사람은 여기 모인 자들의 태도와 전통을 자신의 고유한 경험
을 통해 알고 있다는 점이다. 그리고 아마도 그는 유물론에 대한 적
대감이 물량전의 언어를 만들어낼 때까지 그들과 그 적대감을 공유
했을 것이다.

전쟁 초기에 이상주의[관념론]가 국가와 정부로부터 제공되었다
면 군부대는 시간이 갈수록 징발에 의존해야 했다. 그들의 영웅주의
는 점점 더 어둡고, 치명적이고, 강철처럼 회색빛이 되어 갔고, 영광
과 이상이 윙크를 보냈던 영역은 점점 더 멀어지고 안개에 휩싸였으
며, 스스로를 세계대전의 부대로 느끼기보다는 전후의 집행인으로
느끼는 자들의 태도는 점점 더 경직되어갔다. '태도'는 이들 모두의
언설에서 세 번째 단어이다. 군인의 태도가 그 태도 중 하나라는 것
을 그 누가 부인하겠는가? 그러나 언어는 사람들이 생각하듯이 글 쓰
는 이의 태도를 시험하는 시금석이기만 한 것이 결코 아니라 바로 모
든 태도를 시험하는 시금석이다. 여기 공모한 이들의 경우 그 태도는
시험을 통과하지 못한다. 윙거가 17세기의 귀족 출신 딜레탕트를 따
라 독일어가 근원적 언어라고 말할 수는 있다. 그것이 무슨 뜻인지는
그가 덧붙인 말에서 드러난다. 즉 그 자체로 독일어는 문명이나 교양

---

22) Florens Christian Rang, *Deutsche Bauhütte. Ein Wort an uns Deutsche über mögliche
Gerechtigkeit gegen Belgien und Frankfreich und zur Philosophie der Politik*, Sannerz und
Leipzig, 1924, p. 51f. ― 전집 편집자

의 세계를 향해 어떤 극복할 수 없는 불신을 품게끔 한다는 것이다. 그러나 독일어의 이러한 불신은 윙거의 동포가 느낄 불신과는 비교가 안 된다. 전쟁을 시간의 "박동을 느끼게 하는" "강력한 시험관"으로 소개할 때 그들 동포가 느낄 불신 말이다. 어떤 '검증된 추론'을 끄집어내는 것을 허용하지 않고, "밝게 니스 칠한 겉면 뒤"의 '폐허'를 볼 줄 아는 시선을 날카롭게 하기를 기대할 때 그들 동포가 느낄 불신 말이다.[23] 그러나 거창한 의도로 구축한 이 사상의 건물에서 그와 같은 위반들보다 더 부끄러운 것은 신문 사설에나 어울리는 어구(語句)의 매끈함이다. 그리고 이 어구의 매끈함보다 더 곤혹스러운 것은 실체의 평범한 수준이다. 그들은 이렇게 이야기한다. "전사자들은 전사함으로써 불완전한 현실에서 완전한 현실로 들어갔고, 시간적 현상의 독일로부터 영원한 독일로 들어갔다."[24] 시간적 현상의 독일은 누구나 아는 것이지만, 영원한 독일은 우리가 그 이미지를 그리기 위해 달변으로 연설하는 자들의 증언에만 의존한다면 상태가 좋지 않을 것이다. 그들은 "불후함에 대한 확고한 감정",[25] 사람들이 "지난 전쟁의 흉측스러운 것들을 가공할 만한 것으로 고양시켰다"[26]라는 확신, "내부를 향해 끓어오르는 피"[27]라는 상징 등을 얼마나 헐값으로 구입했는가? 그들은 기껏해야 그들이 이 책에서 축하하는 전쟁을

---

23) 이 단락에서 인용된 구절들 : Ernst Jünger (Hrsg.), *Krieg und Krieger*, pp. 58~61.

24) Ernst Jünger (Hrsg.), *Krieg und Krieger*, p. 29.

25) Ernst Jünger (Hrsg.), *Krieg und Krieger*, p. 64.

26) Ernst Jünger (Hrsg.), *Krieg und Krieger*, p. 34.

27) Ernst Jünger (Hrsg.), *Krieg und Krieger*, p. 133.

무찔렀을 뿐이다. 그러나 우리는 전쟁에 대해 이야기하면서 전쟁밖에 모르는 사람을 신뢰하지 않을 것이다. 우리는 우리 식대로 급진적으로 물을 것이다. 그대들은 어디서 왔는가? 그대들은 평화에 대해 무엇을 아는가? 그대들은 마치 전장에서 전초(前哨)를 만난 심정으로 어떤 아이, 어떤 나무, 어떤 동물에서 평화를 만난 적이 있는가? 우리는 대답을 기다릴 필요 없이 '아니다!'라고 말할 수 있다. 그렇다고 그대들이 전쟁을 축하할 능력이 없다고 말하려는 건 아니다. 그대들보다 심지어 더 열정적으로 축하할 수 있다. 그러나 그대들은 그대들이 하는 **식으로는** 축하할 능력이 없을 것이다. 포틴브라스[28]라면 어떻게 전쟁을 증언했을까? 우리는 셰익스피어의 기법에서 그것을 추론할 수 있다. 셰익스피어가 로미오를 처음부터 사랑에 빠진 인물로, 즉 로잘린에게 빠진 인물로 묘사함으로써 줄리엣에 대한 로미오의 사랑을 그들이 열정의 불길 속에 있을 때 폭로했듯이 포틴브라스도 매혹적이고 사람의 마음을 녹이는 달콤한 말로 평화를 찬양하면서 시작했을 것이다. 그러고 난 뒤 마지막에 전쟁을 선포하며 목소리를 높일 때 모두가 몸서리치면서 다음과 같이 고백해야만 했을 것이다. 온통 평화의 행복으로 가득 찼던 이 사람으로 하여금 전쟁을 찬양하게 만든 이 엄청난, 이름 없는 힘들은 대체 무엇이란 말인가? — 여기 이 책에서는 그런 게 전혀 없다. 이 분야 전문가들이라는 약탈자들이 마이크를 잡고 있다. 그들의 지평은 불타고 있지만, 매우 협소하다.

---

28) Fortinbras : 윌리엄 셰익스피어(William Shakespeare)의 비극 『햄릿』의 마지막에 등장하는 인물. 원래 덴마크와 숙적인 노르웨이의 왕자인데, 햄릿은 죽기 전에 그에게 왕위를 넘기고 그가 덴마크 궁에서 일어난 비극을 뒷정리한다.

그들은 그 불길 속에서 무엇을 보고 있을까? 그들은 — 여기서 우리는 프리드리히 게오르크 윙거(Friedrich Georg Jünger)의 말을 따라갈 수 있다 — 변화를 본다. "영혼의 결단이 이루어지는 선들이 전쟁을 횡단해간다. 전투의 변화에 전투하는 자들의 변화가 상응한다. 그 변화는 1914년 8월 병사들의 매끈하게 빠지고 아무런 무게도 느껴지지 않으며 열광한 얼굴들을 1918년 물량전 병사들의 죽도록 지치고 수척해지고 가혹할 정도로 긴장된 얼굴들과 비교해보면 눈에 들어온다. 점점 더 가파르게 당겨지다 마침내 끊어지고 만 이 전투의 활 뒤에 그들의 얼굴이 잊을 수 없는 모습으로 나타난다. 각각의 전투는 긴장한 채 계속 이어지는 파괴작업의 상형문자라고 할 수 있는데, 그런 전투를 거듭 거치면서 엄청난 정신적 충격을 받아 형성되고 그 충격의 영향을 받은 얼굴이다. 여기 거칠고 냉철하게, 유혈이 낭자한 상태로 쉼 없이 굴러가는 물량전의 전투들이 빚어놓은 군인 유형이 나타난다. 그 유형을 특징짓는 것은 타고난 전사의 강건한 단단함, 고독한 책임감과 영혼의 쓸쓸함의 표현이다. 점점 더 깊은 층위에서 지속된 이 투쟁 속에서 그의 품격이 입증되었다. 그가 걸어간 이 길은 좁고 위험했다. 그러나 그 길은 미래로 이끄는 길이었다."[29] 이 모음집에는 정확한 표현과 진정한 악센트, 분명한 논거도 들어 있지만 여기 포착되고 있는 것은 에른스트 윙거가 총동원된 현실이라고 언급하고 에른스트 폰 살로몬(Ernst von Salomon)이 전선의 풍경이라고 파악한 현실이다. 한 자유주의 평론가는 얼마 전에 '권태에서 생겨난

---

29) Ernst Jünger (Hrsg.), *Krieg und Krieger*, p. 65.

영웅주의'라는 표제어를 달며 이 새로운 민족주의에 맞서려 했지만 그 표제어에서 알 수 있듯이 제대로 짚지 못했다. 그 군인의 유형은 현실이고 세계대전에서 살아남은 증인이다. 그리고 전후에 지켜낸 것은 본래 그의 진정한 고향인 전선의 풍경이었다. 이 풍경을 좀더 들여다보지 않으면 안 된다.

사람들은 매우 쓰라린 심정으로 언명해야 할 것이다. 이 총동원된 풍경에 직면해 독일의 자연감정이 예상치 못한 상승세를 맞았다고. 그 풍경 속에 무척 감성적으로 안주하는 평화의 천재들은 철수했고 참호의 언저리를 넘어 볼 수 있는 주변의 모든 것은 독일 관념론의 지대 자체가 되었다. 수류탄이 터져 생긴 각각의 분화구는 문제가 되었고 철조망은 이율배반이 되었으며, 철조망 가시는 정의(定義)가 되었고 폭발은 명제(命題)가 되었으며, 그 위의 하늘은 낮 동안에는 철모의 우주적 내면이 되었고 밤에는 그대 위의 도덕률이 되었다. 화염의 띠와 참호 통로를 갖고서 기술은 독일 관념론의 얼굴 속 영웅적인 특성들[용모]을 뒤따라가고자 했다. 기술은 착각했다. 기술이 영웅적 특성들이라고 여겼던 것은 히포크라테스의 특성들, 즉 죽음의 특성들이었던 것이다. 그렇게 기술은 자신의 타락으로 깊이 물든 채 자연의 묵시록적 얼굴을 주조해냈고 자연을 침묵케 했으며, 그러면서도 자연에 언어를 부여할 수 있었을 힘이었다. 새로운 민족주의는 형이상학적 추상화 작업 속에서 전쟁을 신봉하는데, 그 전쟁은 다름 아닌 관념론적으로 이해된 자연의 비밀을 기술 속에서 신비주의적으로, 또 직접적으로 풀려는 시도이다. 인간적인 사물들의 장치를 거치는 우회로에서 그 비밀을 이용하고, 또 해명하는 대신에 말이다. '운명'과 '영웅'이 곡과 마곡[30]처럼 이들의 머릿속에 들어 있고, 인간의 자녀들뿐만 아니라 사상의 자녀들도 그것들에 희생된다. 인간들의 공동체적 삶을 개선하는 일에 관한 성찰에서 나오는 모든 냉철하고 무결하고 소박한 것이 아가리 큰 이 우상들의 목구멍 속으로 들어가고, 이 우상들은 42센티미터 박격포의 트림으로 그에 응답한다. 영웅주의가 물량전과 함께 묶이는 바람에 가끔 저자들이 약간 힘들어하기도 한다. 그러나 모든 저자를 힘들게 하는 것은 전혀 아니다. 여기서 고귀한 자들이 "무의미한 기계적 물량전"에 "지쳤음이 틀림없는데", 이러한 '전쟁의 형식'에 실망감을 터뜨리며 울먹이는 부연 설명들만큼 이들의 위신을 실추시키는 것도 없다.[31] 그러나 개인들이 사안들을 직시하고자 하는 곳에서 뚜렷하게 드러나는 것은 영웅적인 것이라는 개념이 은연중에 변해버렸다는 사실과 그 개인들이 환영하는 불굴의 투지, 과묵함, 냉엄함이라는 것이 실제로는 군인의 속성이 아니라 계급투쟁을 벌이는 유능한 투사의 속성이라는 사실이다. 여기서 첫째로 세계대전에서 자원병의 마스크 아래서, 전후에는 용병의 마스크 아래서 양성된 것은 실제로는 믿음직스러운 파시스트 계급전사이다. 그리고 저자들이 민족이라는 말로 이해하는 것은 이러한 계층에 의해 지탱되는 지배자 계급으로서, 이들은 자기 자신에게는 말할 것도 없고 아무에게도 자신을 해명할 의무를 지지 않으면서 가파른 고지에 등극하였고, 금세 자기들 상품의 유일한 소비자가 될

---

30) Gog und Magog : 사탄에 미혹되어 하늘나라에 대항하는 두 나라(「요한계시록」 20:8).

31) Ernst Jünger (Hrsg.), *Krieg und Krieger*, p. 37.

것을 약속하는 생산자의 스핑크스 같은 특징들을 구비하고 있다. 파시스트들의 민족은 바로 이 스핑크스의 얼굴을 하고서 옛 자연의 비밀 곁에 새로운 경제적 자연의 비밀로 서 있다. 옛 자연의 비밀은 파시스트들의 기술 속에서 스스로를 밝히기는커녕 자신의 가장 위협적인 특징들을 드러낸다. 자연과 민족, 이 둘이 여기서 형성하는 힘들의 평행사변형에서 대각선이 전쟁이다.

이 모음집에 실린 논문들 가운데 그나마 가장 뛰어나고 깊이 성찰한 논문이 "국가에 의한 전쟁의 제어"[32]라는 문제를 제기하는 것은 이해할 만하다. 왜냐하면 국가는 이 신비주의적인 전쟁론에서 본디 아무런 역할도 하지 않기 때문이다. 사람들은 그 제어의 역할을 결코 한순간도 평화주의적 의미로 이해하지 않을 것이다. 여기서 국가는 오히려 전쟁 시국에 스스로를 위해 마법적 힘들을 동원하고 그 힘들에 적응하는 구조와 태도를 갖추며, 또한 그 힘들에 어울리는 모습을 보일 것을 요구받는다. 그렇지 않을 경우에 국가는 전쟁을 자신의 목적에 유용하게 만드는 데 성공하지 못한다는 것이다. 전쟁에 직면해 국가권력이 무력화하는 현상은 여기 모음집의 저자들에게는 그들의 독자적인 사유의 출발점이다. 전쟁이 끝났을 때 교단의 성격을 띤 동지회와 국가권력을 대표하는 정규 단체 사이의 잡종의 성격을 띤 조직들이 곧바로 국가 없는 독립된 용병집단으로 공고하게 형성되었다. 인플레이션 시기에 재계의 우두머리들에게 그들의 재산을 보증하는 기구로서 국가가 의문시되기 시작했는데, 이 우두머리들이 앞

---

32) Ernst Jünger (Hrsg.), *Krieg und Krieger*, p. 163.

의 용병집단들의 제안을 높이 평가할 줄 알았다. 즉 용병집단들은 사적인 기구나 제국군의 중개로 언제든 쌀이나 순무처럼 손쉽게 굴러 들어올 수 있었던 것이다. 이 모음집도, 물론 이데올로기적 상투어로 치장했지만, 그와 같은 유형의 용병, 더 낫기로는 용병대장들을 모집하는 광고전단을 닮았다. 저자들 가운데 한 명은 솔직하게 선언한다. "30년 전쟁의 용감한 병사는 …… 몸과 생명을 다 바쳐 자신을 팔았다. 그리고 그것은 단지 신념과 재능만 파는 것보다 훨씬 더 고귀한 일이다."[33] 그런 뒤에 그 저자는 전후 독일의 용병은 자신을 판 것이 아니라 선물했다고 썼는데, 이것은 같은 저자가 이런 부대에 지불되는 비교적 높은 봉급에 대해 제시한 소견에서 미루어 이해해야 한다. 군인의 봉급은 이 직업의 기술적 필수품들과 마찬가지로 새로운 전사들의 우두머리에게 상당한 영향을 끼쳤던 것이다. 즉 지배계급의 전쟁 엔지니어들은 모닝코트를 입은 관리직 사무원들과 짝을 이룬다. 그들의 지도자적 제스처를 진지하게 여겨야 하고 그들의 위협이 우스꽝스럽지 않다는 것은 확실하다. 가스탄을 실은 비행기 한 대의 조종사 속에 평화 시에는 수많은 사무실 과장들에게 분담되어 있는, 빛과 공기와 생명을 시민에게서 탈취할 수 있는 모든 권력이 통합된다. 그는 한적한 고공에서 자기 자신, 그리고 자신의 신과 홀로 있으면서 중병에 걸린 노령의 고용주인 국가를 위해 전권을 위임받은 단순한 폭격기 조종사이다. 그리고 그가 서명하는 곳에는 아무런 풀도 더는 자라지 않는다. 이것이 이 모음집 저자들의 머릿속에 떠오르는

---

33) Ernst Jünger (Hrsg.), *Krieg und Krieger*, p. 118.

'제국의' 지도자이다.

독일은 여기 자신에게 닥쳐오는 이러한 특징들을 지닌 메두사 같은 구조물을 폭파해버리기 전에는 미래를 기약할 수 없다. 폭파한다기보다는 느슨하게 한다고 해야 할 것이다. 그렇다고 온화한 말로 권고하거나 사랑의 마음으로 할 일은 아니다. 그런 것은 여기서 적절치 않다. 논증한다든지 성급하게 설득하며 토론하는 방향으로 나아가서도 안 될 것이다. 그러나 아마도 우리는 언어와 이성이 여전히 제공해주는 모든 빛을 저 '근원체험'(Urerlebnis)이라는 것에 비춰야 할 것이다. 그 근원체험의 눈먼 어둠으로부터 이 세계죽음의 신비주의가 눈에 띄지 않는 수많은 개념의 촉수들을 갖고 기어 나오고 있으니 말이다. 이렇게 비춘 빛 속에서 드러나는 전쟁은 이 새로운 독일인들이 기도(祈禱)하는 '영원한' 전쟁도 아니고 평화주의자들이 열광하는 '마지막' 전쟁도 아니다. 그 전쟁은 실제로는 오로지 이것이다. 즉 여러 민족이 서로의 관계를 자기들이 기술을 통해 자연과 맺고 있는 관계에 상응하는 방향으로 정립하지 못하는 무능력을 수정할 하나의 기회, 끔찍한 마지막 기회이다. 이 수정작업이 실패하면 물론 수백만 명의 인간 몸뚱어리가 가스와 철로 토막 나고 물어뜯길 것이고 그것은 불가피하다. 그러나 지하의[저승의] 무서운 힘들과 친숙한 사람들, 그들의 루트비히 클라게스(Ludwig Klages)를 배낭 속에 지니고 다니는 그 사람들조차도 그들보다 호기심이 덜하면서도 그들보다 더 냉철한 자신의 아이들에게 자연이 약속하는 것의 10분의 1도 경험하지 못할 것이다. 아이들은 기술에서 몰락의 물신이 아니라 행복의 열쇠를 쥐고 있는 것이다. 이러한 자신의 냉철함을 아이들은 지금 당장 증명해줄 것이다. 왜냐하면 아이들은 다음 전쟁을 마법적인 전환점으로 인정하기를 거부하고 오히려 그 전쟁에서 일상의 이미지를 발견할 것이며, 이렇게 발견하는 가운데 그 전쟁을 내전으로 변화시키는 작업을 수행할 것이기 때문이다. 이 어두운 룬(Rune) 문자의 주술을 이겨낼 수 있는 유일한 것으로 마르크스주의적 트릭을 쓰면서 말이다.

좌파 멜랑콜리(1930): 에리히 케스트너의 새 시집에 대하여[1]

Walter Benjamin, *Gesammelte Schriften*, Frankfurt a. M., 1972~89, Bd. III, pp. 279~83. (Linke Melancholie: Zu Erich Kästners neuem Gedichtsbuch) 이 서평은 다음 잡지에 처음 발표되었다. *Die Gesellschaft* 8, 1931, Bd. 1, pp. 181~84.

에리히 케스트너의 시들이 현재 이미 세 권의 근사한 책으로 묶여
져 나와 있다.[2] 그러나 이 시들의 성격을 추적하고자 하는 사람은 이
시들이 처음 선보였던 형식을 주목하는 게 나을 것이다. 시들은 책
속에서는 그것들이 빡빡하고 약간 갑갑하게 느껴지지만 일간신문에
서는 물속의 물고기처럼 날렵하게 헤엄쳐 간다. 이 물이 언제나 가
장 깨끗한 물은 아니고 각종 쓰레기가 물속에 떠다닐수록 저자에게
는 더 좋다. 그의 시적 물고기들이 그런 데서 통통하게 살찔 수 있으
니까.

---

1) 〔원주〕 Erich Kästner, *Ein Mann gibt Auskunft*, Stuttgart, Berlin: Deutsche
   Verlags-Anstalt, 1930, 112 S.

2) 제목에서 언급한 책 외에 두 권은 다음과 같다. Erich Kästner, *Herz und Taille*,
   Leipzig, 1928; *Lärm im Spiegel*, Leipzig, 1929. — 전집 편집자

이 시들이 인기를 끈 것은 한 계층의 상승과 관련이 있다. 이 계층은 자신의 경제적 권력을 행사할 수 있는 지위를 숨김없이 점유하고서 그 어느 계층보다도 자신들 경제적 관상의 민낯, 즉 아무런 가면도 쓰지 않은 모습 그대로를 자랑스럽게 드러낸다. 성공만을 바라보고 또 성공 외에는 아무것도 인정하지 않았던 이 계층이 이제 최고 강자의 지위를 점령했다는 뜻은 아니다. 그러기에는 그들의 이상(理想)이 천식을 너무 심하게 앓고 있다. 그들의 이상은 변변찮은 처지에서 출발해 상층에 오른 아이 없는 중개인들의 이상으로서, 이들은 재계의 실력자들처럼 수십 년간 가족을 위해서가 아니라 자기 자신을 위해서만 계산한, 그것도 한 시즌을 넘어서지 못한 중개인들이다. 그 누가 그런 자들을 그려보지 못하겠는가? 뿔테 안경 뒤 꿈꾸는 듯한 아기 같은 눈, 넓적한 뽀얀 뺨, 질질 끄는 목소리, 거동과 사고방식에서 보이는 숙명론적 태도. 이 시인이 뭔가 말을 건네는 이들은 원래 이 계층뿐이다. 그는 아침에 일어나 밤에 잠자리에 들 때까지 그들에게 거울을 내밀기보다는 거울을 들고 따라다니며 아첨한다. 그의 시들에서 시절(詩節) 사이의 간격은 그 계층의 사람들 목살에 진 주름이고, 그가 지은 운(韻)들은 그들의 혹같이 부푼 입술이며, 시의 휴지부들은 그들의 살에 진 보조개들이고, 그가 강조하는 요점은 그들 눈의 동공이다. 시의 소재 영역과 영향은 오로지 이 계층에만 한정되어 있다. 그리고 케스트너는 자기의 아이러니로 산업가들을 적중하지 못하듯이 자기의 반항적인 악센트로도 박탈당한 이들에 닿지 못한다. 그도 그럴 것이 이 서정시는 시가 보여주는 외양과는 달리 중개인, 저널리스트, 인사 담당자와 같은 중간층의 신분적 관심사를 지켜주기 때문이다. 그러나 그 시가 소시민을 향해 선포한 증오는 그 자체가 소시민적이고 너무 내밀한 특성을 띠고 있다. 그에 반해 그 시는 상류계급에 맞서기에는 현저하게 전투력을 잃었고 종국에는 "오, 돈이 아주 많은 현자 몇 명만 있다면"이라는 탄식을 내뱉으며 후원자를 그리워하는 모습을 드러낸다. 케스트너가 「한 어머니가 결산을 한다」[3]라는 제목의 시에서 한 프롤레타리아 여성이 한밤중에 하는 생각을 묘사할 때 삐딱하게 경제적이듯이 한 「찬가」[4]에서 은행가들을 심판할 때에도 삐딱하게 친밀감을 드러내는 것은 하등 놀라운 일이 아니다. 결국에는 보다 나은 처지에 있는 계급이 이 징징거리는 시인을 잡아끄는 걸음마 줄로 작용하는 것은 집과 연금인 셈이다.

이 시인은 불만이 있고 심지어 우울하다. 그러나 그의 우울증은 판에 박힌 일상에서 유래한다. 왜냐하면 판에 박혀 있다는 것은 자신의 기벽(Idiosynkrasien, 특이체질)을 희생했고 욕지기를 내는 재능을 내팽개쳤다는 것을 뜻하기 때문이다. 그리고 그것이 바로 우울하게 만든다. 이것이 바로 이 시인을 하인리히 하이네(Heinrich Heine)와 몇 가지 점에서 유사하게 만드는 상황이다. 판에 박힌 것은 케스트너가 자기 시들을 찌그러뜨리는 데 사용하는 주석들, 아이들의 니스 칠한 공과 같은 시들에 럭비공 같은 외양을 부여하려고 다는 주석들이다. 그리고 개인적인 의견이라는 반죽을 부풀어 오르게 하는 베이킹파우더

---

3) "Eine Mutter zieht Bilanz" : 이 시는 지금 다음 전집에 실려 있다. Erich Kästner, *Gesammelte Schriften für Erwachsene*, München/Zürich, 1969, Bd. 1, p. 115f. ― 전집 편집자

4) "Hymnus auf die Bankiers", 앞의 전집, Bd. 1, p. 144f. ― 전집 편집자

와 같은 아이러니보다 더 판에 박힌 것도 없다. 그의 외람된 태도가 그 자신이 보유하고 있는 정치적 힘뿐만 아니라 이데올로기적 힘과도 불균형한 관계에 있는 점이 안타까울 따름이다. 무엇보다 그렇게 도발하는 행위의 근저에 놓인, 적을 그로테스크하게 깔보는 태도에서 이 급진적 좌파 지식인들의 입지가 패배한 입지라는 점이 드러난다. 이들은 노동운동과는 아무런 상관도 없다. 오히려 이들은 부르주아적 해체현상이라고 할 수 있으며, 빌헬름 제국이 예비역 장교에게서 경탄한 봉건주의적 흉내 내기와 짝을 이룬다. 케스트너나 발터 메링(Walter Mehring), 쿠르트 투홀스키(Kurt Tucholsky) 같은 부류의 급진 좌파 진영의 저널리스트들은 붕괴해가는 부르주아 계급에 대한 프롤레타리아적 흉내 내기이다. 이들의 기능은 정치적으로는 정당이 아니라 패거리를, 문학적으로는 학파가 아니라 유행을, 경제적으로는 생산자가 아니라 중개인을 만들어내는 데 있다.[5] 게다가 이 좌파 지식인들은 지난 15년 동안 행동주의에서 시작해 표현주의를 거쳐 신즉물주의에 이르기까지 줄기차게 모든 정신적 호경기의 중개인 역할을 해왔다. 그러나 그들의 정치적 의미는 부르주아지에게서 나타난 혁명적 반응들을 오락과 유흥의 대상들로 전환해 소비자들에게 제공하는 것으로 소진되었다. 그런 식으로 행동주의는 혁명적 변증법에 건전한 인간 오성이라는 계급적으로 모호한 얼굴을 부여할 줄 알았다. 행동주의는 어떻게 보면 이 지식인 창고의 시즌을 마감하는 세일 상품이었다. 표현주의는 혁명적 제스처, 경사진 팔, 불끈 쥔 주먹을

---

5) 열한째 줄 "이들의 ……"부터 여기까지 : 「생산자로서의 작가」, 이 책 387쪽 참조.

종이반죽으로 만들어 전시했다. 그러고 나서 이 선전 캠페인에 이어 신즉물주의가 재고품을 조사하러 나섰는데, 케스트너의 시들도 이 진영에서 나왔다. 자신의 감정들의 재고품을 조사하는 데 나선 '정신적 엘리트'는 대체 무엇을 발견할까? 혹시 그 감정들 자체일까? 그 감정들은 오래전에 헐값에 투매되었다. 남은 것은 먼지 쌓인 우단 심장들 속에 자연과 사랑, 열정과 인간성 같은 감정들이 한때 들어 있던 텅 빈 곳들이다. 이제 사람들은 얼빠진 상태에서 그 빈 주형(鑄型)을 애무한다. 영리한 척하는 아이러니는 사물들 자체에서보다 이 상투적 틀들에서 더 많은 것을 얻을 수 있다고 생각하고 자신의 빈곤함을 거창하게 연출하는가 하면, 하품이 나는 공허함에서 축제를 만들어낸다. 그도 그럴 것이 이 즉물주의에서 새로운 점은, 부르주아가 자신의 물질적 재화들의 흔적을 자랑하듯이 한때의 정신적 재화들의 흔적을 자랑스럽게 생각한다는 점이다. 불편한 상황에서 사람들이 이보다 더 안락하게 살림을 차린 적은 없었다.

요컨대 이 좌파 급진주의는 엄밀하게 말해 그 어떤 정치적 행동도 더는 그에 상응하지 않는 태도이다. 이들은 이러저러한 노선의 왼편에 있는 것이 아니라 그냥 모든 가능한 것의 왼편에 있다. 왜냐하면 이들은 처음부터 부정주의적 평안함 속에서 자기 자신을 즐기는 것 외에는 그 어떤 것도 안중에 없었기 때문이다. 정치적 투쟁을 결단의 강박으로부터 즐김의 대상으로 변환하고 생산수단으로부터 소비품목으로 변환하는 것, 이것이 이 문학의 마지막 히트 상품이다. 큰 재능을 지닌 케스트너가 이런 문학의 수단 전체를 대가답게 구사하고 있다. 무엇보다 많은 시들의 제목에서 특징적으로 드러나는 태도가 그런 수단 가운데 으뜸의 자리를 차지한다. 「계란에서 빚어지는 비가 (悲歌)」「드라이클리닝된 크리스마스 캐럴」「집안 욕실에서의 자살」 「겉멋 든 흑인의 운명」 등이 그 예이다.[6] 왜 이렇게 사지(四肢)가 탈구 된 것일까? 그것은 비판과 인식이 바로 붙잡을 수 있을 만큼 가까이 에 있기 때문이다. 그러나 이것들은 놀이를 망치는 것들이고 결코 발 언할 기회가 주어져서는 안 될 것이다. 여기서 시인은 그것들에 재갈 을 물려야만 하고, 그러자 그것들의 절망적인 몸부림이 어떤 곡예사 의 기예처럼, 다시 말해 사람들을 웃기면서 거대한 관중, 그 자신의 취미가 불확실한 관중에게 전달된다. 조마 모르겐슈테른[7]의 경우에 어리석음은 신지학(神智學)으로 도피하는 경향의 이면일 뿐이었다. 그러나 케스트너의 니힐리즘은 아무것도 숨기지 않는다. 마치 하품 을 하기 전에 다물어지지 않는 목구멍처럼 말이다.

일찌감치 시인들은 절망을 갖고서 이처럼 특이하게 노는 법, 즉 괴 로워하는 우둔함을 체득하기 시작했다. 왜냐하면 지난 수십 년간 진 정으로 정치적인 시는 대부분 전령처럼 사물들을 앞질러 갔기 때문 이다. 게오르크 하임이 그 당시만 해도 상상할 수 없었고 1914년 8월 에야 모습을 드러낸 대중들의 상태, 즉 자살자들, 죄수들, 환자들, 항 해자들, 아니면 정신병자들처럼 결코 그때까지 눈에 들어오지 않았

---

6) 여기 언급된 시들은 다음의 전집 또는 단행본에 실려 있다. "Elegie mit Ei", 앞의 전 집, Bd. 1, p. 105f.; "Weihnachtslied chemisch gereinigt", 앞의 전집, Bd. 1, p. 94f.; "Selbstmord im Familienbad", Erich Kästner, Ein Mann gibt Auskunft, 앞의 책, p. 66; "Schicksal eines stilisierten Negers", 앞의 책, p. 72. — 전집 편집자

7) Soma Morgenstern, 1890~1976 : 오스트리아 출신의 유대계 작가·저널리스트. 1946년 이후 미국으로 이주했다.

던 집단들을 낯설게 묘사하면서 선취했던 때가 1912년과 1913년이었다. 그의 시들에서 대지는 핏빛 홍수로 뒤덮이는 상황을 대비하고 있었다. 그리고 금 마르크의 아라라트산[8)이 마지막 자리까지 식충이, 허리띠 있는 모피, 단것 좋아하는 사람으로 점령된 채 홍수 속에서 유일한 산으로 솟아나기 훨씬 전에, 전쟁 초기에 전사한 알프레트 리히텐슈타인[9)은 케스트너가 틀에 박힌 유형으로 그려내는 음산하면서 부풀어 오른 인물들을 시야에 포착했다. 그런데 예전의, 아직 표현주의 이전 시대의 부르주아 유형이 나중의, 표현주의 이후 시대의 부르주아와 구별되는 점은 그 유형이 지닌 기인(奇人)적인 특성이다. 리히텐슈타인이 자신의 시 가운데 하나를 어느 광대에게 헌정한 데는 이유가 있었다. 그 당시 부르주아들에게 절망의 광대 짓거리는 아직 몸서리치는 현상이었다. 그들은 아직 기인적인 특성을 대도시 유흥의 대상으로 진열하지 않았다. 그들은 아직은 완전히 포만한 상태에 있지 않았고, 판매의 위기가 서서히 지평선에 떠오르고 있는 상품과 어렴풋하나마 어떤 연대감을 느끼지 못할 정도로 완전히 중개인이 된 상태가 아니었다. 그러고서 평화가 찾아왔고, 우리가 실업으로 알고 있는 현상, 인간 상품의 판매가 정체하는 현상이 나타났다. 그리고 리히텐슈타인의 시들이 유포한 자살은 헐값으로 팔리게 된 이 인간 상품의 덤핑이고 판매이다. 이 모든 것에 대해 케스트너의 시들

---

8) 아라라트산은 터키에서 가장 높은 산이자 이란과 아르메니아와의 접경지대에 위치한 휴화산이다. 「창세기」에서 노아의 방주가 대홍수 끝에 표류하다가 도착한 곳이라는 전설로 유명하다.

9) Alfred Lichtenstein, 1889~1914 : 독일 표현주의 시대의 작가.

은 하나도 모른다. 그 시들의 박자는 가련한 부자들이 비탄을 취주(吹奏)할 때 따라가는 악보를 정확하게 따른다. 그 시들은 자기 돈을 남김없이 자기 뱃속에 처넣지 못한 포만한 자의 슬픔에 말을 건다. 괴로워하는 우둔함인 것이다. 이것이 2천 년 동안 변신해온 멜랑콜리의 마지막 모습이다.

케스트너의 시들은 벌이가 좋은 사람들, 시체들을 넘고 나아가는 슬픔에 잠긴 둔중한 인형들을 위한 시들이다. 철갑을 견고하게 두른 모습, 느릿느릿 움직이며 나아가는 모습, 그리고 자신이 끼치는 영향의 맹목성을 두고 볼 때 그의 시들은 인간 안에서 이루어진 탱크와 빈대의 만남이다. 이 시들은 증권거래소가 문을 닫은 뒤의 시내 카페처럼 그런 것들로 우글댄다. 이 시들의 기능이 이런 유형을 자기 자신과 화해시키고, 또한 직업적 삶과 사적인 삶의 동일성, 이런 사람들이 '인간성'이라는 이름으로 이해하는 그 둘의 동일성을 만들어내는 데 있다는 것은 하등 놀라운 일이 아니다. 그러나 그 직업적 삶과 사적인 삶의 동일성은 실제로는 본래 야만적인 것이다. 왜냐하면 오늘날의 상황에서 모든 진정한 인간성은 그 두 극 사이의 긴장에서 생겨날 수 있기 때문이다. 그 두 극 사이의 긴장에서 각성과 행위가 형성되고, 그 긴장을 만들어내는 것이 바로 정치적 서정시의 과제이며, 이 과제는 오늘날 브레히트의 시들에서 가장 엄격하게 구현되고 있다. 케스트너의 경우에 이 긴장은 자아도취와 숙명론에 자리를 내줄 수밖에 없다. 그것은 생산과정으로부터 가장 멀리 떨어진 곳에 있는 사람들, 호경기를 향한 자신의 어두운 열망이라는 것이 자신의 불가해한 소화작용의 운(運)에 전적으로 맡겨져 있는 어떤 사람의 태도에 비견할 수 있는 사람들의 숙명론이다. 이 시들에서 그르렁거리는 소리는 변혁의 소리이기보다는 배에 가스가 차서 나오는 소리임이 분명하다. 예전부터 변비증(便祕症)과 우울증은 서로 잘 어울렸다. 그러나 사회의 신체에서 체액의 흐름이 막힌 이래로 둔중함이 도처에서 우리에게 몰려온다. 케스트너의 시들은 이 공기를 더 낫게 만들지 않는다.

위기와 비판(1930):
잡지 『위기와 비판』에 관한 메모

Walter Benjamin, *Gesammelte Schriften*, Frankfurt a. M., 1972~89, Bd. VI, pp. 619~21. (Memorandum zu der Zeitschrift "Krisis und Kritik")

이 이름의 잡지는 정해진 일정 없이 매달 간행될 것이다. 그로써 한편으로 피상적이고 성급한 작업을 피하고자 하며, 다른 한편으로 상황에 따라 시의적절한 이슈가 생길 경우에 월별 일정과 상관없이 즉각적으로 출간될 가능성을 열어두고자 한다.

이 잡지는 정기적으로 발간되는 호에 부록이 매년 서너 차례 첨가될 것이다. 이 부록들은 집단작업의 비판적이고 이론적인 토대들을 요약하는 것에 그 사명이 있는데, 이러한 토대들은 정기적으로 발간되는 잡지에서는 당연히 모색과정에서 점진적으로만 개발될 수 있다.

여기에 우선 정기적으로 발간되는 호의 프로그램에 관해 몇 가지 언급해둔다.

이 잡지는 정치적 성격을 띤다. 이것은 이 잡지의 비판적 활동이 오늘날 사회의 근본적인 위기 상황에 대한 분명한 의식에 근거를 두고 있다는 뜻이다. 이 잡지는 계급투쟁의 지반 위에 서 있다. 그렇지만 여기서 이 잡지는 여하한 정당정치적 성격도 띠지 않는다. 특히 이 잡지는 프롤레타리아 잡지도 아니고 프롤레타리아트의 기관지도 아니다. 오히려 이 잡지는 지금까지 비어 있던 기관의 자리, 즉 부르주아 지식인층으로 하여금 오늘날의 상황에서 유일하게, 항간의 자의적이면서 아무런 영향도 끼치지 않는 생산활동과는 반대되는, 심층적으로 개입하고 영향을 동반하는 생산활동을 하게끔 해주는 요구나 통찰들이 무엇인지 그들 스스로 해명하는 기관의 자리를 차지할 것이다.

이 잡지는 자신의 토대를 이제야 일구어야 하기 때문에 전체적으로 어떤 권위들에 의존할 수 없다. 오히려 이 잡지는 자신의 기고자들을 가장 넓은 의미의 부르주아 지식인층에서 — 이들이 어떤 한 영역에서의 전문가들이고, 또한 이들의 태도가 청렴결백하다는 것이 입증된 한에서 — 찾아야 한다. 이런 의미에서 잠정적으로 다음과 같이 기고자들을 지명하고자 한다.

벤야민	코르쉬
한스 보르하르트	쿠렐라
베네	헤르만 칸토로비치
브렌타노	루카치
브레히트	하네스 마이어
되블린	마르쿠제
두도우	무질

아이슬러	피스카토르
프란첸	레저
기디온	라이히
그로스	슈테른베르크
힌데미트	바일
이예링	비젠그룬트
크라카우어	

여기 지명된 사람들 중 일부는 경우에 따라 문학, 철학, 사회학, 건축, 음악 등의 분야에서 비평을 관리하는 편집위원으로 영입될 수 있다.

이상이 이 잡지의 프로그램이다. 부록의 과제는 다음과 같다.

부록들은 시의성 있는 이슈들과는 무관하게, 그러면서 해당 호에 실린 기고들과 긴밀하게 연결되면서 다음 호에 기고하는 사람들에게 구속력을 갖게 될 일군의 명제들을 제시하게 될 것이다. 다시 말해 해당 호의 기고자들에게는 그들이 예컨대 반대해야 한다고 생각하는 명제들 각각에 대해 근거가 있는 비판을 가하는 것은 허용되지만, 그들 자신의 기고문에서 이 명제들을 무시해서는 안 된다. 부록의 편집위원회는 위원회 스스로가 잡지 속에 제시하거나 잡지에 발표되도록 허락하는 정리(定理) 또는 논문을 어떤 일이 있어도 만장일치로 지지할 필요는 없다. 그렇기 때문에 부록에서 제시된 명제 또는 서술들에 대해서는 그것들을 작성했거나 또는 그것에 동의한다는 것을 선언한 최고 편집위원회의 위원 또는 위원들 자신이 책임지는 것이 필요하다. 모든 집필자의 명예심은 해당 호에 실린 각자의 기고문들에 그들이 제시한 명제들 중 적어도 하나가 부록에 수용되는 것을 보는 데 있어야 할 것이다.

이 잡지를 만드는 작업의 첫 단계는 다음과 같이 진행될 것이다. 즉 잡지에 기고하기로 계획된 기고자들에게 그 기획 내용은 아직 미정인 어떤 설문지가 전달될 텐데, 기고자들이 관심이 있는 한 이에 대한 답변들은 해당 호, 또는 부분적으로는 창간호에 딸릴 첫 부록에서도 볼 수 있게끔 인쇄될 것이다. 이 설문지는 기고자들의 전문분야에 관한 질문들에서 그들이 취하는 이론적 태도를 묻는 인터뷰의 성격을 띨 것이다.

생산자로서의 작가(1934):
1934년 4월 27일
파리의 파시즘 연구소에서 행한 강연

Walter Benjamin, *Gesammelte Schriften*, Frankfurt a. M., 1972~89, Bd. II/2, pp. 683~701. (Der Autor als Produzent. Ansprache im Institut zum studium des Fascismus in Paris am 27. April 1934)

문제는 지식인들로 하여금 그들의 정신적 방향과 그들이 처한 조건이

노동자들의 그것과 일치한다는 것을 자각하게 함으로써

그들을 노동자들의 편으로 끌어들이는 일이다.

— 라몬 페르난데스(Ramon Fernandez)

  여러분은 플라톤이 자신의 국가론을 구상할 때 시인들을 어떻게 다뤘는지 기억할 것이다.[1] 공동체에 대한 관심에서 그는 시인들이 공동체에 거주하는 것을 거부했다. 그는 시문학의 권력을 높이 평가하고 있었다. 그러나 그는 잘 알다시피 **완성된** 공동체 속에서 시인들

---

1) Platon, *Politeia*, 595a 이하.

을 해로운 존재, 즉 불필요한 존재로 여겼다. 그 이후 시인들이 존재할 권리에 대한 물음이 이처럼 강력하게 제기된 적이 없었다. 그러나 오늘날 그 물음이 다시 제기되고 있다. 다만 그 물음이 그러한 **형태**로〔플라톤이 제기한 형태로〕제기되는 경우는 드물 뿐이다. 그러나 그 물음이 시인의 자율성에 대한 물음, 즉 자기가 원하는 대로 창작할 자유에 대한 물음의 형태로 제기되고 있는 것은 여러분 모두 익히 알고 있다. 여러분은 시인에게 이러한 자율성을 인정하고 싶어 하지 않는다. 여러분은 오늘날의 사회 상황이 시인에게 그가 누구에게 봉사하며 활동하고자 하는지 결단할 것을 강요한다고 생각한다. 부르주아 오락문학의 작가는 이러한 양자택일적 선택을 인정하지 않는다. 여러분은 그 작가가 스스로 인정하지 않으려 하면서도 특정한 계급의 이해관계에 복무하며 일한다는 점을 그에게 입증할 것이다. 보다 진보적인 유형의 작가는 이러한 양자택일적 선택을 인정한다. 이 작가는 프롤레타리아트 편에 섬으로써 계급투쟁의 토대 위에서 스스로 결단을 내린다. 그런 상황에서 이제 그의 자율성은 종지부를 찍게 된다. 그는 계급투쟁에서 프롤레타리아트에 유용한 방향으로 자신의 활동을 펼치는 것이다. 사람들은 그가 어떤 **경향**을 추구한다고 말하곤 한다.

여러분은 이로써 하나의 화두를 받은 셈인데, 여러분도 익히 알고 있는 어떤 논쟁이 오래전부터 이 화두를 중심으로 펼쳐졌다. 그 논쟁이 얼마나 비생산적으로 펼쳐졌는지도 여러분은 잘 알고 있다. 그러니까 그 논쟁은 한편으로는 이렇고, 다른 한편으로는 저렇다는 식의 지루한 틀을 벗어나지 못했다. 즉 사람들은 **한편으로는** 작가의 업적으로부터 올바른 경향을 요구해야 하고, **다른 한편으로는** 그 업적의 질도 마땅히 기대할 수 있어야 한다는 것이다. 물론 이 공식은 사람들이 경향과 질이라는 두 가지 요소가 도대체 어떠한 상관관계에 있는지를 **통찰**하지 못하는 한 만족스럽지 못하다. 사람들은 올바른 경향을 보여주는 작품이라면 더는 질 같은 것을 운위할 필요가 없다고 선언할 수 있다. 사람들은 올바른 경향을 보여주는 작품이라면 필수적으로 그 밖의 다른 질도 보여줘야 한다고 선언할 수도 있다.

이 두 번째의 표현은 그런대로 흥미로운 표현이다. 아니 그 표현이 옳다고 할 수 있다. 나는 이 두 번째 표현을 내 것으로 삼고자 한다. 그러나 내 것으로 삼기는 하지만 그것을 선언하는 것은 거부한다. 이 주장은 **논증**되지 않으면 안 된다. 그리고 내가 여러분의 주의를 환기하고 싶은 것도 바로 이 주장을 논증하려는 시도이다. 여러분은 이것이 아주 특수한 주제, 아니 생뚱한 주제가 아니냐고 이의를 제기할 수도 있다. 그러면서 당신은 이러한 논증작업을 통해 파시즘에 대한 연구를 촉진하려고 하느냐고 물을 수 있다. 그런데 실제로 내가 하고자 하는 작업이 그것이다. 왜냐하면 방금 언급한 논쟁 속에서 대체로 볼 수 있듯이 경향이라는 개념이 개괄적인 형태로 쓰일 경우에 정치적 문학비평의 도구로서는 전혀 쓸모가 없다는 점을 보여줄 수 있기를 바라기 때문이다. 내가 여러분에게 보여주고자 하는 것은, 한 문학작품의 경향은 그것이 문학적으로도 올바를 경우에만 정치적으로도 올바르다는 점이다. 이 말은 정치적으로 올바른 경향은 어떤 문학적 경향을 포함한다는 것을 뜻한다. 이를 부연하면 이렇다. 숨겨져 있든 아니면 명백히 드러나 있든 간에 모든 **올바른** 정치적 경향에 내포되어 있는 이러한 문학적 경향, 다름 아닌 바로 이 경향이 바로 작품의 질을 이룬다는 점이다. 따라서 한 작품의 올바른 정치적 경향은, 바로 그것이 문학적 **경향**을 포함하기 **때문에** 문학적 질을 포함한다.

나는 이 주장이 앞으로 더욱 분명해지리라는 것을 여러분께 약속해드리고 싶다. 우선 나는 나의 고찰을 위해 또 다른 출발점을 선택할 수 있었다는 점을 밝혀두고자 한다. 나는 문학작품의 경향과 질이 어떤 관계에 있는가라는 비생산적인 논쟁에서 출발했다. 나는 그보다 더 오래되고 그에 못지않게 비생산적이라고 할 수 있는 논쟁, 즉 형식과 내용은 어떤 관계에 있고, 특히 정치적인 문학에서 형식과 내용은 어떤 관계에 있는가라는 논쟁에서 출발할 수도 있었다. 이러한 문제제기는 평판이 좋지 않은데 그건 당연한 일이다. 그러한 문제제기는 틀에 박힌 생각들을 갖고서 문학적 연관관계에 비변증법적으로 접근하려는 시도의 전형적인 사례로 여겨진다. 좋다. 그렇다면 같은 문제를 변증법적으로 다루는 방식은 과연 어떤 모습을 띨까?

이 문제를 변증법적으로 다루는 작업은 — 이로써 나는 본론으로 들어가는데 — 작품, 소설, 책 등을 별개의 것들로 고립시켜 바라보는 식으로는 아무것도 시작할 수 없다. 변증법적으로 접근하려면 그것들을 생생한 사회적 연관관계 속으로 가져가지 않으면 안 된다. 여러분은 당연히 그 문제는 우리의 가까운 친구들 사이에서 거듭해서 논의되어 왔다고 말할 것이다. 물론 맞는 말이다. 다만 이때 사람들은 곧장 거창하게 나가다가 영락없이 모호한 상태에 빠져들곤 했다. 사회 상황은 우리가 알고 있는 것처럼 생산관계에 의해 조건지어져 있다. 그리고 유물론적 비평이 어떤 작품에 접근할 때면 그 작품이 사회적 생산관계에 대해 어떤 입장에 있는지를 묻곤 했다. 그것은 중요한 물음이다. 그러나 지극히 까다로운 물음이기도 하다. 그에 대한 대답은 항상 오해의 소지가 없이 명쾌하지만은 않다. 그래서 나는 보다 더 합당한 물음을 여러분께 제안하고 싶다. 그것은 좀더 단순하고 좀더 단도직입적이기는 한데 내가 보기에 대답할 기회를 더 많이 제공해주는 물음이다. 즉 어떤 작품이 그 시대의 생산관계에 대해 어떤 입장에 있는가? 그 작품은 그 생산관계에 동의하면서 반동적이 되고 있는가, 아니면 그 생산관계를 변혁하려고 노력하면서 혁명적이 되고 있는가 등의 물음을 던지는 대신, 아니면 어쨌거나 그러한 물음을 던지기 전에 그와는 다른 물음을 여러분께 제안해보고 싶다. 즉 나는 어떤 문학작품이 그 시대의 생산관계에 **대해** 어떤 입장에 있는가라고 묻기 전에 그 작품이 그 생산관계 **속에서** 어떤 위치를 점하고 있는지를 묻고 싶다. 이 물음은 한 시대에 작가가 처한 생산관계 내부에서 작품이 지니는 기능을 직접적으로 겨냥한다. 달리 말해 그 물음은 작품의 작가적 **기술**〔기법, Technik〕을 직접 겨냥하고 있다.

이 기술이라는 개념을 도입함으로써 나는 문학적 산물들에 대해 직접적인 사회적 분석과 이를 통한 유물론적 분석을 가능케 하는 개념을 언급한 셈이다. 그와 동시에 기술이라는 개념은 형식과 내용의 비생산적 대립이 극복될 수 있는 변증법적 단초를 마련해준다. 뿐만 아니라 이 기술 개념은 우리가 서두에서 물었던 경향과 질의 관계를 올바르게 규정할 수 있게 하는 지침을 내포하고 있다. 우리가 앞에서 어떤 작품의 올바른 정치적 경향은 그것이 그 작품의 문학적 경향도 포함하기 때문에 문학적 질도 포함한다고 말할 수 있었다면 지금 더 정확하게 이러한 문학적 경향은 문학적 기술의 진보 아니면 퇴보에 그 본질이 있다고 규정하고자 한다.

겉보기에는 급작스러워 보일지 모르겠지만 내가 여기서 매우 구체적인 문학적 상황에 뛰어드는 것을 여러분은 허락해주리라 믿는다. 그것은 러시아의 문학적 상황이다. 나는 여러분이 세르게이 트레차코프와 그가 정의하고 구현하는 '기술실천적'(operierend) 작가의 유형을 주목해보라고 말하고 싶다. 이 기술실천적 작가는 올바른 정치적 경향과 진보적인 문학적 기술 사이에 언제나, 또 어떠한 상황에도 존재하기 마련인 기능적 의존관계를 극명하게 보여주는 구체적인 사례이다. 물론 이것은 하나의 사례에 지나지 않는다. 그 이상의 예들은 여기서는 보류하겠다. 트레차코프는 기술실천적인 작가와 정보를 제공해주는 작가를 구별한다. 그의 사명은 보도하는 것이 아니고 투쟁하는 것이다. 관객의 입장을 취하는 것이 아니라 능동적으로 개입하는 것이다. 그는 이러한 사명을 자신의 활동에 대한 보고에서 규정하고 있다. 농업의 전면적 집단화가 이루어진 시대인 1928년 '작가는 콜호스로!'라는 구호가 포고되었을 때 '공산주의자의 등대'라는 집단농장으로 간 트레차코프는 그곳에서 두 차례에 걸쳐 오랜 기간 머무는 동안 다음과 같은 일들에 착수했다. 대중집회의 소집, 트랙터 대금을 지불하기 위한 모금, 개개 농민들을 콜호스에 가입하도록 설득하기, 열람실의 감독, 벽신문의 제작, 콜호스-신문의 기획, 모스크바의 신문들을 위한 취재, 라디오와 이동영화관의 운영 등이 그것들이다. 트레차코프가 이 체재 기간 뒤에 쓴 『야전(野田)의 지휘자들』[2]이라는 책이 이후 집단농장을 육성하는 데 상당한 영향을 끼쳤을 것이라는 점은 놀랍지 않다.

여러분은 트레차코프를 높이 평가할 수도 있겠지만, 다른 한편으로 그의 사례가 우리가 논의하는 맥락에서 그다지 큰 의미를 지니지 못한다고 생각할 수도 있을 것이다. 아마 여러분은 그가 수행한 일들은 저널리스트나 프로파간디스트로서 한 일이며, 그래서 그런 일들은 모두 문학과 별로 관계가 없다고 이의를 제기할 수도 있을 것이다. 그런데 내가 여기서 트레차코프의 예를 일부러 끄집어낸 까닭은, 문학의 여러 형식과 장르에 대한 생각들을 오늘날 우리의 상황에 주어져 있는 여러 기술들에 비추어 폭넓게 재검토해보지 않으면 안 된다는 것을 여러분께 주지시키고, 또한 이로써 오늘날의 문학적 에너지를 위한 출발점을 제시해주는 표현 형식들을 알아보기 위해서이다. 과거에 소설이 늘 존재했던 것은 아니다. 또 소설이 앞으로도 계속 존재해야만 하는 이유도 없다. 비극이나 위대한 서사시도 늘 존재했던 것이 아니다. 그리고 해설이나 번역의 형식, 심지어 이른바 모작의 형식들이 항상 문학의 변방에 존재한 유희 형식들이었던 것은 아니다. 이러한 형식들은 아랍이나 중국에서는 철학적인 저술뿐만 아니라 문학적 저술에서도 당당한 위치를 차지했던 것이다. 수사학도 항상 보잘것없는 형식이었던 것이 아니라 고대에는 문학의 광대한 영역에서 확고한 위치를 차지하고 있었다. 이러한 모든 사실을 거

---

2) 독일어판은 Sergei Tretjakow, *Feld-Herrn. Der Kampf um eine Kollektivwirtschaft*, übers. von R. Selke, Berlin, 1931이다.

론하는 까닭은 우리가 문학의 여러 형식이 융해되고 있는 엄청난 과정의 한복판에 있다는 점, 이러한 융해과정 속에서 우리가 지금까지 습관적으로 생각해왔던 여러 대립들이 그 힘을 상실해버릴 수도 있다는 점을 여러분과 함께 생각해보기 위해서이다. 이러한 대립의 비생산성과 이 대립을 변증법적으로 극복하는 과정을 보여주는 하나의 구체적인 예를 들어보겠다. 여기서 우리는 다시 한 번 트레차코프의 경우를 두고 이야기하게 될 것이다. 즉 그 예는 신문이다.

좌파 진영에 속한 한 작가[3]가 다음과 같이 썼다. "우리 시대의 문학에 이르러서는 보다 더 행복했던 시대에는 서로에게 생산적으로 작용했던 대립들이 이율배반적인 관계가 되어버렸다. 과학과 순수문학, 비평과 생산(창작), 교육과 정치 등이 상호간의 관계를 잃고 무질서하게 갈라지게 되었다. 이러한 문학적 혼돈의 무대가 바로 신문이다. 신문의 내용인 '소재'는 독자의 성급함이 강요하는 조직 형식 이외의 어떠한 형식도 거부한다. 그리고 그 성급함은 정보를 기대하는 정치가나 아니면 힌트를 기대하는 투기자들의 성급함에만 국한된 것이 아니다. 그 배후에는 스스로 자신의 이해관계에 대해 발언할 권리가 있다고 믿게 된 소외된 자들의 성급함도 서서히 타오른다. 날마다 새로운 자양분을 요구하는 이러한 성급함만큼 독자를 신문으로 끌어들이는 것도 없을 텐데, 편집자들은 오래전부터 독자들의 문의라든지 견해 또는 항의를 위해 거듭해서 새로운 난을 마련함으로써

---

3) 벤야민 자신을 가리킨다. Walter Benjamin, "Die Zeitung", in: *Gesammelte Schriften*, Frankfurt a. M., 1972~89, Bd. II/2, p. 628. 이 모티프는 기술복제 에세이의 제2판 제13절과 제3판 제10절에도 나온다.

일찍이 이러한 점을 십분 이용해왔다. 사실들이 무차별적으로 융합되는 현상에 발맞추어 순식간에 〔신문의〕 협력자로 격상하게 된 독자들의 무차별적인 융합도 이루어지고 있는 것이다. 그러나 그 속에는 변증법적인 요인이 숨어 있다. 즉 부르주아적 신문에서의 글쓰기의 몰락은 소비에트 러시아 신문에서의 글쓰기의 부활이라는 공식으로 나타나고 있다. 그러니까 글쓰기가 깊이를 상실하는 대신 폭넓은 대중기반을 획득함으로써 부르주아적 신문에서 관습적인 형태로 유지되어온 작가와 대중 사이의 구별이 소비에트 신문에서는 사라지기 시작한 것이다. 소비에트 신문에서 독자는 어느 때고 집필자, 즉 기술(記述)하는 자 또는 지시하는 자가 될 태세가 되어 있다. 한 사람의 전문가로서 — 비록 특정한 분야의 전문가는 아니더라도 그가 맡고 있는 직위의 전문가로서 — 그는 필자가 될 자격을 획득하게 된다. 즉 노동〔일〕 자체가 발언을 하게 된다. 그리고 말로써 노동을 서술하는 것은 그 노동을 수행하는 데 필요한 능력의 일부가 된다. 문학적 자격은 이제 전문화된 교육을 통해서가 아니라 종합기술적 교육을 통해 얻어지게 되며, 이로써 누구나 가질 수 있는 재산이 된다. 이것은 한마디로 생활환경의 문자화라고 할 수 있고, 달리는 해결할 수 없는 이율배반적 대립들이 그로써 제어될 수 있게 된다. 말이 한없이 폄하되고 있는 무대인 신문에서 말의 구제가 준비되고 있는 것이다."

이로써 나는 생산자로서의 작가에 대한 서술은 신문으로까지 소급하지 않으면 안 된다는 점을 보여줬다고 생각한다. 왜냐하면 신문, 적어도 소비에트 신문에서 우리는 앞서 언급한 엄청난 융해과정이 장르들 사이, 작가와 문학가 사이, 또는 전문 연구자와 대중작가 사이의 관습적 구별을 넘어서고 있을 뿐만 아니라 심지어는 작가와 독자 사이의 구별에도 수정을 가하고 있음을 알 수 있기 때문이다. 신문이 이러한 과정을 보여주는 가장 표준적인 심급이 되고 있으며, 그렇기 때문에 생산자로서의 작가에 대한 일체의 고찰은 신문에까지 이르지 않으면 안 된다.

그러나 이 고찰은 여기에 머무를 수 없다. 왜냐하면 바로 서유럽에서 신문은 작가의 수중에서 아직도 유용한 생산수단이 아니기 때문이다. 신문은 아직도 자본가의 수중에 있다. 신문은 한편으로 — 기술적으로 말한다면 — 가장 중요한 작가적 위치를 나타내지만, 다른 한편으로는 그 위치가 적대자의 수중에 들어 있기 때문에 작가가 자신의 사회적 조건이나 기술적 수단 또는 정치적 과제를 통찰하기 위해서는 엄청난 어려움에 맞서 싸우지 않으면 안 된다는 사실은 놀라운 일이 아니다. 생산적 두뇌를 소유한 사람 상당수가 경제적 상황의 압박 속에서 신념의 차원에서는 혁명적 발전을 이루었으면서도 정작 자신의 노동, 그 노동이 생산수단에 대해 갖는 관계, 그 노동의 기술에 대해서는 실제로 혁명적인 사고를 철저히 할 수가 없었던 것이 바로 독일에서 최근 10년 동안 전개된 결정적 과정들 가운데 하나이다. 여러분도 잘 알다시피 내가 지금 말하고 있는 것은 이른바 좌파 지식인에 대해서인데, 여기서 나는 좌파 부르주아 지식인에 한정해서 이야기하고자 한다. 독일에서 지난 10년간의 중요한 정치적 · 문학적 운동은 이들 좌파 지식인들로부터 시작되었다. 그 가운데서 나는 특히 행동주의[4]와 신즉물주의[5] 두 운동을 언급하고자 한다. 나는 이 두 운동의 사례를 통해 정치적 경향은, 그것이 아무리 혁명적이라 할

지라도 작가가 프롤레타리아트와의 연대를 단지 신념의 측면에서만 경험하고 생산자로서 경험하지 않은 이상 반혁명적으로 기능하게 된다는 것을 보여주고자 한다.

행동주의가 요구하는 것들을 요약해주는 표어는 "정신 지배주의"(Logokratie)[6]라고 할 수 있는데, 독일어로 정신의 지배를 뜻한다.

---

4) 행동주의(Aktivismus)는 표현주의와 병행하여 일어났으면서 표현주의와는 반대로 문학을 목적을 위한 수단으로, 문인을 '실현하는 자'로 강조하는 이른바 문학혁명 또는 문화혁명 내에서의 정신적·정치적 운동을 가리킨다. '우파' 행동주의도 있었지만, 행동주의는 무엇보다 5권의 잡지 『목표』(Das Ziel, 1916~24, 쿠르트 힐러Kurt Hiller 발행)로 대표되는 사회혁명적·평화주의적 테제와 프로그램을 가리킨다. 좁은 의미의 행동주의자들로는 힐러(「목표를 위한 연맹」, 1917)와 루비너(L. Rubiner)가 있다. 넓은 의미로는 알프레트 케어(Alfred Kerr), 막스 브로트(Max Brod), 벤야민, 한스 블뤼어(Hans Blüher), 루돌프 레온하르트(Rudolf Leonhard), 구스타프 비네켄(Gustav Wyneken) 같은 『목표』의 기고자들도 여기에 속한다. 행동주의의 전성기는 1915~20년이다. 니체로부터 영향을 받았고, 하인리히 만(Heinrich Mann)의 에세이 「정신과 행위」(Geist und Tat, 1910)가 프로그램적 의미를 주었다. 1918년 '정신노동자들의 정치위원회'를 창립하려 했지만 실패로 돌아갔다. 행동주의는 1919년 '문화정치적 운동'에만 자신들의 활동을 국한하면서 몰락하기 시작했다. 힐러만이 여러 저술활동을 벌이며 문인을 통해 해방된 인간이라는 구체적 유토피아의 목표를 충실히 추구했다.

5) 신즉물주의(新卽物主義, Neue Sachlichkeit)는 바이마르 공화국 시대(1919~33)의 한 문학 조류로서 표현주의의 파토스로부터 냉철하고 현실적으로 거리를 두면서 나타났다. 격정적 표현과 급진적·낭만적 이미지들 대신에 현대 사회를 마치 기록하듯이 정밀하면서 겉보기에 아무 감정 없이 서술하는 태도, 냉철하면서도 종종 차갑게 거리를 두는 관찰자적 태도가 등장했다. 이때 일상의 기록들이 작품에 삽입되는 경우가 종종 일어났다. '신즉물주의'라는 명칭은 '구즉물주의'로서의 리얼리즘에 대한 변별로 생겨났다. 제1차 세계대전이 끝난 뒤 생겨난 이 조류는 담백한 명증성, 객관적(즉물적) 표현방식 및 부분적으로 고도로 정치적인 내용들로 특징지어진다.

6) 고대 그리스어 'logos'(말, 이성)와 'kratein'이 결합된 단어로서 '말의 지배', '말을 통한 지배' 또는 '이성의 지배'를 뜻하는데, 국가에 대한 이론이나 담론에서 쓰이며 흔히 부정적 의미를 띤다. 긍정적 의미의 '이성의 지배'라는 뜻으로는 특히 쿠르트 힐러가 썼다.

사람들은 이를 정신적인 인간들의 지배로 번역하곤 한다. 실제로 이 개념은 좌파 지식인 진영에서 통용되었고, 하인리히 만에서 알프레트 되블린(Alfred Döblin)에 이르기까지 좌파 지식인들의 정치적 선언문에 널리 퍼져 있다. 그런데 우리는 여기서 이 개념이 생산과정 속에서의 지식인의 위치에 대해서는 하등의 고려도 없이 통용되고 있음을 쉽게 알 수 있다. 행동주의 이론가 쿠르트 힐러 자신은 이 정신적인 인간들을 "어떤 직업 부문에 속해 있는 사람들"로서가 아니라 "어느 특정한 성격학적 유형의 대표자"로 이해하고자 했다.[7] 이러한 성격학적 유형은 당연히 그 자체가 계급들 사이에 존재한다. 그것은 일정한 수의 사적 개인들을 포괄하는 개념이지만, 정작 이들 사적 개인들을 조직할 수 있는 최소한의 근거도 마련해주지 않는다. 힐러가 정당의 지도부를 거부하는 발언을 할 때 그는 그 지도부의 많은 장점을 인정하기는 한다. 그는 자기보다 "당 지도부가 중요한 사안에 관해 더 소상히 알고 있을 수 있고, …… 민중에 더 가까이 다가가며 연설할 줄 알며, …… 더 용감하게 싸울 수도 있다"라고 한다. 그러나 그가 보기에 한 가지 분명한 것은 그들이 "사고에서는 부족하다"[8]라는 것이다. 물론 그럴지도 모른다. 하지만 그것이 무슨 도움이 된단 말인가? 왜냐하면 정치적으로 볼 때 결정적으로 중요한 것은 사적 사고가 아니라 브레히트가 언젠가 표현했듯이 다른 사람의 머리로 사고하는 기술이기 때문이다.[9] 행동주의는 유물론적 변증법을 계급적

---

7) Kurt Hiller, *Der Sprung ins Helle*, Leipzig, 1932, p. 314.

8) Kurt Hiller, 앞의 책, p. 8.

으로 정의 내릴 수 없는 단위인 건전한 인간 오성으로 대치하고자 했다. 행동주의가 주장하는 정신적인 인간들은 기껏해야 한 신분을 대표할 따름이다. 달리 말해 이 집단을 형성하는 원리는 그 자체가 반동적인 원리인 것이다. 따라서 이 집단이 끼치는 영향이 결코 혁명적이 될 수 없었던 것은 하등 놀라운 일이 아니다.

그러나 집단 형성에 관한 이러한 위험한 원리는 아직도 계속 영향을 끼치고 있다. 3년 전 「알아라, 그리고 변화시켜라!」라는 되블린의 팸플릿이 나왔을 때 우리는 이 점을 확인할 수 있었다. 이 팸플릿은 잘 알다시피 어느 젊은이 — 되블린은 그를 호케(Hocke) 씨라고 부른다 — 에 대한 답장으로 쓰인 것이다. 그 젊은이는 이 유명한 작가에게 "무엇을 할 것인가?"라고 질문했던 것이다. 되블린은 그에게 사회주의의 대의(大義)에 동참할 것을 권했다. 그러나 이렇게 권하는 그의 태도는 미심쩍은 면을 드러냈다. 되블린에 따르면 "사회주의란 자유, 사람들의 자발적인 결속, 모든 강제의 거부, 불의와 강제에 대한 격분, 인간성, 관용, 평화주의적인 신념이다."[10] 이것이 무엇을 의미하든 간에 아무튼 그는 이러한 사회주의에서 출발해 과격한 노동운동의 이론과 실천에 반대하는 입장을 취한다. 되블린은 계속해서 다음과 같이 말한다. "그 어떠한 것에서도 이미 자체 속에 존재하고 있지

---

9) 이 부분은 힐러의 책에 대한 벤야민의 서평에 자세하게 나와 있다. Walter Benjamin, "Der Irrtum des Aktivismus. Zur Kurt Hillers Essaybuch *Der Sprung ins Helle*", in: GS, III, 350f.

10) Alfred Döblin, *Wissen und Verändern! Offene Briefe an einen jungen Menschen*, Berlin, 1931, p. 27.

않은 무엇인가가 생겨나는 법이 없습니다. 살인적으로 첨예화된 계급투쟁으로부터 정의는 생겨날 수 있을지 모르지만 사회주의는 생겨나지 않을 것입니다."[11] 되블린은 이런저런 이유를 들어 그에게 다음과 같이 권한다. "존경하는 호케 씨, 당신이 프롤레타리아트 진영에 가담한다고 해서 (프롤레타리아트의) 투쟁에 대한 당신의 원칙적 찬성을 실천에 옮길 수는 없습니다. 당신은 이러한 투쟁에 격앙되고 씁쓸한 마음으로 동의하는 것으로 만족해야 합니다. 그러나 당신이 그 이상의 일을 한다면 엄청나게 중요한 입장을 비워두는 격이 된다는 사실도 알게 될 것입니다. …… 그 입장이란 바로 인간의 개인적 자유, 사람들 사이의 자발적 연대와 결합이라는 근원적인 공산주의의 입장입니다. …… 존경하는 호케 씨, 당신에게 주어지는 유일한 입장은 바로 이 입장인 것입니다."[12] 여기서 '정신적인 인간'이라는 개념, 즉 생산과정 속에서 그가 차지하는 위치에 의해서가 아니라 그의 견해나 신념 또는 소질에 의해 정의된 유형으로서의 '정신적인 인간'이라는 구상이 어디로 귀결될지 쉽게 간파할 수 있다. 즉 정신적인 인간은 되블린이 표현한 것처럼 프롤레타리아트 **곁에서** 자신이 설 위치를 찾아내야 할 것이다.[13] 그런데 그것은 도대체 어떤 종류의 위치인가? 그것은 후원자, 곧 일종의 이데올로기적 후견인의 위치이다. 그것은 도저히 있을 수가 없는 위치인 것이다. 이로써 우리는 서두에

---

11) 앞의 책, p. 26.

12) 앞의 책, p. 28f.

13) 앞의 책, p. 81.

제기된 테제로 돌아가게 된다. 즉 계급투쟁 속에서 지식인의 위치는 오로지 생산과정 속에서 그가 차지하는 위치에 의거해서 규정될 수 있고, 더 낫기로는 선택할 수 있다.

진보적 지식인, 즉 생산수단을 해방하는 데 관심이 있으며, 그에 따라 계급투쟁에 복무하는 진보적 지식인이라는 의미에서 생산의 여러 형식과 도구들을 변화시키는 작업을 위해 브레히트는 기능전환(Umfunktionierung)이라는 개념을 만들어냈다. 그는 생산기구를 가능한 범위에서 사회주의의 의미로 변화시키지는 않은 채 그대로 제공해서는 안 된다는, 파급력이 큰 요구를 지식인에게 제기한 최초의 인물이다. 그는 『시도들』(Versuche)[14]이라는 제목으로 일련의 논문을 쓰면서 이렇게 밝힌다. "『시도들』의 출간은 어떤 작업들이 더는 개인적 체험이 되어서는 (즉 작품적 성격을 띠어서는) 안 되고, 오히려 특정한 기구와 제도를 사용하는 (개조하는) 것을 지향하는 시점에 이루어졌다."[15] 여기서 그는 파시스트들이 공포하는 바와 같은 정신적 갱신작업(Erneuerung)이 요망되는 것이 아니라며 기술적 혁신(Neuerung)을 시도하라고 제안한다. 이러한 기술적 혁신에 대해서는 앞으로 다시 언급하겠다. 여기서는 어떤 생산기구를 단순히 제공하는 일과 그것을 변화시키는 일 사이에 존재하는 결정적 차이점만 지적해두고자 한다. 그리고 나는 '신즉물주의'에 관한 상술을 다음의 문장으로 시작하고자 한다. 즉 생산기구를 가능한 범위에서 변화시키지는 않은 채

---

14) 송윤엽 외, 『브레히트의 연극이론』, 연극과인간, 2005 참조.

15) Bertolt Brecht, *Versuche 1~3* (Heft 1), Berlin, 1930, p. 1.

그대로 제공하는 방식은, 이 생산기구를 통해 제공되는 소재가 제아무리 혁명적 성격을 띤 것처럼 보일 때조차 논란의 여지가 매우 많다는 점이다. 오늘날 우리가 직면하고 있는 엄연한 사실은 — 이에 대한 증거는 지난 10년간 독일에서 무수하게 찾아볼 수 있다 — 부르주아지의 생산기구와 출판기구는 이 기구의 존립과 이 기구를 소유하고 있는 계급의 존립 자체를 심각하게 문제시하지 않은 채 놀라운 양의 혁명적 주제를 동화하거나 심지어는 선전할 수 있게 되었다는 점이다. 아무튼 이러한 사실은 생산기구가〔늘 해오던 대로만 일을 하는〕상투적인 작가 — 그가 비록 혁명적 성격을 지닌 상투적인 작가인 경우에도 — 에 의해 제공되는 한은 맞는 말이다. 그러나 여기서 나는 상투적인 작가란 사회주의에 유리하게 생산기구를 개선함으로써 그것을 지배계급으로부터 소외시키는 작업을 원칙적으로 포기하고 있는 사람이라고 정의한다. 한 걸음 더 나아가 나는 이른바 좌파 문학의 상당 부분이 정치적 상황으로부터 대중독자의 오락을 위한 새로운 효과를 거듭 끄집어내는 것 외에는 다른 어떤 사회적 기능도 갖고 있지 않다는 점을 주장하고자 한다. 이로써 나는 신즉물주의라는 사안에 다다랐다. 신즉물주의는 르포르타주를 만들어냈다. 여기서 우리는 이 기술이 과연 누구에게 도움이 되었는가를 묻고자 한다.

이해를 쉽게 하기 위해 나는 르포르타주의 사진 형식을 전면에 내세워보고자 한다. 그러나 이 형식에 해당하는 것은 문학 형식에도 그대로 적용될 수 있을 것이다. 이 두 가지 형식의 엄청난 발전은 출판기술, 즉 라디오와 화보가 든 신문이나 잡지에 힘입고 있다. 다다이즘을 한 번 회고해보자. 다다이즘의 혁명적 강점은 예술을 그 진정성

(Authenzität)의 측면에서 검증해보는 데 있었다. 다다이즘은 회화적 요소와 결합된 형태로 입장권, 실패 꾸러미, 담배꽁초 같은 것으로 정물화를 구성했다. 다다이즘은 이것들 전체를 한 액자 속에 집어넣었다. 그러고서 관람자에게 이렇게 말한다. 봐라, 너희들이 보는 그림액자는 시간을 폭파하고 있다. 일상생활의 사소하기 짝이 없는 진실한 파편들이 회화보다도 더 많은 것을 말해주고 있다. 마치 책갈피에 찍혀 있는 살인자의 피 묻은 지문이 텍스트보다 더 많은 것을 말해 주고 있는 것처럼 말이다. 이와 같은 혁명적 내용의 많은 부분이 사진 몽타주로 넘어가 구제되었다. 기술을 통해 책 표지를 정치적 도구로 만든 존 하트필드[16]의 작품만 보더라도 여러분은 그것을 알 수 있다. 그렇다면 여기서 사진이 걸어온 길을 더 추적해 보기로 하자. 여러분이 보다시피 사진은 갈수록 점점 더 많은 뉘앙스를 보여주고 더욱더 현대적이 되었다. 그 결과 사진은 그 어떤 임대주택 단지나 그 어떤 쓰레기더미도 그것을 미화하지 않고는 더는 찍을 수가 없게 되었다. 하물며 어떤 보(洑)나 케이블 생산공장을 찍으면서 사진은 세상이 아름답다는 것 말고는 다른 어떤 진술도 할 능력이 없는 듯하다. 『세상은 아름답다』 — 이것은 알베르트 렝거-파취[17]의 유명한 사진집의 제목이기도 한데, 그 속에서 우리는 신즉물주의적 사진술이

---

16) John Heartfield, 1891~1968 : 본명은 헬무트 헤르츠펠트(Helmut Herzfeld). 독일의 화가, 그래픽 작가, 사진 몽타주 작가이자 무대미술가. 정치적 사진 몽타주의 선구자로 알려져 있다.

17) Albert Renger-Patzsch, 1897~1966 : 주관을 배제하고 철저히 대상의 객관적 파악을 표현하는 신즉물주의를 이끈 독일의 사진가. 1928년에 사진집 『세계는 아름답다』를 펴내 신즉물주의 사진의 선구로 알려졌다.

그 정점에 다다랐음을 보게 된다.[18] 이를테면 신즉물주의적 사진은 비참한 모습까지도 완벽할 정도의 유행적 방식으로 파악함으로써 이를 향유의 대상으로 만드는 데 성공했다. 왜냐하면 예전에 대중의 소비에서 벗어나 있던 내용들, 이를테면 봄, 유명인사, 외국 등을 유행적 처리를 통해 다시 대중들의 소비품목이 되게 하는 것이 사진의 경제적 기능이라면, 현 상태 그대로의 세상을 그 내부로부터, 다시 말해 유행적으로 갱신하는 것은 사진의 정치적 기능 중의 하나이기 때문이다.

여기서 우리는 생산기구를 변화시키지 않은 채 그대로 제공한다는 것이 무엇을 뜻하는지를 보여주는 극명한 사례를 보게 된다. 생산기구를 변화시킨다는 것은 지식인의 생산활동을 구속하고 있는 어떤 장벽을 처음부터 무너뜨리고, 어떤 대립을 극복한다는 것을 의미할 것이다. 이 경우 무너뜨려야 할 장벽은 문자와 영상 사이의 장벽이다. 우리가 사진작가에게 요구해야 할 것은 사진을 유행적 소비품으로부터 빼내어 그 사진에 혁명적 사용가치를 부여해줄 그런 제목을 달 줄 아는 능력이다. 그러나 이러한 능력은 누구보다 우리와 같은 작가들이 사진을 찍고자 할 때 가장 많이 요구되는 능력이다. 그러니까 여기에서도 생산자로서의 작가에게 기술적 진보는 정치적 진보의 토대가 되고 있다. 달리 말해 정신적 생산과정 속의 여러 전문성들을 — 부르주아적 견해에 따르면 생산과정의 질서를 이루는 그 전문성

---

18) Albert Renger-Patzsch, *Die Welt ist schön. Einhundert photographische Aufnahmen*, hg. und eingeleitet von Carl Georg Heise, München, 1928.

들을 ― 극복하는 일이 그 생산활동을 비로소 정치적으로 유용하게 만든다. 그리고 전문성을 나누는 장벽들은 두 생산력이 ― 이 생산력들을 분리하기 위해 장벽들이 세워졌는데 ― 통합하여 분쇄해야만 한다. 생산자로서의 작가는 프롤레타리아트와의 연대를 경험하면서 이전에는 그에게 별 상관이 없어 보였던 다른 생산자들과의 연대를 동시에 직접 경험하게 된다. 지금까지 나는 사진작가에 대해 언급했다. 이제 나는 음악가에 대해 한스 아이슬러가 한 발언 하나를 간략하게 소개하고자 한다. "생산과정뿐만 아니라 재생산 과정에서 일어나고 있는 음악의 발전에서도 우리는 점점 더 강화되어가는 합리화의 과정을 인지할 줄 알아야 한다. …… 레코드판, 유성영화, 음악 자동기계들로 최상의 음악적 성과물들을 …… 통조림 형태의 상품으로 판매할 수 있게 되었다. 이러한 합리화 과정은 음악의 재생산이 숫자는 점점 줄지만 능력의 면에서는 점점 더 전문화되어가는 전문가 그룹에 한정되게끔 하는 결과를 낳고 있다. 음악회 사업의 위기는 새로운 기술적 발명들로 인해 구식이 되어버린 낡은 생산 형식의 위기인 것이다." 그에 따라 과제는 음악회 형식을 기능전환하는 일이었고, 또한 이를 위해서는 두 가지의 조건이 충족되어야만 했다. 그 가운데 하나는 연주자와 청중의 대립을 제거하는 것이고, 다른 하나는 기술과 내용의 대립을 제거하는 것이었다. 이에 대해 아이슬러는 다음과 같은 매우 시사적인 발언을 한다. "우리는 관현악을 너무 과대평가해서는 안 되고 또 관현악을 유일한 고급예술로 여기지 않도록 해야 할 것이다. 말이 없는 음악이 대단한 것으로 여겨지고 또 널리 보급된 것은 자본주의 시대에 일어난 현상이다." 이 말은 음악회를 변화시킨다는 과제는 말의 협동 없이는 불가능하다는 것을 뜻한다. 바로 말의 협동만이, 아이슬러가 표명하고 있듯이 음악회를 정치적 집회로 변화시킬 수 있다. 그러나 이러한 변화가 실제로 음악적 기술과 문학적 기술의 최고 경지를 나타낸다는 사실을 브레히트와 아이슬러는 「조처」(Die Maßnahme, 1931)라는 학습극[19]을 통해 입증했다.

여기서 앞서 논의한 여러 문학 형식의 융해과정에 다시 눈길을 돌려 보면 여러분은 사진과 음악이 어떻게 해서 새로운 형식들이 주조되어 나올 저 뜨거운 쇳물 속으로 흘러 들어가는지, 그 밖에도 무엇이 또 그 쇳물 속으로 흘러 들어가는지 가늠할 수 있을 것이다. 여기서 여러분은 모든 생활환경의 문자화만이 바로 이러한 융해과정의 규모가 어느 정도인지를 제대로 알 수 있게 해준다는 점을 확인할 수 있다. 또한 여러분은 계급투쟁의 현재 상태가 바로 그러한 융해과정이 이루어지는 — 그것이 완벽하게 이루어지든 아니든 간에 — 온도를 결정한다는 점도 확인할 수 있다.

앞서 나는 비참한 상태를 소비의 대상으로 만드는 어떤 유행적 사진술의 방법에 대해 말했다. 이제 문학운동으로서의 신즉물주의에 눈길을 돌리면서 나는 한 걸음 더 나아가 신즉물주의가 **비참한 상태에 대한 투쟁**을 소비의 대상으로 삼았다는 사실을 말하지 않을 수 없다. 실제로 많은 경우에 신즉물주의의 정치적 의미는 부르주아지에게서 나타난 혁명적 반응들을 대도시의 카바레 영업에 별 어려움이

---

19) Bertolt Brecht, *Versuche 11~12* 〔Heft 4〕, Berlin, 1931, pp. 329~61(「조처」는 한국 브레히트학회 엮음, 『브레히트 선집』 제1권, 연극과인간, 2011에 실려 있다).

없이 통합되는 오락과 유흥의 대상들로 전환하는 데 그쳤다. 정치적 투쟁을 어떤 결단을 내려야 하는 강압의 상황에서 정관적 쾌적함의 대상으로 변형하고, 또한 생산수단에서 소비수단으로 변형하는 것이 이 신즉물주의 문학의 특징이다. 통찰력 있는 한 비평가[20]가 이러한 사정을 에리히 케스트너의 예를 들어 다음과 같이 설명한 적이 있다. "이들 급진적 좌파 지식인들은 노동운동과는 아무런 상관도 없다. 오히려 이들은 부르주아적 해체현상이라고 할 수 있으며, 빌헬름 제국이 예비역 장교에게서 경탄한 봉건주의적 흉내 내기와 짝을 이룬다. 케스트너나 발터 메링, 쿠르트 투홀스키 같은 부류의 급진 좌파 진영 저널리스트들은 붕괴해가는 부르주아 계급에 대한 프롤레타리아적 흉내 내기이다. 이들의 기능은 정치적으로는 정당이 아니라 패거리를, 문학적으로는 학파가 아니라 유행을, 경제적으로는 생산자가 아니라 중개인을 만들어내는 데 있다.[21] 이들은 자신들의 빈곤을 화려하게 펼쳐 보이고 지루하기 짝이 없는 공허함을 축제로 둔갑하는 중개인이거나 상투적 작가들이다. 불유쾌한 상황 속에 이보다 더 쾌적하게 안주할 수 없을 것이다."

이미 언급했듯이 이 유파는 그들의 빈곤을 화려하게 펼쳐 보였다. 이로써 그들은 오늘날의 작가가 당면한 시급한 과제를 외면했다. 다시 말해 그들은 오늘날 작가가 얼마나 가난하며, 또 처음부터 다시 시작하기 위해 얼마나 가난해져야 하는지를 인식하기를 애써 기피했

---

20) 벤야민 자신을 가리키고, 그 아래의 인용문은 케스트너에 대한 벤야민의 서평 「좌파 멜랑콜리」(Linke Melancholie)에 나오는 구절이다.

21) 여섯째 줄 "이들 ……"부터 여기까지 : 「좌파 멜랑콜리」, 이 책 352쪽 참조.

던 것이다. 그런데 중요한 것은 바로 그것이다. 소비에트 국가는 플라톤의 국가에서처럼 시인을 추방하지는 않을 것이다. 그러나 소비에트 국가는 창조적 개성이라는 이미 오래전에 가짜로 판명된 풍요로움을 새로운 걸작 속에서 과시하는 것을 허용하지 않는 그런 과제들을 시인에게 부과하게 될 것이다. 그래서 나는 서두에 플라톤의 국가를 상기시킨 것이다. 그런데 바로 그와 같은 창조적 개성이나 걸작의 의미에서의 갱신을 기대하는 것이 파시즘의 특권이다. 여기서 파시즘은, 예컨대 귄터 그륀델이 『젊은 시대의 사명』에서 그의 문학 부문을 마무리하면서 하는 다음과 같은 발언처럼 허황된 발언이나 늘어놓고 있다.[22] "우리는 오늘날까지도 우리 세대의 『빌헬름 마이스터』나 『녹의(綠衣)의 하인리히』가 아직 쓰이지 않았다는 점을 지적하는 것으로 지금까지의 …… 우리의 개관과 전망을 가장 잘 마무리지을 수 있을 것이다." 오늘날의 생산조건들을 깊이 생각해본 작가라면 누구나 그러한 유의 작품을 기대하거나, 아니면 바라는 것보다 더 황당무계한 일도 없을 것이라는 점을 쉽게 알 것이다. 작가의 작업은 결코 생산물을 만드는 작업으로 그치지 않고 동시에 생산수단들에 대한 작업이 될 것이다. 달리 말해 그의 생산물들은 그것의 작품적 성격과 나란히, 또 그 작품적 성격에 앞서 조직하는 기능을 지녀야 한다. 그리고 그 생산물들이 지니는, 조직화를 위한 활용 가능성은 결코 그것들의 프로파간다적 활용 가능성에 한정되어서는 안 된다.

---

22) Günther Gründel, 1903~46 : 독일의 역사가이자 예술철학자. 여기서 인용된 구절의 출처는 Günther Gründel, *Die Sendung der jungen Generation: Versuch einer umfassenden revolutionären Sinndeutung der Krise*, München, 1932, p. 116 참조.

〔생산물들의 정치적〕 경향만으로는 충분하지 않다. 탁월한 작가 리히텐베르크는 "중요한 것은 한 사람이 어떤 견해들을 갖고 있는가가 아니라 그 견해들이 그를 어떤 사람으로 만드는가이다"라고 말한 적이 있다. 물론 견해가 중요한 것은 사실이다. 하지만 제아무리 좋은 견해라 할지라도 그 견해가 그것을 가진 사람들로부터 아무런 유용한 것도 만들어내지 못한다면 아무짝에도 쓸모가 없다. 제아무리 훌륭한 경향이라도 그것이 사람들이 따라야 할 태도를 예시해주지 않는다면 그것은 옳지 않은 경향이다. 그리고 작가가 이러한 태도를 보여줄 수 있는 것은 단지 그가 무엇인가를 만들 때, 다시 말해 그가 글을 쓸 때이다. 경향은 작품들이 조직화하는 기능을 갖기 위한 필요조건은 되어도 충분조건은 되지 못한다. 작품의 조직화 기능은 글 쓰는 이가 지녀야 할 지침을 주고 지도를 해주는 태도를 요구한다. 오늘날 이러한 태도는 그 어느 때보다도 더 많이 요구되고 있다. **작가들에게 아무것도 가르쳐주지 못하는 저자는 아무에게도 가르침을 주지 못한다.** 그러니까 중요한 것은 생산의 모델적 성격으로 이 모델적 성격은 첫째, 다른 생산자들에게 생산의 지침을 마련해 줄 수 있어야 하고, 둘째, 보다 나은 기구를 그들에게 제공할 수 있어야 한다. 그리고 이러한 기구는 보다 더 많은 소비자가 생산에 참여할 수 있게끔 할수록, 요컨대 독자나 관중을 협력자로 만들 수 있으면 있을수록 더 좋은 것이다. 우리는 이미 이러한 유의 모델을 소유하고 있고 이 모델에 대해 나는 단지 암시하는 수준에서만 언급하고자 한다. 브레히트의 서사극이 바로 그것이다.

예전부터 전승된 무대장치를 이용하는 비극과 오페라가 거듭해서 제작되고 있지만, 이 형식들은 실제로는 허약한 무대장치를 제공하는 것 말고는 하는 일이 없다. 브레히트는 다음과 같이 말한다. "음악가와 작가, 비평가들은 자신들이 처해 있는 상황을 명확하게 인식하지 못하고 있고, 이렇게 만연해 있는 불명확성은 엄청난 결과를 초래하고 있지만, 이 결과를 주의 깊게 살피는 이들은 거의 없다. 왜냐하면 그들은 어떤 장치를 소유하고 있다고 생각하지만, 실제로는 그 장치가 그들을 소유하고 있으며, 그들은 그렇게 자신들이 더 이상 통제하지 못하는 장치를 옹호하고 있기 때문이다. 그 장치는 그들이 여전히 믿고 있는 것과는 달리, 더는 생산자들을 위한 수단이 아니라 생산자들에 반하는 수단이 되었다."[23] 복잡한 기구를 갖고 있고 많은 수의 단역이 등장하며 세련된 효과를 내는 이러한 연극은 무엇보다 영화와 라디오로 인해 끼어들게 된 승산 없는 경쟁 속으로 생산자들을 유도함으로써 생산자들에 반하는 수단이 되었다. 이러한 연극은 — 우리가 교양의 연극을 생각하든 아니면 오락의 연극을 생각하든 간에(이 양자는 서로 보완하는 관계에 있다) — 그들 손에 닿는 것이면 무엇이든 매력(자극)이 되는 어떤 포만한 계층의 연극인 것이다. 이러한 연극의 입장은 이미 패배한 입장이라고 할 수 있다. 그러나 다음과 같은 연극의 입장, 즉 새로운 대중매체와 경쟁을 벌이는 대신에 그러한 매체들을 응용하고 또 그것들로부터 배우는, 간단히 말해 대중매체들과 논쟁을 벌이는 연극의 입장은 그렇지 않다. 서사극이 바

---

23) Bertolt Brecht, *Versuche 4~7* (Heft 2), Berlin, 1930, p. 107. 「서사극이란 무엇인가」(제1판), 이 책 116쪽 참조.

로 이러한 논쟁을 자신의 과제로 삼았다. 그것은 오늘날 영화와 라디오의 발전 수준에 비추어볼 때 시대에 적합한 연극이다.

　그러한 논쟁을 구현하려는 관심 속에서 브레히트는 연극의 가장 근원적인 요소로 되돌아갔다. 이를테면 그는 하나의 무대연단으로 만족했다. 그는 장황한 줄거리를 포기했다. 이렇게 해서 그는 무대와 관중, 텍스트와 공연, 연출가와 배우 사이의 기능적 연관관계를 변혁하는 데 성공했다. 그는 서사극이 줄거리를 전개하기보다는 상황을 재현해야 한다고 선언했다. 우리가 곧 보게 되겠지만 서사극은 줄거리를 중단함으로써 그러한 상황을 얻게 된다. 나는 여기서 여러분에게 줄거리를 중단하는 데 주요 기능이 있는 노래를 상기시키고자 한다. 그러니까 서사극은 여기서 ― 즉 중단의 원칙과 함께 ― 지난 몇 해 사이 여러분이 영화나 라디오, 신문이나 사진을 통해 익히 알고 있는 방식을 수용하는데 몽타주의 방식이 바로 그것이다. 몽타주된 것은 알다시피 어떤 맥락에 삽입됨으로써 그 맥락을 중단시킨다. 그러나 이 몽타주 방식이 여기서 특별한 권리, 아니 완벽한 권리를 얻는다는 점에 대해 간략하게나마 몇 마디 언급하고자 한다.

　브레히트가 자신의 연극을 **서사적** 연극이라고 칭할 수 있게 해준 줄거리의 중단은 끊임없이 관객에게 작용하는 환영(Illusion)의 효과를 억제하는 역할을 한다. 즉 그와 같은 환영은 현실의 요소들을 실험적 배치(Versuchsanordnung)라는 의미에서 다루려고 하는 연극을 위해서는 쓸모가 없다. 그러나 이러한 실험의 서두가 아니라 그 마지막에 이르러 상황들이 제시된다. 물론 이때의 상황은 항상 이런저런 모습을 하고 있는 우리의 상황이기도 하다. 이들 상황은 관객에게 가까이 제시되는 것이 아니라 관객에게서 멀리 떨어져 제시된다. 관객은 이들 상황을 실제의 상황으로 인식하는데, 이때 자연주의 연극에서처럼 자아도취적으로 인식하는 것이 아니라 놀라움을 갖고 인식하게 된다.[24] 따라서 서사극은 상황을 다시 재현하는 것이 아니라 오히려 그 상황을 발견한다고 할 수 있다. 상황을 발견하는 일은 줄거리 진행과정의 중단을 통해 이루어진다. 다만 여기서 중단하기는 매력의 성격을 띠는 것이 아니라 조직하는 기능을 한다. 중단은 진행 중에 있는 줄거리를 정지시킴으로써 청중에게는 사건에 대해, 배우에게는 그의 역할에 대해 입장을 취하도록 강요한다. 브레히트에게서 제스처(das Gestische, 몸짓)를 발견하고 형상화하는 일은, 다름 아닌 라디오와 영화에서 결정적인 역할을 하는 몽타주 방법을 단순한 유행적 수법으로부터 인간적인 사건으로 복원하는 작업이라는 사실을 한 사례를 들어 여러분께 보여주고자 한다. 다음과 같은 가족 장면을 상상해보자. 부인은 지금 막 어떤 놋쇠로 된 물건을 집어 들어 딸을 향해 던지려고 하고 있고, 아버지는 창문을 열고 밖을 향해 도움을 청하려고 한다. 바로 이 순간 어떤 낯선 사람이 들어온다. 사건의 진행은 중단된다. 그 대신에 나타나는 것은 낯선 사람의 시선에 와닿는 흥분된 얼굴들, 열린 창문, 헝클어진 가구들의 상태이다. 그러나 오늘날 우리의 삶이 펼쳐지는 이보다 더 평범한 장면들까지도 그 앞에 서는 그렇게 크게 달라 보이지 않는 하나의 시선이 존재한다. 그것이 바로 서사극 작가의 시선이다.

---

24) 「서사극이란 무엇인가」(제1판), 이 책 120쪽 참조.

이 서사극 작가는 연극적인 종합예술 작품에 연극적인 실험실을 맞세운다. 그는 새로운 방법으로 연극이 지녔던 위대하고 오래된 기회를 활용하는데, 현존하는 것을 밖으로 드러내는 작업이 그것이다. 그의 이러한 시도의 중심에 인간이 자리 잡고 있다. 그것도 오늘날의 인간, 그러니까 차가운 환경에서 추위에 떨고 있는 왜소해진 인간이 자리 잡고 있다. 그러나 이러한 인간만이 우리에게 제시되고 있기 때문에 우리는 그가 누군지 관심을 갖게 된다. 그는 시험과 감정을 받는다. 이로부터 얻어지는 결과는 다음과 같다. 사건이 변하는 것은 그 절정에서가 아니고 미덕이나 결단을 통해서도 아니며, 단지 그 사건이 진행되는 엄격하게 일상적인 과정 속에서이고 이성과 훈련을 통해서이다. 행동방식의 가장 작은 요소들로 구성하기는 아리스토텔레스의 연극론에서 '행동하다'로 불리는데, 바로 이것이 서사극이 의도하는 것이다. 따라서 서사극의 수단은 전통적인 연극의 수단보다 더 단출하다. 서사극의 목적 또한 마찬가지이다. 서사극이 겨냥하는 목표는 관중을 감정으로 — 그것이 비록 선동적 감정이라고 하더라도 — 채우기보다 사고를 통해 지속적인 방식으로 관중을 그가 살아가는 상황으로부터 소외시키는 데 있다. 그런데 여기서 한 가지 덧붙이자면 사고를 촉발하는 데 웃음보다 더 나은 방법이 없다는 점이다. 특히 사고를 하도록 하는 데는 영혼의 진동보다는 횡격막의 진동이 더 좋은 기회를 제공해준다. 서사극은 폭소를 유발하는 계기만큼은 풍부하다.

어쩌면 우리가 마무리를 앞두고 있는 이러한 생각들이 작가에게 단 하나의 요구를 제시하고 있다는 점을 여러분도 알아차렸을 것이다. 그 요구란 바로 생산과정 속에서의 자신의 위치를 **숙고해보라**는 것이다. 우리는 이러한 숙고가 결국 **지금 우리가 염두에 두는** 작가들, 다시 말해 그들 분야에서 가장 우수한 기술자들에게 조만간 그들과 프롤레타리아트의 연대를 가장 냉철하게 정당화하는 인식들을 가져다줄 것임을 믿어도 될 것이다. 이를 위해 나는 끝으로 이곳에서 출간되고 있는 잡지 『코뮌』(*Commune*)에서 한 소절을 인용함으로써 시의성 있는 증거 하나를 제시해보고자 한다. 『코뮌』은 "당신은 누구를 위하여 글을 쓰십니까?"라는 질문으로 설문조사를 했다. 이에 대한 르네 모블랑(René Maublanc)의 대답과 이 대답에 첨부되어 있는 루이 아라공[25]의 코멘트를 인용하고자 한다. 모블랑은 이렇게 답한다. "의심할 나위 없이 나는 거의 오로지 부르주아 독자만을 위하여 글을 씁니다. 그것은 첫째로 내가 그렇게 할 수밖에 없기 때문이며 ─ 여기서 모블랑은 고등학교 교사라는 자기의 직업에 의해 부과된 의무를 언급한다 ─, 둘째로는 내가 부르주아 출신이고 부르주아 교육을 받았으며 부르주아적 환경에서 나왔고, 그래서 당연히 내가 속해 있고 내가 가장 잘 알고 있으며 또 이해할 수 있는 계급을 향해 글을 쓰고 싶기 때문입니다. 하지만 그렇다고 해서 내가 그들 마음에 들기 위해서거나 아니면 그들을 지지하기 위해 글을 쓴다는 뜻은 아닙니다. 한편으로 나는 프롤레타리아의 혁명이 불가피하고 또 바람직하다는 것을 확신하고 있고, 다른 한편으로 부르주아지의 저항이 약해지면 약

---

25) Louis Aragon, 1897~1982 : 프랑스의 시인이자 작가. 제1차 세계대전 뒤에는 다다이즘과 초현실주의 운동에 가담했고, 1930년에는 국제 혁명작가대회에 참석했다가 초현실주의와 갈라섰다.

해질수록 프롤레타리아의 혁명은 더 빨리, 더 쉽게, 더 성공적으로 또 피를 덜 흘리고도 이루어지리라는 것을 확신하고 있습니다. …… 18세기의 부르주아지가 봉건적 진영에서 그들의 동맹자를 필요로 했던 것처럼 프롤레타리아트는 오늘날 부르주아지의 진영에서 그들의 동맹자를 필요로 하고 있습니다. 나는 이들 동맹자의 일원이 되고 싶습니다."

이에 대해 아라공은 다음과 같은 코멘트를 하고 있다. "우리의 동지는 여기서 오늘날의 작가 대다수에 해당되는 상황을 언급하고 있다. 이러한 상황을 직시할 수 있는 용기를 모두가 다 갖고 있는 것은 아니다. …… 그들 자신이 처한 상황을 모블랑처럼 이토록 명확히 알고 있는 사람은 그리 흔치 않다. 그러나 우리는 바로 이러한 사람들에게서 더 많은 것을 요구해야만 한다. …… 부르주아지를 내부로부터 약화시키는 것만으로는 충분치 않다. 우리는 프롤레타리아트와 **함께** 부르주아지와 싸워 이겨내지 않으면 안 된다. …… 모블랑을 비롯해 아직도 흔들리고 있는 우리의 동료작가들에게 귀감이 되는 작가들이 있는데, 바로 부르주아지 출신임에도 불구하고 사회주의 건설의 선구가 된 소비에트 작가들이다."

이상이 아라공의 코멘트이다. 그러나 이들 소비에트 작가들은 어떻게 해서 선구가 되었는가? 물론 가혹한 투쟁과 매우 힘든 논쟁을 거치지 않고는 그렇게 되지 못했을 것이다. 내가 지금까지 여러분에게 이야기한 생각들은 이러한 투쟁으로부터 하나의 성과를 추출하려는 시도이다. 이 생각들은 러시아의 지식인들이 취해야 할 태도를 둘러싼 논쟁을 해명하는 데 결정적인 도움을 준 개념, 즉 전문가라는 개념에 그 근거를 두고 있다. 이러한 해명작업에 실마리를 제공하는 것이 전문가와 프롤레타리아트의 연대인데, 이 연대는 언제나 어떤 매개된〔간접적〕 연대일 수밖에 없다. 행동주의자와 신즉물주의자의 대표자들은 그들이 바란 대로 처신했을 것이다. 그러나 지식인의 프롤레타리아트화는 한 사람의 프롤레타리아도 만들어낼 수 없다는 엄연한 사실을 그들은 지워버릴 수 없었다. 왜 그랬을까? 그것은 부르주아 계급이 지식인에게 교육이라는 형태로 하나의 생산수단을, 즉 교육의 특권을 근거로 그가 부르주아 계급과 연대감을 갖게 만들고, 그보다 더 그 계급이 그와 연대감을 갖게 만드는 생산수단을 함께 주었기 때문이다.[26] 따라서 아라공이 다른 맥락에서 "혁명적 지식인은 우선, 그리고 무엇보다도 자신의 출신계급에 대한 배반자로 나타난다"라고 선언한 것은 완전히 옳다. 작가의 경우 이 배반은 작가를 생산기구의 제공자로부터 생산기구를 프롤레타리아 혁명의 목적에 부합하도록 하는 것을 자신의 과제로 삼는 엔지니어로 만드는 태도에 그 본질이 있다. 이 태도는 매개하는 활동이기는 하다. 그러나 이 매개하는 활동은 순전히 파괴적이기만 한 과제 — 모블랑은 많은 동지들과 더불어 스스로를 이 파괴적 과제에 한정해야만 한다고 생각한다 — 로부터 지식인을 해방한다. 그 지식인은 정신적 생산수단의 사회화를 촉진하는 데 성공할 수 있을까? 과연 지식인이 정신적 노동자를 생산과정 자체 속에서 조직하는 길들을 찾아낼 수 있을까? 또한 그는 소설과 드라마, 시를 기능전환할 방안을 갖고 있을까? 그가 자

---

26) 「한 아웃사이더가 주목을 끌다」, 이 책 312쪽 참조.

신의 활동을 이러한 과제에 완전하게 부응하여 펼칠 수 있으면 있을수록 경향은 더욱더 올바른 경향이 되고, 그가 수행하는 노동의 기술적 질도 필연적으로 한층 더 높은 단계에 이르게 될 것이다. 그리고 또 다른 한편에서는 지식인들이 이런 식으로 생산과정에서의 자신의 위치를 더 정확히 알면 알수록 자신을 '정신적인 인간'으로 내세우려는 생각이 그만큼 더 들지 않을 것이다. 파시즘의 이름으로 자신의 존재를 알리고 있는 정신은 사라지지 **않으면 안 된다**. 그리고 자신의 신통력을 믿고 파시즘에 대항하고 있는 정신도 곧 사라지게 **될 것이다**. 왜냐하면 혁명적 투쟁은 자본주의와 정신 사이에서 벌어지고 있는 것이 아니라 자본주의와 프롤레타리아트 사이에서 벌어지고 있기 때문이다.

파리 편지 I(1936):
앙드레 지드와 그의 새로운 적

Walter Benjamin, *Gesammelte Schriften*, Frankfurt a. M., 1972~89, Bd. III, pp. 482~95. (Pariser Brief ⟨1⟩: André Gide und sein neuer Gegner)

조제프 에른스트 르낭[1]의 기억해둘 만한 말이 있다. "사상의 자유란 자기가 쓰는 글이 아무 영향도 끼치지 않는다고 확신할 수 있는 사람만이 가질 수 있다." 앙드레 지드가 이 말을 인용한다. 이 말이 맞다면 『새 일기』[2]의 저자는 그의 적인 티에리 몰니에[3]와 마찬가지로 사상의 자유를 갖고 있지 않다. 두 사람 모두 자신들의 글이 끼칠 영향에 대해 분명히 알고 있으며, 영향을 유발하기 위해 글을 쓴다. 우리가 이 두 사람에 똑같은 관심을 기울인다면 그것은 젊은 몰니에

---

1) Joseph Ernest Renan, 1823~92 : 프랑스의 언어학자·종교사가·철학자.

2) 〔원주〕 André Gide, *Nouvelles pages de jounal(1932~35)*, Paris, 1936. 〔역주〕 지드가 인용한 르낭의 말은 앞의 책, p. 22 참조.

3) 〔원주〕 Thierry Maulnier, *Mythes socialistes*, Paris, 1936. 〔역주〕 Thierry Maulnier, 1909~88 : 프랑스의 저널리스트·작가·에세이스트·비평가.

라는 작가가 중요해서가 아니라 그가 지드에 단호하게 맞서 자신의 입지를 다지기 때문이다. 지드는 공산주의를 자신의 입장으로 천명한 순간 파시스트들과 대적하게 된다.

이전에 다른 이들이 지드에 맞선 적이 없었던 것은 아니다. 그가 걸어간 길은 『에르미타주』[4]에 실린 유명한 논설[5]에서 모리스 바레스[6]에 맞섰던 1897년 이래로 사람들이 예의 주시하며 추적했다. 바레스는 그 당시 『뿌리 뽑힌 사람들』[7]을 발표하며 민족주의에 공헌했다. 나중에 사람들은 개신교도인 지드의 종교적 발전과정을 문학적인 면에서 추적했는데, 누구보다도 가장 엄밀하게 추적한 사람은 지드의 친구였던 가톨릭 비평가 샤를 뒤 보스[8]였다. 지드가 소년애를 자연사적 조건과 유비들을 따라 서술한 『코리동』(Corydon)이 돌풍을 불러일으킨 것은 어렵지 않게 이해할 수 있다. 그래서 1931년 『일기』제1권에서 그가 걸어온 공산주의자의 길을 기술했을 당시에 지드는

---

4) L'Ermitage : 저널리스트이자 드라마 작가인 앙리 마젤(Henri Mazel)이 창간한 월간 문학잡지. 1890년에서 1906년까지 발간되었다.

5) 〔원주〕지드는 오늘날 이 논설을 환기해도 좋을 것이다. 그는 앞서 말한 『새 일기』에서 이렇게 적고 있다. "바레스는 오늘날 히틀러의 정의로 드러나는 모종의 정의를 변호했던 인물이 아니었을까? 이 멋진 이론들이, 누군가가 그것들을 달리 이용하게 되는 순간, 우리 자신을 공격하게 되리라는 것을 예견하는 것은 쉽지 않았을까?"〔역주〕이 인용문은 André Gide, 앞의 책, p. 118 참조.

6) Maurice Barrès, 1862~1923 : 19세기 말 프랑스의 작가이자 정치가. 그의 열정적 개인주의와 민족주의는 그의 사상을 우익의 집결지가 되게끔 만들었다.

7) Les Déracinés : 바레스가 1897년에 발표한 소설. 3부작 Le roman de l'énergie nationale 의 첫 권이다.

8) Charles Du Bos, 1882~1939 : 20세기 프랑스의 비평가. 1927년 가톨릭에 귀의했고 베르그송 철학에 몰두했다.

이미 반대에 부딪히는 데 익숙해 있었다.

부르주아 문단은 많은 논평과 혹평을 쏟아내면서 이『일기』제1권에 반응했다. (〈불의 십자단〉[9]과 가까운)『파리의 반향』[10]이 프랑수아 모리아크[11]의 주도로 세 차례나 이 제1권을 언급한 것은 지드가 얼마나 세간의 주목을 끌었는지 짐작하게 해준다. 이 토론은 수준을 지키기에는 너무 장황하게, 또 너무 격렬하게 펼쳐졌다. 이 토론이 정점에 이른 것은 지드가 일군의 주요 작가들과 질의응답을 펼친 '진리를 위한 연합'(Union pour la vérité)에서였다.[12] 이 토론은『일기』의 후속편인『새 일기』가 올해 출간되었을 때에도 아직 잦아들지 않았다.

지드 스스로 토론의 성격을 결정짓는 한, 그 토론은 대부분 그가 〔공산주의로〕전향하면서 어느 정도로 자기 자신에게 충실하게 남게 될 것인지, 아니면 자신의 장년기 사상세계와 단절할 것인지의 물음을 중심으로 이루어졌다. 지드는 —『일기』제1권에서 했듯이 — 자신이 예전부터 열성적으로 개인의 문제를 자기의 문제로 삼았음을 내세울 수 있었다. 그 개인이라는 문제는 오늘날 공산주의가 가장 잘 변호해준다는 것을 인식했다는 것이다. 이번에 나온『새 일기』는 지

---

9) Croix-de-Feu : 1927년 프랑스에서 가톨릭주의를 내세우며 설립된 반유대주의 성향의 우익 정치단체이다.

10) L'Écho de Paris : 1884~1944년에 파리에서 발간된 일간지.

11) François Mauriac, 1885~1970 : 프랑스의 소설가로 1952년 노벨 문학상을 받았다.

12) 〔원주〕이 토론은『앙드레 지드와 우리 시대』(André Gide et notre Temps, Paris, 1935)라는 제목으로 출간되었다.

드의 발전과정에서 더 숨겨져 있었지만, 그렇다고 덜 중요하다고 할 수 없는 연속성을 보여주는 메모들을 많이 담고 있다. 지드는 자신의 전 작품을 관통하는 '빈궁함의 변호'(Apologie der Bedürftigkeit, p. 167)를 상기하면서 그 연속성을 언급한다. 그에게서 '빈궁함의 변호'는 무척 다양하게 표현되고 있으며, 초기 불후작인 『돌아온 탕아』[13]에서 시작하여 최근작인 『새로운 양식(糧食)』[14]에까지 이른다. 지드는 『새로운 양식』에서 이렇게 쓰고 있다. "나는 모든 배타적인 소유가 거슬리기 시작했다. 나는 〔내가 가진 것을 남에게〕 줘버리는 데서 내 행복을 찾는다. 그래서 죽음은 내게서 앗아갈 수 있는 게 별로 없을 것이다. 죽음으로 인해 내게 부족하게 될 것 중에서 가장 불필요한 것은 도처에 나눠준 것, 당연히 누구에게도 속하지 않는, 모든 이의 소유물이다. 그러나 나머지에 관해 말하자면 나는 집에 잘 차려진 식탁보다 합숙소에서의 식사가 더 좋고, 담장으로 둘러친 최고로 아름다운 정원보다 공원이 더 좋으며, 가장 값비싼 장정의 책보다 산책할 때 갖고 나갈 수 있는 책이 더 좋다. 그리고 만약 내가 어떤 예술작품을 혼자서만 봐야 한다면 그 작품이 아름다울수록 바라볼 때 기쁨보다 슬픔을 그만큼 더 많이 느낄 것이 틀림없을 것이다"(p. 61).

지드는 빈궁함의 변호를 위해 매우 다양한 형식을 찾아냈다. 그 모든 형식은 근본적으로 젊은 마르크스(『신성가족』의 저자)가 사회의 과

---

13) 〔원주〕 이 책은 라이너 마리아 릴케(Rainer Maria Rilke)의 번역으로 인젤(Insel) 출판사의 문고 시리즈로 출판되었다. 〔역주〕 André Gide, *Die Rückkehr des verlorenen Sohnes*, übertr. von R. M. Rilke, Leipzig, 1914.

14) 〔원주〕 André Gide, *Les nouvelles nourritures*, Paris, 1935.

제로 여기면서 왜곡 없이 가시화한 빈궁함의 전개와 합치한다. 이 모든 형식은 지드에게는 사람이 사람에 대해 갖는 욕구의 변형들로 비쳤다. 지드는 자신의 창작과정에서 수많은 형식의 약점에 주의를 기울였고, 또한 많은 점에서 자화상이라고 할 수 있는 도스토옙스키 연구에서 '육신이 느끼는 불만, 불안, 이상(異常)'이라는 약점을 중점적으로 다루었다. 이렇게 그는 최고도로 관심을 기울일 가치가 있는 하나의 약점, 즉 사람에게 사람을 환기하는 그 약점을 거듭해서 다루고 있는 것이다.

지드는 때때로 그와 같은 약점을 스스로 드러내는 것을 좋아한다. 그러나 그렇게 하게끔 만드는 것은 약점이 아니다. 그것은 오히려 계산이다. 그는 이렇게 암행을 시작하는데, 왜냐하면 그것이 세상과 사람에 대해 몇 가지를 그에게 가르쳐줄 수 있을 것이기 때문이다. 그래서 그는 1935년 5월에 이렇게 쓴다. "우리는 톨스토이가 예술가적 활동을 포기한 것은 그에게서 창조력이 약해진 데 원인이 있다고 볼 수 있다. 제2의 안나 카레니나가 그의 내면에서 형상화되었다면 그는 — 많은 점이 이것을 시사해주는데 — 두호보르파[15]에 덜 몰두했을 것이고, 예술을 폄하하는 발언을 덜했을 것이다. 그러나 그는 스스로 문학적 경력의 종말에 다다랐다는 것을 감지했다. 문학적인 충동이 더는 그의 사유를 끓어오르게 하지 않았다. …… 내가 오늘날 사회 문제들에 몰두한다면 그것은 창작의 데몬이 내게서 빠져나가기 때문

---

15) Duchoborzen : 러시아 정교회의 분리파 가운데 하나로서, 의미는 '영혼을 위해 싸우는 자'들이다.

이기도 하다. 사회 문제들이 자리를 차지하게 된 것은 창작의 데몬이 그 자리를 이미 비워줬기 때문이다. 나는 왜 나를 과대평가하는 걸까? 내가 톨스토이에게서 무조건 결락(缺落)현상으로 보는 것을 왜 나 자신에게서는 깨닫지 못하는 걸까?"(『신프랑스 평론』*La Nouvelle Revue Française*, 1935년 5월호, p. 665)[16]

우리는 여기서 저자에게 응답하지 않겠다. 창조력이 일시적으로 잠들 수도 있지 않을까라는 물음을 던지지 않고자 한다. (지드 자신이 『새 일기』에서 그 말을 하고 있다.) 창조력이 전혀 데몬적이지 않은 방식으로 일에 착수할 수는 없는 걸까라는 물음도 던지지 않으려 한다. (『새로운 양식』이 그처럼 데몬적이지 않은 방식을 보여주고 있다.) 창조력이 역사적 장벽에 부딪치고 있는 것은 아닐까? (소설의 경우 『위폐범들』이 이 점을 시사해준다.) 우리는 신분을 숨기고 암행하는 지드가 시사하는 바가 많은 어떤 만남을 갖게 되는지를 지켜보기로 하자. 그것은 몰니에와의 만남이다. 몰니에는 『악시옹 프랑세즈』에서 지드의 위 문장들을 인용하고서 다음과 같이 말한다. "그 어떤 칭찬이나 비난도 이 생뚱한 말에 뭔가를 덧붙일 수 없다. 우리가 생각하기로는 창작자가 그 같은 고백을 하면서 등장한다는 것은 유례가 없는 일이다. 또한 그와 같이 무자비한 진단의 바탕에 놓인 형안(炯眼)과 겸손함, 자기 자신에 맞설 수 있는 가차없는 용기는 우리가 그것을 존중하게끔 할 권리가 있다고 생각한다. 그러나 우리는 여기서 존중하는 마음을

---

16) 이 인용문은 지드의 『새 일기』에도 실려 있다. André Gide, *Nouvelles pages de jounal*, 앞의 책, p. 23f.

표하는 것으로 한정할 수 없다. 이 비극적인 개방성은 시사해주는 바가 무척 많으며, 그것을 침묵할 권리가 우리에게는 없다."

이렇게 쓰면서 몰니에는 지드에 대한 포괄적인 비판을 펼친다. 그것은 파시즘적 입장, 특히 파시즘의 문화 개념을 들여다볼 수 있게 해주는 비판이다. '문화'를 공산주의에 맡겨버리고 배반했다는 것이 몰니에가 지드의 최근작들에 대해 제기하는 비난이다.

문화 개념을 양성하는 일은 파시즘의 초기 단계에 속하는 것 같다. 어쨌거나 독일에서는 그랬다. 혁명적인 독일의 비평이 1930년 이전에 고트프리트 벤[17]이나 아르놀트 브로넨[18] 같은 사람의 이데올로기에 필요한 만큼 주의를 기울이는 작업을 하지 않은 것은 용서받지 못할 일이다. 이들이 독일 파시즘의 선구들로 간주될 수 있듯이 만약 〈인민전선〉[19]이 없었더라면 몰니에는 오늘날 프랑스 파시즘의 선구들 중 하나로 간주될 수 있다. 물론 그가 이내 잊히고 말 거라는 점은 피할 수 없는 사실이다. 왜냐하면 파시즘이 강해지면 강해질수록 그만큼 더 파시즘에는 바로 몰니에가 속한 전공분야의 유능한 지식인

---

17) Gottfried Benn, 1886~1956 : 독일의 시인·에세이스트·의사. 표현주의와 니체의 영향을 바탕으로 출발해 신화와 원초적 세계에서의 자아상실과 도취를 노래했다. 그는 니힐리즘을 초극할 가능성으로서 나치즘을 찬양하기도 했지만 나중에 거리를 뒀다. 어찌 보면 그는 브레히트와 함께 20세기 전반 독일 서정시의 양극을 형성한다고 할 수 있다.

18) Arnolt Bronnen, 1895~1959 : 오스트리아 출신의 작가·극작가·감독. 나치에 협력해 이득을 봤으나 유대계 혈통 때문에 곤욕을 치르기도 했다. 나치와 얽히고설킨 역사 때문에 전후에도 삶이 순탄하지 않았다.

19) Front populaire : 프랑스 제3공화국 시대에 결성된 좌파 정당들의 연합으로 1936년 정권을 잡았다.

들이 필요하지 않기 때문이다. 파시즘은 대부분의 전망을 그보다 하위 부류의 사람들에게 열어준다. 파시즘은 선전(宣傳)장관의 하수인들을 찾는다. 그래서 벤과 브로넨도 퇴출됐다.

몰니에가 대변하는 반응은 전형적으로 파시즘적인 반응이다. 그 반응은 폴 클로델[20] 같은 가톨릭 진영의 반응이나 앙리 보르도[21] 같은 부르주아 진영의 반응, 폴 모랑[22] 같은 상류층의 반응, 모리스 베델[23] 같은 속물적인 반응과 다르다. 그는 자신의 동료들을 주로 젊은 세대에게서 찾아낸다.[24] 나이 든 세대에는 레옹 도데나 루이 베르트랑[25] 같은 결연한 파시스트들이 드문드문 있을 뿐이다. 몰니에를 파시스트로 만드는 것은 특권을 누리는 자들의 자리는 폭력적으로만 유지할 수 있다는 인식이다. 그는 이들이 누리는 특권의 총합을 '문화'로 내세우는 데서 자신의 특수한 과제를 본다. 그렇기 때문에 그가 특권에 바탕을 두지 않은 문화는 상상할 수 없다고 보는 것이 자연스레 이해된다. 그리고 그가 쓴 논문들의 주제는 서구 문화의 운명이 지배계급의 운명에 불가분하게 결부되어 있음을 입증하는 일이다.

몰니에는 정치가가 아니다. 그는 글을 쓸 때 지식인들을 겨냥하지 대중을 겨냥하지 않는다. 지식인들 사이에서 지배적인 관례는 (프랑

---

20) Paul Claudel, 1868~1955 : 프랑스의 외교관이자 시인.

21) Henry Bordeaux, 1870~1963 : 프랑스의 작가.

22) Paul Morand, 1888~1976 : 프랑스의 작가이자 외교관.

23) Maurice Bedel, 1883~1954 : 프랑스의 작가.

24) 〔원주〕Pierre Drieu La Rochelle, *Socialisme fasciste*, Paris, 1934 참조.

25) Louis Bertrand, 1866~1941 : 프랑스의 작가·에세이스트·역사가.

스에서는 아직) 적나라한 폭력에 호소하는 것을 금하고 있다. 몰니에는 적나라한 폭력에 호소할 때 각별히 조심해야 할 처지에 있다. 그는 본래 이러한 호소를 준비할 수 있을 뿐이다. 그는 설사 '변증법적 종합'이 불가능한 경우에라도 내적 현실과 외적 현실이 합치할 수 있도록 하는 것이 "행위의 종합"[26]을 이루어내는 일이라고 선언하면서 그러한 준비작업을 꽤 능숙하게 해낸다(p. 19). 이보다 조금 더 분명하게는 자본주의 문명을 비난하면서 자신의 입장을 표명한다. (파시스트들은 주지하다시피 자본주의와 가상적으로만 싸움을 벌인다.) 그는 자본주의 문명이 이 시대가 제기한 물질적 문제들과 정신적 문제들에 직면해 "그 문제들의 해결 불가능성을 스스로 인정"하는 데 신경을 쓰지 않았다고 비난한다.

특권을 쥔 자들에 반대하는 그 어떤 논거도 제공하지 않아야 할 필요성이 오늘날 작가를, 특히 이론가를 엄청난 어려움에 직면하게 한다. 몰니에는 이 어려움을 간단히 해결할 용기를 갖고 있다. 그 어려움은 부분적으로 도덕적인 종류의 어려움이다. 이 파시즘의 대변인은 도덕적 기준들을 제거함으로써 많은 이득을 보았다. 이때 그는 자기의 수단을 선택하는 데서 까다롭지 않음을 보여주었다. 그것은 거친 작업이다. 개념은 이를 위해 장갑을 낄 수 없다. 그는 다음과 같이 말하면서 거칠게 움켜쥔다. "문명은 …… 사람들 사이의 교류에서 생겨나는 기법과 허구들의 투입이자 그것들의 질서를 가리킨다. 그것

---

26) "Synthese der Tat" : Thierry Maulnier, *Mythes socialistes*(앞의 책)에 이 용어의 원문은 "synthèse active."

은 유용한 관습들의 체계이고, 그 관습들의 전체 규모와 필요불가결
함을 두고 볼 때 삶에 필수적인 인위적인 위계질서이다. 문명은 거짓
말이다. …… 이 거짓말을 모든 인간적 진보와 모든 인간적 위대함의
기본조건으로 인정하고 싶지 않은 사람은 자기 자신이 문명의 반대
자임을 고백한다. 사람들은 문명과 정직함, 이 둘 중에서 하나를 선
택하지 않으면 안 된다"(p. 210). 이것이 몰니에가 자기의 에세이집에
서 지드를 겨냥하며 한 말이다. 오스카 와일드(Oscar Wilde)의 해묵은
역설에 매우 오랫동안 어울렸던 초라한 광채가 이 평결 주변에 비쳐
나온다. 그것을 우리는 와일드의 『거짓말의 몰락』²⁷⁾으로까지 쉽게 추
적해 올라갈 수 있을 것이다.

사람들은 이로써 우선 똑같은 생명에서 나온 씨앗들이 때때로 다
른 결실을 맺을 때가 있다는 것을 깨달을 것이다. 그의 작업에서 가
장 부패한 부분인 유미주의가 파시즘에 의해 수용되는 것을 보게 될
똑같은 사람〔오스카 와일드〕이, 자신이 평생 즐겁게 해준 사회에 맞서
그 사회를 경멸하는 자로 나선 순간 젊은 지드에게 하나의 모범이 되
었고 이 모범은 지드의 이후 삶을 규정하게 되었다.²⁸⁾ 둘째로, 사람
들은 파시즘의 이데올로기가 데카당스와 유미주의에 얼마나 깊이 뿌
리내리고 있는지, 그리고 왜 그 이데올로기가 독일이나 이탈리아에
서와 마찬가지로 프랑스에서도 극단적인 예술가들에게서 나타나는

---

27) Oscar Wilde, *Der Verfall der Lüge*(영어본: *The Decay of Lying*, 1889).

28) 〔원주〕 와일드가 지드에게 갖는 의미는 1910년에 쓴 『와일드를 추모하며』가 보여준
다. 〔역주〕 André Gide, "Oscar Wilde. In Memoriam", *Le "De Profundis"*, Paris,
1910. — 전집 편집자

지를 해명해야 할 것이다.

거짓말 위에 구축된 문명 속에서 예술은 어떤 사명을 기대할 수 있을까? 예술은 그 문명의 — 소유질서를 유지하는 한에는 해결할 수 없는 — 모순들을 예술 자신의 영역 속에서 표현할 것이다. 파시즘적 예술에서 모순은 파시즘적 경제나 파시즘적 국가의 모순과 다를 바 없이 실천과 이론 사이의 모순이다. 파시즘적 예술이론은 순수한 유미주의의 특성들을 띤다. 즉 예술은 여러 마스크들 가운데 하나일 뿐인데, 몰니에가 언급하듯이 이 마스크들 뒤에 "다름 아닌 인간의 동물적 본성, 루크레티우스[29]가 말하는 모든 것을 벌거벗긴 적나라한 동물적 인간"(p. 209)이 숨어 있다. 이 예술은 지식인들과 엘리트들만이 향유할 수 있으며, 이들은 "문명 전체에서 이득을 취하는 자들로서, 이 문명에서 예술은" 몰니에가 명석하게 말하듯이 "기생충, 상속자, 쓸모없는 꽃인 것이다"(p. 211). 이것이 이론에 비쳐진 모습이다. 파시즘적 실천은 이와는 다른 이미지를 보여준다. 파시즘적 예술은 일종의 프로파간다의 예술이다. 그 예술을 소비하는 자들은 지식인들이 아니라 정반대로 속은 자들이다. 더 나아가 이들은 오늘날 소수가 아니라 다수이거나 적어도 매우 많은 수의 사람들이다. 그에 따라 이 파시즘적 예술의 특성들이 데카당스적 유미주의가 보여주는 특성

---

29) Lucretius, 기원전 96?~기원전 55 : 고대 로마의 시인·철학자. 『사물의 본성에 관하여』에서 우주의 물리적인 구성에 대해 기술했다. 에피쿠로스와 데모크리토스의 추종자였으며, 원자와 우주공간 이외에 다른 것은 아무것도 존재하지 않는다고 믿었다. 모든 생물 발생의 가장 큰 특징은 유기체의 생식과정이고, 식물이나 동물의 모든 종은 자연법칙과 변화과정을 보여주는 모델이라고 보았다.

들과 전혀 합치하지 않을 수 있다는 것은 자명하다. 데카당스가 기념비적(monumental) 예술 쪽에 관심을 보인 적은 결코 없었다. 데카당스 예술론을 기념비적 예술의 실천과 연결하는 것은 파시즘만이 해낼 수 있었던 것이다. 그 자체가 모순적인 이 결합보다 더 시사적인 것도 없다.

파시즘적 예술의 기념비적 성격은 이 예술의 대중적 성격과 연관된다. 그러나 결코 직접적으로 연관되지는 않는다. 대중예술이라고 해서 모두 기념비적 예술인 것은 아니다. 농부들의 달력을 위해 글을 쓴 요한 페터 헤벨(Johann Peter Hebel)의 이야기들도 그렇고 프란츠 레하르[30]의 오페레타도 그렇다. 파시즘적 대중예술이 기념비적 예술이라면 — 그리고 사정은 실제로 문학적 양식에 이르기까지 그러한데 — 여기에는 특수한 의미가 있다.

파시즘적 예술은 프로파간다 예술이다. 즉 그 예술은 대중을 위해 집행된다. 더 나아가 파시즘적 프로파간다는 사회생활 전반에 침투해 들어가야만 한다. 그렇기 때문에 파시즘적 예술은 대중을 **위해서**만이 아니라 대중에 **의해서**도 집행된다. 그에 따라 이 예술에서는 대중이 자기 자신과 관계를 맺고, 자기 자신과 소통하고, 스스로 집의 주인이라는 가정, 즉 자신의 극장과 자신의 스타디움, 자신의 영화 스튜디오와 자신의 출판사에서 주인이라는 가정이 가능하다. 그런데 실제로는 그렇지 않다는 것을 누구나 안다. 이러한 곳들에서는 오히

---

30) Franz Lehár, 1870~1948 : 오스트리아-헝가리 제국 당시 헝가리 출신 작곡가. 주로 빈에서 활동하면서 오페레타를 작곡했다.

려 '엘리트'가 지배한다. 이 엘리트는 예술에서 대중이 자기 자신과 소통하는 것을 원하지 않는다. 왜냐하면 그렇게 될 경우 이 예술은 프롤레타리아 계급 예술이 될 수밖에 없을 것이기 때문이다. 그렇게 되면 그 예술을 통해 임금노동과 착취의 현실이 권리를 얻게 될 것이고, 다시 말해 그것들을 폐지하는 데 이를 것이기 때문이다. 그러면 여기서 엘리트가 손해를 입게 될 것이다.

따라서 파시즘은—그 예술이 전달되는 핵심세력의 대다수를 이루고, 예술을 집행하는 핵심세력에서는 그보다 더 작은 집단을 이루는—프롤레타리아트의 계급 상황에 변화를 가져오는 그 어떠한 영향도 예술에서 생겨나지 않도록 예술의 기능적 성격을 제한하는 데 관심을 둔다. 이 예술정치적 이해관계에 '기념비적 형상화 작업'이 기여한다. 그것도 이중적 방식으로 기여한다. 첫째, 기념비적 형상화 작업은 현존하는 평화로운 경제질서를 '영원성의 특징들'에 따라, 다시 말해 극복할 수 없는 것으로 재현함으로써 그 질서에 아첨한다. 제3제국은 수천 년을 단위로 계산한다. 둘째로, 그 형상화 작업은 수용하는 자들과 마찬가지로 집행하는 자들을 똑같은 어떤 마력 안으로 옮겨놓는데, 이때의 마력이란 그 아래에서 그들 자신이 기념비적으로 나타날 수밖에 없는 마력, 다시 말해 충분한 숙고를 거친 독자적인 행동을 할 능력이 없는 모습으로 나타날 수밖에 없는 마력이다.[31] 이렇게 해서 이 예술은 그것의 영향이 지닌 암시적 에너지를

---

31) 〔원주〕 마력적으로 작용하는 것은 대중예술을 파시즘적으로 양식화하는 작업뿐만 아니다. (독일과 러시아의 축제 행진을 비교해보라.) 그 축제 행진이 벌어지는 틀로서 다양한 '공동체'와 '전선(戰線)'이라는 틀도 마력적으로 작용한다.

지적이고 계몽적인 에너지를 희생한 대가로 강화한다. 현존하는 상황을 영속화하는 일이 파시즘적 예술에서는 그 상황을 바꿀 수 있을 (집행하거나 수용하는) 사람들을 마비시키는 작업을 통해 이루어진다. 마력이 대중에게 강요하는 태도를 취할 때 비로소 대중 일반은 그 자신의 표현에 이른다는 점을 파시즘은 가르쳐준다.

파시즘이 확고하다고 여기는 자신의 기념비들을 상연하는 재료는 무엇보다 이른바 인간재료(Menschenmaterial)이다. 엘리트는 자신의 지배를 이 기념비들 속에서 영속화한다. 그리고 이 기념비들이 인간 재료들이 형상화되도록 해주는 유일한 것이다. 우리가 봤듯이 수천 년을 내다보는 파시스트 지배자들의 시선 앞에서는 돌덩어리로 피라미드를 쌓아올렸던 노예들이나 광장과 훈련장에서 총통 앞에서 스스로 덩어리를 형성하는 프롤레타리아 대중들이나 차이가 거의 없다. 그래서 몰니에가 '건축기술자와 군인들'을 엘리트의 대리인들로 모아놓을 때 우리는 그를 잘 이해하게 된다. (물론 새로운 로마식 기념물들을 '건축학적 저널리즘'으로 꿰뚫어보는 지드가 더 잘 이해할 것이다〔『새 일기』, p. 85〕.)

이미 암시했듯이 몰니에의 유미주의는 파시즘이 예술사적 문제들을 두고 토론할 때에만 취하는 즉흥적인 입장이 아니다. 파시즘은 스스로 현실에 관여하지 않은 채 외관에 다가가고자 하는 곳 어디서나 이 입장에 의존하고 있다. 이것은 예술의 기능적 가치를 일소하는 관찰방식인데, 이러한 방식은 그 밖에 어떤 현상의 기능적 성격을 시야에서 제거하고자 하는 관심이 존재하는 곳에서도 권장된다. 이러한 일이 몰니에의 경우에서 인식할 수 있듯이 기술(技術)에서 탁월하게 이루어진다. 그 이유는 쉽게 이해할 수 있다. 프롤레타리아트와 더불어 기술이 그 구성요소를 이루는 생산력의 발전은 생산수단의 사회화를 재촉하는 위기를 불러왔다. 그에 따라 무엇보다 이러한 위기를 불러오는 것이 기술의 기능이다. 그 위기를 특권을 유지한 채 부적절하면서도 폭력적으로 해결하려고 생각하는 사람은 기술의 기능적 성격을 가능한 한 알아볼 수 없게 만드는 데 지대한 관심이 있다.

사람들은 여기서 두 갈래 길을 갈 수 있다. 그 두 길은 서로 반대 방향으로 나 있기는 하지만 둘 다 유사한 이념들, 즉 심미적 이념들로 규정되어 있다. 그 가운데 한 길을 우리는 조르주 뒤아멜[32]에게서 볼 수 있다. 그 길은 생산과정에서 기계의 역할을 단호하게 제거하는 데로 이끄는 길로서, 자기 또는 다른 사람이 기계를 이용할 때 개인이 가질 법한 여러 가지 의구심이나 기계의 유해성과 연관하여 기계를 비판하는 데로 나아간다. 뒤아멜은 자동차를 유보적인 태도로 판단하는가 하면, 영화를 결연하게 거부하기에 이른다. 또한 국가정책을 통해 향후 5년간 모든 발명활동을 금지해야 한다고 반쯤은 장난삼아, 반쯤은 진지하게 제안하기에 이른다. 프롤레타리아는 기업가에 맞서는데, 소시민은 기계에 맞서는 것이다. 뒤아멜은 예술의 이름으로 기계에 반대하는 입장을 취한다. 이 문제가 파시즘의 경우 사정이 약간 다르다는 것은 이해할 수 있다. 파시즘 대리인들의 상류층 부르주아적 사유방식은 파시즘에 봉사한 지식인들에게서 흔적을 남겼다. 그 가운데 한 사람이 필리포 토마소 마리네티이다. 그는 기계를 '미래

---

32) Georges Duhamel, 1884~1966 : 프랑스의 소설가·비평가·시인.

주의적으로' 바라보는 것이 제국주의에 유용하다는 점을 최초로 본능적으로 감지했다. 마리네티는 소음주의자[33]로 출발했으며, 소음(기계의 비생산적 활동)을 기계의 가장 중요한 활동이라고 선언했다. 마지막에 그는 왕립아카데미 회원이 되어 에티오피아전쟁에서 자신의 미래주의적 청년기의 꿈이 실현된 모습을 보았다고 고백한다.[34] 몰니에는 사정도 정확히 모르면서 이런 마리네티를 뒤따른다. 몰니에는 막심 고리키(Maxim Gorki)의 '새로운 휴머니즘'에 반대하면서 선언하기를, 기술과 과학에서 발견된 것들의 주요 가치를 이루는 것은 "그것들의 결과나 그것들의 가능한 유용성이 아니라 …… 그것들의 시적(詩的)인 가치"라는 것이다(p. 77). 몰니에는 이렇게 쓰고 있다. "마리네티는 기계들의 수준, 기계의 움직임, 강철, 기계의 정확성, 기계의 소음, 기계의 속도 등에 열광했다. 그는 한마디로 기계의 도구적 성격에 관련되지 않고, 기계에서 자체의 가치로 간주될 수 있는 것에 열광했다. …… 그는 고의로 기계의 쓸모없는 측면, 다시 말해 기계의 심미적 측면을 중시했다"(p. 84).

몰니에는 〔마리네티의〕 이 입장을 근거가 매우 확실하다고 여겼고, 그래서 블라디미르 마야코프스키[35]가 기계에 대한 마리네티의 관점

---

33) 소음주의(Bruitismus)는 프랑스어 'bruit'(독일어: Lärm, Geräusch)에서 유래하며, 이탈리아어로 'Rumorismo'로 칭해진다. 이탈리아 미래파 내에서 1909년 이후 부상한 음악 스타일로서, 너무 부드럽고 심미적이며 비(非)물질적으로 파악된 인상주의 음악에 맞서 아방가르드의 도발적 대응 형식으로 나타났다.

34) 〔원주〕 에티오피아전쟁에 대한 마리네티의 선언문 참조.

35) Wladimir Majakowski, 1893~1930 : 20세기 초 러시아 미래주의를 대표하는 시인·극작가·배우.

을 다루며 쓴 문장들을 희한한 사례로 인용하는 데 주저함이 없었다. 마야코프스키는 건전한 인간 오성의 언어로 다음과 같이 말한다. "기계의 시대는 기계를 찬양하는 찬가를 요구하지 않는다. 그 시대는 인류의 관심 속에서 다스려질 것을 요구한다. 마천루의 강철은 정관적인 침잠이 아니라 주택건설에서 단호하게 활용될 것을 요구한다. …… 우리는 소음을 추구하는 것이 아니라 고요함을 조직하게 될 것이다. 우리 작가들은 찻간에서 서로 이야기를 나눌 수 있기를 바란다"(p. 83f.). 마야코프스키의 신중하고 냉철하기 때문에 품위 있는 이 태도는 기술에서 '기념비적' 측면을 추출해내려고 노력하는 행태와 합치할 수 없다. 그의 태도는 러시아인들의 집단주의가 "엔지니어를 정신적인 지배자"(p. 79)로 만들었다는 몰니에의 주장을 반박하는 논리 정연한 증언이다. 몰니에의 주장은 일종의 기술관료주의적(technokratisch) 재해석이다. 그 주장은 소비에트 시민들의 종합기술적(polytechnisch) 훈련을 기술관료주의적으로 운영하는 강제노동으로 왜곡한다. 그리고 그 주장은 또 다른 의미의 기술관료주의적 재해석이기도 하다. 즉 그것은 바로 기술관료가 추구해봄직한 주장인 것이다.

그런데 몰니에는 기술관료주의적으로 사유한다는 비난을 누구보다도 단호하게 물리칠 것이다. 그에게 그런 사유방식은 오히려 예술적 사유와 합치하지 않는 것으로 보일 것이다. 그가 예술에 대해 내리는 정의가 얼핏 보면 그렇게 생각할 여지를 줄 수 있을 것이다. 그 정의에 따르면 "대상과 피조물을 쓸모없게 만드는 것이 예술의 본래적 사명이다"(p. 86). 얼핏 보는 것으로 끝낼 수 없으니 조금 더 가까이 들여다보기로 하자! 예술들 중에는 몰니에의 정의가 각별하게 정확하게 들어맞는 예술이 있다. 전쟁예술(Kriegskunst)이 바로 그것이다. 전쟁예술은 인간재료를 기념비적으로 투입할 뿐만 아니라 기술 전체를 평범한 목적에서 완전히 벗어난 방향으로 투입함으로써 파시즘적 예술 이념을 구현한다. 파시스트는 기술의 시적인 측면을 자신이 보기에 러시아인들이 지나치게 중시하는 기술의 산문적 측면과 반목시키는데, 이 기술의 시적인 측면은 바로 기술의 살인적 측면이다. 그리하여 "원시적이고 즉흥적이며 무구(無垢)한 모든 것은 바로 그 때문에라도 우리의 증오를 살 만하다"(p. 213)라는 문장의 의미가 온전하게 밝혀진다.

이 문장은 몰니에가 지드와 대결을 벌이는 에세이의 마지막 단락에 나온다. 그처럼 무의식중에 의중을 드러내는 반응을 불러일으키는 이 〔지드의〕 능력은 〔우리의〕 감사를 받을 만하지 않을까? 지드는 그 자신이 1935년 3월 28일자 일기에서 불러내고 있는 이상적 인물, 즉 불안을 일으키는 자(inquiéteur)를 스스로 체현하지 않았는가? 실제로 그는 다름 아닌 파시즘적 작가를 불안에 빠트리는 이들의 대변인이 되었다.

파시즘적 작가를 불안에 빠트리는 이들이 대중이고, 그것도 글을 읽는 대중이다. "수업의 모든 단계마다 기울이는 엄청난 노력들, 여러 교육수준 사이의 모든 장벽을 제거하기, …… 문맹률을 놀라운 속도로 저하시키기, …… 아이들의 능력까지도 포함하여 모든 사람의 문학적 창작의 재능에 직접 호소하기, 이 모든 것을 통해 그대들은 작가에게 …… 작가가 꿈꿨던 가장 놀라운 선물을 주고 계십니다. 즉 그대들은 작가에게 1억 7천만 명의 독자를 선물해주고 계십니다."[36]
1935년 파리 작가회의에서 장-리샤르 블로크[37]가 소련 대표들을 향
해 그렇게 발언했다.

이것은 파시스트 작가에게는 불길한 선물(Danaergeschenk)이다. 몰
니에가 나서서 지원하는 엘리트에게는 교육의 독점을 통해 모든 측
면의 방해요소들로부터 보호되지 않는 예술 향유란 생각할 수 없는
것이다. 교육 독점을 폐지하는 것 자체가 몰니에를 불안하게 만들기
에 이미 충분하다. 그런데 고리키가 예술이야말로 그러한 폐지작업
에 동참해야 할 소명이 있다고 그에게 말한다. 고리키는 그에게 소비
에트 문학에서는 대중적 · 학술적인 책과 예술적으로 소중한 책 사이
에 근본적으로 차이가 없다고 말한다. 그런데 서양문학을 통속화하
는 데 앞장섰던 가장 현대적인 작가들인 레온하르트 프랑크(Leonhard
Frank), 레온 드 그라이프(León de Greiff), 아서 스탠리 에딩턴(Sir
Arthur Stanley Eddington), 오토 노이라트(Otto Neurath) 같은 이들을 통
해 오래전에 증명된 이 문장을 두고 몰니에는 고작 그[고리키]를 자
신이 묘사하고 있는 '야만'의 계열에 포함시키는 것밖에 할 줄 모른
다. "고리키가 그 야만에 복무했다"는 것이다(p. 78).

몰니에는 여기서 문화를 특권의 총합으로 서술하는 자신의 생각에

---

36) Thierry Maulnier, 앞의 책, p. 88에서 재인용. 몰니에의 서술에 따르면 블로크는 이
    연설을 1934년 모스크바 작가회의에서 했고, 아마 1935년 파리에서 열린 '문화보호
    를 위한 국제 작가회의'에서 되풀이한 것으로 보인다.

37) Jean-Richard Bloch, 1884~1947 : 프랑스의 유대계 작가·비평가. 공산주의자이자
    반파시스트로서 그는 로맹 롤랑(Romain Roland)의 친구였으며, 스페인 내전에도
    참전했다.

서 한치도 물러서지 않는다. 어쩌면 문화는 이러한 서술에서 좋은 인상을 주지 않을지 모른다. 그러나 몰니에는 제국주의 문화와 소비에트 러시아 문화의 대결을 찾는 가운데 그 점을 감수하지 않으면 안 된다. 그는 후자의 생산적 성격과 대조해볼 때 전자의 문화가 지니는 소비적 성격이 부각된다는 사실을 어쩌지 못한다. 창조적인 것을 애써 강조하는 것은 문화를 둘러싼 토론을 통해 우리에게 익숙한 현상으로서, 창조성을 그처럼 강조하는 까닭은 무엇보다 그렇게 해서 '창조적으로' 만들어진 산물이라는 것이 생산과정에 유용하게 작용하지 못하고 오로지 소비로만 전락한다는 점을 보지 못하게 하기 위해서이다. 제국주의는 '신성하다'고 칭찬받는 시가 그러한 찬사를 케이크 제품과 당연히 공유하는 상황을 초래했다.

몰니에는 '창조적인 것'을 어떤 일이 있어도 포기할 수 없다. "인간이 뭔가를 제조하는 것은 그것을 이용하기 위해서이다. 그러나 인간은 창조하기 위해 창조한다"(p. 86). 창조하기와 제조하기를 구별하는 것은 창조적인 것의 미학의 바탕에 놓여 있는데, 그와 같은 무의미하고 비변증법적인 구별이 얼마나 기만적인 구별인지는 소련의 종합기술 교육이 입증해주고 있다. 이 종합기술 교육은 공장 노동자를 그 노동자가 개관하는 생산계획, 그의 삶이 떠받치는 생산 공동체, 그가 개선할 수 있는 생산방식의 틀 내에서 창조적인 노동으로 이끌 수 있다. 마찬가지로 이 교육은 교육이 작가에게 제시하는 과제의 엄밀함을 통해, 다시 말해 교육이 그에게 보장해주는 특정한 관객〔독자층〕을 통해 제작물이라는 영예로운 이름을 얻을 권리가 있는 생산활동으로 작가를 이끈다. 제작자가 자신의 제작과정을 해명할 수 있기 때문에 그러한 생산활동[의 산물]은 제품이라는 이름을 얻을 권리가 있다. 그리고 작가야말로 직조된 것이라는 뜻을 가진 '텍스트'라는 말이 한때 그와 같은 영예로운 이름이었다는 사실을 기억하게 될 것이다. 지금 형성되어가는 종합기술적 인간교육을 바라볼 때 작가는 "인간이 까마득한 옛 시절처럼 거의 전적으로 생계에 바쳐진 삶에서 벗어날 수 있는 순간들, 너무도 순식간에 지나가는 그 순간들은 집단주의적 사회에 의해 …… 탈영으로 간주된다"(p. 80)라고 그에게 속삭이는 엘리트 대변인의 말에 미혹되지 않을 것이다. 인간에게 그 순간들이 그처럼 순식간에 지나간다면 누구 덕택일까? 엘리트 덕택이다. 노동 자체를 인간답게 만드는 데 관심을 가진 사람은 누구인가? 프롤레타리아트이다.

이 프롤레타리아트는 자신의 건설작업에서 몰니에가 "내면성의 특권"(p. 5)이라고 부르는 것은 주저 없이 포기할 수 있지만, 그 특권을 지드가 1935년 3월 8일자 일기에 다음과 같이 적고 있는 것처럼 느끼고 기술하는 사람을 내치기는 힘들다. "오늘 내 내면 깊은 곳에서 일종의 열등감이 나를 짓누르면서 의식의 표면으로 떠올랐다. 즉 나는 한 번도 빵을 스스로 벌 필요가 없었다는 것이다. 나는 빈궁함의 압박을 받으며 노동을 해본 적이 한 번도 없었다. 하지만 나는 늘 노동을 사랑했고, 다만 내 행복이 그로 인해 침해당하지 않기를 바랐을 뿐이다. 또한 나는 다음과 같이 되기를 바란다. 그러한 노동을 몰랐다는 것이 결함으로 여겨지는 시대가 올 것이다. 제아무리 풍부한 상상력도 노동을 대체할 수 없다. 노동이 주는 가르침은 결코 다시 만회할 수 없다. 시민이 스스로를 단순한 노동자보다 열등하게 느끼는 시대가 열리고 있다. 몇몇 사람에게는 이 시대가 이미 도래했다"(『새 일기』, p. 164f.).

동쪽〔소련〕에 1억 7천만 명의 독자가 있다는 것보다 몰니에를 더 불안하게 만드는 것은 프랑스에 이 사실을 염두에 두고 있는 작가들이 살고 있다는 사실이다. 지드는 최근작인 『새로운 양식』을 소련의 젊은 독자들에게 바쳤다. 이 책의 첫 단락은 이렇게 시작한다.

"내가 지상의 소음을 더는 듣지 못하고 내 입술이 지상의 이슬을 더는 마시지 못하게 될 때 도래할 그대! 어쩌면 나중에 내 글을 읽게 될 그대! 그대를 위해 나는 지금 이것을 쓰고 있다. 어쩌면 그대는 살아 있다는 사실에 아무리 경탄해도 충분치 않을 것이다. 그대의 삶인 이 황홀한 기적은 도를 넘어 그대를 압도할 것이다. 나는 가끔씩 그대가 갈증을 느껴 마실 때 그대의 갈증이 내 갈증 같고, 그대가 저 다른 피조물을 쓰다듬으며 몸을 숙일 때 그대에게 그렇게 하도록 명하는 것이 내 자신의 욕망인 것처럼 여겨진다, 오늘 말이다"(『새로운 양식』, p. 9).